성령 안에서
걸으라

Walking in
the Holy Spirit

성령 안에서 걸으라

구정민 지음

좋은땅

서문

주 예수님께서 저를 자신의 피로 구원해 주셨음을 감사드립니다.

저에게 있어서 모든 삶을 주 예수님을 위한 것이며, 그분께서 제 안에 사셔서 모든 것을 하시는 것입니다.

오직 그것뿐입니다. 저는 주님께서 저를 사랑하시는 것을 알고 있고, 저 또한 주님을 사랑하고 있습니다. 그분의 사랑으로 주님의 목사로서의 부르심에 순종하였으며, 지금 갈보리침례교회에서 목회하고 있습니다.

또한, 그분의 사랑은 세계선교로 저를 이끄셨고, 순종하고 있으며, 앞으로도 순종하기를 원합니다.

이 책은 그동안 갈보리침례교회에서 설교했던 것을 책으로 만든 것입니다.

주제는 《성령 안에서 걸으라》인데, 그것은 모든 그리스도인들이 가야 할 길이기 때문입니다.

갈라디아서 5장 16절 "그런즉 내가 이것을 말하노니 곧 성령 안에서 걸으라. 그러면 너희가 육신의 욕심을 이루지 아니하니라"

이 말씀이 모든 그리스도의 삶이 어떠해야 하는가에 대한 요약이며 핵심입니다.

주께서 모든 그리도인들에게 성령님을 주신 이유는 그분이 각자의 생명이 되시는 것입니다.

그래서 성령께서 우리 각자 안에서 나타내시는 분은 예수 그리스도이십니다.

요한복음 16장 14절에서 다음과 같이 주께서 말씀하셨습니다. "그분께서 나를 영광스럽게 하시리니 이는 그분께서 내게서 받아 그것을 너희에게 보이실 것이기 때문이라"

성령께서는 우리 각자 안에서 예수 그리스도를 영광스럽게 하십니다. 그래서 우리가 성령 안에서 걷는 것이 하나님의 뜻입니다.

이 책을 읽는 모든 분들이 이 진리를 깨닫고 성령님 안에서 삶을 사시기를 원합니다.

그래서 주 예수 그리스도께서 각 그리스도인 안에서 영광스럽게 되시기를 원합니다.

세계 선교에 대한 주님의 말씀을 보면서 사도행전 1장 8절에서 "오직 성령님께서 너희에게 오신 뒤에 너희가 권능을 받고 예루살렘과 온 사마리아와 땅의 맨 끝 지역까지 이르러 나를 위한 증인들이 되리라, 하시니라" 하셨습니다.

이 말씀에서 성령님께서 그리스도인들의 권능이 되셔서 세계 선교하게 하신다는 것을 알 수 있습니다.

그러므로 본 책의 주제는 성령 안에서 걸으라는 말씀은 세계 선교를 위한 것이기도 합니다.

아무쪼록 주 예수님께서 공중에 나타나실 때까지 모든 그리스도인들이 성령님을 통해서 능력을 발견하고 인도하심을 받아서 세계 선교의 길로 가게 되기를 원합니다.

그것은 모든 그리스도인들이 그리스도의 심판석(고린도후서 5장 10절) 앞에 서야 하기 때문입니다. 그때 모두가 보상을 받기 원합니다.

목차

1. 내가 그 피를 볼 때에

주께서 이집트 땅에서 모세와 아론에게 말씀하여 이르시데,

이달이 너희에게 달들의 시작이 될지니 곧 그것이 너희에게 한 해의 첫 달이

될지니라.

너희는 이스라엘 온 회중에게 말하여 이르라, 이달 십일에 그들은 자기 조상들

집에 따라 자기들을 위해 각 사람이 어린양을 취하되 한 집에 어린양 한 마리

를 취할지니라.

그 어린양에 대하여 집안 사람이 너무 적으면 그와 그의 집 옆의 그의 이웃이

혼들의 수에 따라 그것을 취하되 각 사람이 자기가 먹는 양에 따라 그 어린양

에 대하여 계산할지니라. - 출애굽기 12:1~4 -

오늘 본문의 말씀에서 우리는 모세를 볼 수 있습니다.

하나님께서 모세를 미디안 광야에서 부르셨고, 그를 이집트에서 고통

을 당하고 있는 이스라엘을 구출하도록 보내셨습니다. 출애굽기 3장 4절

을 보시면 "그가 보려고 옆으로 도는 것을 주께서 보시고 하나님께서 그

떨기나무 한가운데서 그를 불러 이르시되, 모세야, 모세야, 하시니 그가

이르되, 내가 여기 있나이다, 하매" 이 말씀에서 모세가 최초로 하나님의

음성을 들었습니다. 하나님께서 그의 이름을 부르셨습니다. "모세야, 모

세" 그리고 하나님께서는 모세에게 다음과 같이 말씀하셨습니다. 9절과

10절을 보시면 "그러므로 이제, 보라, 이스라엘 자손의 부르짖음이 내게 도달하였고 이집트 사람들이 그들을 압제할 때 행한 탄압도 내가 보았나니 그러므로 이제 오라. 내가 너를 파라오에게 보내리니 이로써 네가 내 백성 곧 이스라엘 자손을 이집트에서 데리고 나오리라, 하시니라"

이 말씀에서 주께서 모세에게 사명을 주셨는데, 그것은 "내가 너를 파라오에게 보내리니"라는 말씀과 "이로써 네가 내 백성 곧 이스라엘 자손을 이집트에서 데리고 나오리라"는 것입니다. 이것이 주께서 그를 부르신 목적이었습니다.

이러한 사실은 저와 여러분이 주 예수 그리스도를 만난 사실을 기억하게 해 주십니다. 저와 여러분은 주 예수 그리스도의 복음을 듣고 믿어서 구원을 받았습니다. 우리가 구원을 받았다는 것은 예수님을 만난 것입니다. 그분이 내 안에 계시는 것입니다. 자기 안에 예수님이 계심을 알지 못한다면 그것은 구원을 받은 것이 아닙니다. 그러나 내 안에 예수님이 계심을 아는 사람이 구원을 받은 사람입니다.

저와 여러분이 예수님을 만나서 그분을 마음에 영접한 것이 구원받은 것이기 때문입니다. 오늘 이 시간 저와 여러분의 구원자이신 예수님을 기억하고 그분을 높이기를 원합니다. 또한, 오늘 우리가 본문의 말씀에서 모세를 보았던 것처럼 주께서 저와 여러분에게 사명을 주셨습니다. 그것은 온 세상에 주 예수 그리스도의 복음을 전하라는 것입니다.

오늘 본문에서 주께서 모세를 만나셨을 때, 주께서 그를 파라오에게 보내신다고 하셨습니다. 모세가 무서워서 도망했던 바로 파라오에게 보내시는 것입니다.

그리고 주께서 그에게 말씀하시기를 "이로써 네가 내 백성 곧 이스라엘 자손을 이집트에서 데리고 나오리라" 하셨습니다.

200만 명 이상이나 되는 수많은 이스라엘 자손을 이집트에서 모세가 데리고 나올 것이라고 말씀하신 것입니다. 이와 같이 주께서 저와 여러분에게 말씀하신 것은 다음과 같습니다. 마태복음 28장 18절에서 20절까지의 말씀을 보시면 "예수님께서 그들에게 오셔서 말씀하여 이르시되, 하늘과 땅에 있는 모든 권능이 내게 주어졌으니 그러므로 너희는 가서 모든 민족들을 가르치고 아버지와 아들과 성령의 이름으로 그들에게 침례를 주며 무엇이든지 내가 너희에게 명령한 모든 것을 그들에게 가르쳐 지키게 하라. 보라, 내가 세상의 끝까지 항상 너희와 함께 있느니라, 하시니라. 아멘" 주 예수 그리스도께서 저와 여러분에게 말씀하십니다.

우리를 "모든 민족들"에게 보내신다고 하십니다. 주께서는 "너희는 가" 라 하셨기 때문입니다. 주께서 저와 여러분에게 사명을 주셨습니다.

그것은 지금 우리가 살아가고 있는 전 세계 모든 민족들에게 가라 하시는 것입니다. 그리고 그들에게 복음을 선포하라 하시는 것입니다.

그리고 주 예수님께서 우리 모두에게 말씀하시기를 "보라, 내가 세상의 끝까지 항상 너희와 함께 있느니라"고 말씀하십니다.

주님께서 그 큰 사명을 저와 여러분에게 주시면서 주께서 우리와 항상 함께 계신다고 말씀하십니다. 지금도 주님은 현재 저와 여러분 안에 계실 뿐 아니라 우리 교회와 함께 계십니다. 그리고 주님은 우리 모두에게 다음과 같이 말씀하십니다.

18절 "예수님께서 그들에게 오셔서 말씀하여 이르시되, 하늘과 땅에 있는 모든 권능이 내게 주어졌으니" 주 예수님은 하늘과 땅에 있는 모든 권능을 가지고 계십니다. 그분의 영이신 성령님이 지금 저와 여러분 안에 거하고 계십니다.

우리가 성령님을 의지하여 주님을 따라갈 때, 주께서 모든 권능으로 역사하실 것이며, 우리가 능히 그 일을 감당할 수 있도록 해 주실 것입니다.

오늘 이 시간 저와 여러분 모두가 성령님으로 충만하게 되기를 원합니다. 그래서 주님을 더욱 따르기를 원합니다. 다시 본문으로 돌아가서 출애굽기 12장 1절을 보시면 "주께서 이집트 땅에서 모세와 아론에게 말씀하여 이르시되," 지금 주께서 말씀하신 이 시점은 모세가 이집트에 가서 파라오 앞에서 서서 주님의 말씀을 선포하였으며 이집트에 아홉 가지 재앙을 주님의 통로로 보낸 일이 있고 난 뒤였습니다. 이제 주님은 마지막 재앙을 모세에게 말씀해 주십니다.

그것은 12절 말씀을 보시면 "내가 이 밤에 이집트 땅을 지나가며 사람과 짐승을 막론하고 이집트 땅의 처음 난 모든 것을 치고 이집트의 모든 신들에게 심판을 집행하리라, 나는 주니라" 이 말씀에서 주께서 이집트 땅의 처음 난 모든 것을 치신다는 것입니다. 그것은 첫 번째 아들이 죽는 재앙입니다.

그 재앙을 집행하시는 분이 주님이십니다. 주께서 말씀하시기를 "나는 주니라" 하셨습니다. 이 세상에서 모든 사람들은 한 번은 주님을 만나야 합니다.

이 세상에 살면서 복음을 통해서 구원자이신 예수님을 만난다면 구원을 받지만, 복음을 거절하고 예수님을 믿지 않았을 때, 그는 심판자이신 주님을 만나야 하는 것입니다. 요한계시록 20장 12절 말씀에서는 "또 내가 보니 죽은 자들이 작은 자나 큰 자나 하나님 앞에 서 있는데 책들이 펼쳐져 있고 또 다른 책 즉 생명책이 펼쳐져 있더라. 죽은 자들이 자기 행위들에 따라 그 책들에 기록된 그것들에 근거하여 심판을 받았더라" 이 말씀에서 "죽은 자들이"라고 말씀하십니다.

그들이 "하나님 앞에 서 있"다고 말씀하십니다. 그것은 그들이 심판을 받기 위해서였습니다. 자기 행위들에 따라 심판을 받는 것입니다.

사람들의 모든 행위들이 기록되어진 책들을 주님이 가지고 계십니다.

그 책들에 근거하여 심판을 받는 것입니다. 그때에 그들은 모두 죄인들이라는 것이 드러나고 무수히 많은 죄들이 읽혀질 것입니다.

그때에 15절 말씀에서는 "누구든지 생명책에 기록된 것으로 드러나지 않은 자는 불 호수에 던져졌더라" 생명책은 구원을 받은 자의 이름이 기록되어진 책입니다.

그 책에 이름이 없으면 불 호수에 던져지는 것입니다.

지금 하나님 앞에 서 있는 그 어느 누구도 생명책에 이름이 없습니다.

그들은 주 예수 그리스도의 복음을 믿지 않았기 때문입니다. 그들에 대한 결말은 불 호수에 던져지는 것입니다. 오늘 본문에서 하나님께서 이집트에 마지막 재앙을 내리시는데, 그것은 이집트의 모든 처음 난 자를 치시는 것입니다. 이것은 모든 사람들에 대한 하나님의 심판을 보여 주시는 것입니다.

사람이 죄인이기 때문에 반드시 심판을 받아야 한다는 것입니다. 결말은 불 호수에 던져지는 것입니다. 그런데, 저와 여러분에게 주께서 주신 것은 복음입니다. 복음은 사람이 불 호수에 던져지지 않게 하는 것입니다. 심판을 받지 않게 하는 것입니다. 구원을 받게 하는 것입니다.

오늘 말씀에서 하나님께서는 우리가 모든 민족들에게 가서 전할 복음을 보여 주십니다. 출애굽기 12장 3절을 보시면 "너희는 이스라엘 온 회중에게 말하여 이르라. 이달 십일에 그들은 자기 조상들 집에 따라 자기들을 위해 각 사람이 어린양을 취하되 한 집에 어린양 한 마리를 취할지니라" 이 말씀에서 우리는 "어린양"을 볼 수 있습니다.

"한 집에 어린양 한 마리"라는 것은 개인별 어린양 한 마리라는 뜻입니다.

그리고 6절에서는 "같은 달 십사일까지 그것을 간직할 것이요, 저녁때에 이스라엘 회중이 모여 전체 군중이 그것을 죽일지니라" 이 말씀에서 주께서는 그 어린양을 죽이라고 말씀하십니다.

저와 여러분에게 어린양은 무엇입니까? 주 예수 그리스도이십니다.

요한복음 1장 29절을 보시면 "다음 날 요한이 예수님께서 자기에게 오시는 것을 보고 이르되, 세상 죄를 제거하시는 하나님의 어린양을 보라"

이 말씀에서 예수님을 가리켜 "하나님의 어린양을 보라" 하셨습니다.

본문에 나오는 어린양은 예수님을 가리키고 있었습니다. 그리고 그 어린양을 죽여야 했습니다. 이와 같이 예수님께서 십자가에서 못 박혀 죽으셨습니다.

우리는 아까 각 개인별 어린양 한 마리라고 하였습니다.

예수님은 모든 인류를 위해 죽으셨는데, 한 사람 한 사람을 위해 죽으신 것입니다.

단 한 사람도 예외 없이 한 사람 한 사람을 위해 죽으셨습니다. 그래서 예수님은 바로 나를 위해 죽으신 것입니다.

요한복음 19장 28절에서 30절까지의 말씀에서는 "이 일 뒤에 예수님께서 이제 모든 일이 이루어졌음을 아시고 성경 기록이 성취되도록 하기 위해 이르시되, 내가 목마르다, 하시니 마침 거기에 식초가 가득 담긴 그릇이 놓여 있으므로 그들이 해면을 식초로 적신 뒤 우슬초에 달아 그분의 입에 대니라. 그러므로 예수님께서 식초를 받으신 뒤에 이르시되, 다 이루었다, 하시고 머리를 숙이시며 숨을 거두시니라" 주 예수 그리스도께서 십자가에 못 박히셨습니다. 그것은 성경기록을 성취하신 것입니다. 그리고 주께서 "다 이루었다"고 하셨습니다.

그리고 죽으셨습니다. 주 예수 그리스도께서 성경 기록의 성취이십니다. 그리고 저와 여러분의 죄를 다 해결하셨다고 선언하신 것입니다.

저와 여러분 안에 이 복음의 영이 강력하게 역사하시기를 원합니다.

성령님은 복음의 영이십니다. 그래서 우리가 사람들에게 전할 복음은 예수님이 다 이루셨다는 것을 전하는 것입니다. 저와 여러분, 모든 사람의 죄를 다 해결하셨다고 전하는 것입니다. 어떤 행위가 필요 없고, 단지 예수님을 믿으면 즉시로 구원을 받는다는 것을 전하는 것입니다. 주 예수 그리스도께서 십자가에서 죽으셨으나 그분은 부활하셨습니다. 주님의 부활은 하나님께서 예수님의 십자가의 죽음을 저와 여러분을 위한 대속물로 받으셨음을 의미하는 것입니다.

예수님의 부활은 그분이 하나님의 아들이심을 보여 주시는 것이기 때문이며, 그분의 완전한 순종을 보여 주시는 것입니다. 로마서 1장 4절 말씀에서는 "거룩함의 영으로는 죽은 자들로부터 부활하심으로써 권능 있게 하나님의 아들로 밝히 드러나셨느니라"

예수님의 부활로서 권능 있게 예수님이 하나님의 아들로 밝히 드러나신 것입니다.

저와 여러분이 전할 복음은 예수님의 죽음과 부활입니다. 또한, 저와 여러분이 전할 복음은 예수님의 피입니다. 본문의 말씀 출애굽기 12장 7절을 보시면 "그들은 피를 취해 그 양을 먹을 집의 양옆 기둥들과 문 상인방에 뿌리고"

이 말씀에서 "피"를 발견할 수 있습니다. 그 어린양의 피입니다.

이 피는 예수님의 피를 보여 주고 있는 것입니다. 성경은 "그들은 피를 취해"라고 하셨습니다. 어린양의 죽음과 함께 그 어린양의 피를 취하라고 말씀하시는 것입니다. 그리고 그 피를 어떻게 합니까?

"그 양을 먹을 집의 양옆 기둥들과 문 상인방에 뿌리"라 하십니다.

그것은 하나님께서 그 피를 보실 수 있도록 거기에 뿌리라는 것입니다.

13절 말씀에서는 "그 피가 너희가 거하는 집 위에 있어 너희에게 표적이 될지니라. 내가 그 피를 볼 때에 너희를 넘어가리니 내가 이집트 땅을 칠 때에 그 재앙이 너희에게 닥쳐 너희를 멸하지 아니하리라" 이 말씀에서 "내가 그 피를 볼 때에"라고 하셨습니다. 하나님께서 그 피를 보시는 것입니다.

각 사람의 집의 기둥들과 문 상인방에 뿌려진 그 어린양의 피를 하나님께서 보시는 것입니다. 주께서 그 피를 보실 때, 그 집을 넘어가십니다.

그래서 그날을 유월절 Passover이라고 부르십니다.

11절 끝에 "그것은 주의 유월절이니라" 하셨습니다. 그것은 주께서 그 피를 보실 때입니다. 여기서 저와 여러분이 주목해야 하는 것은 그 어린 양의 피입니다.

그 피는 예수님의 피를 보여 주고 있습니다. 십자가에서 흘리신 예수님의 피입니다.

저와 여러분이 구원을 받았을 때, 예수님의 피가 저와 여러분의 마음에 뿌려졌습니다. 히브리서 10장 22절 말씀에서는 "우리 마음이 뿌림을 받아 악한 양심으로부터 벗어났고 우리 몸이 순수한 물로 씻겼으니 우리가 믿음의 충만한 확신 속에서 진실한 마음으로 다가갈 것이니라"

이 말씀에서 "우리 마음이 뿌림을 받"았다 하십니다. 예수님의 피로 우리 마음이 뿌림을 받은 것입니다. 지금 저와 여러분의 마음에 예수님의 피가 뿌려졌습니다.

우리가 예수님께서 나를 위해 죽으셨음을 마음으로 믿었을 때, 일어났습니다.

예수님의 피가 나의 모든 죄들을 제거하였음을 마음으로 믿었을 때, 주께서 그 피를 저와 여러분의 마음에 뿌리셨습니다.

하나님께서 보시는 것은 그 피가 마음에 뿌려져 있는가입니다. 그 피를 보실 때, 주께서 우리를 넘어가셨습니다. 심판이 넘어간 것입니다. 그래서 저와 여러분은 더 이상 심판은 없습니다. 오히려 하나님의 아들들로 태어났습니다.

성령님께서 저와 여러분 안에 거하십니다. 아버지의 사랑을 넘치게 받고 있습니다.

저와 여러분이 전할 복음은 예수님의 피입니다. 사람들에게 예수님의 피에 대해서 말하기를 원합니다. 그분의 피가 당신의 모든 죄를 제거하였다고 말하기를 원합니다. 그것이 복음입니다.

예수님의 피를 믿는 자는 즉시로 의롭게 됩니다. 완전하게 됩니다.

로마서 5장 9절 말씀에서는 "그러면 이제 우리가 그분의 피로 의롭다고 인정받았으므로 더욱더 그분을 통해 진노로부터 구원을 받으리니"

이 말씀에서 "우리가 그분의 피로 의롭다고 인정받았" 다 하십니다.

저와 여러분은 예수님의 피로 의롭게 되었습니다. 어떤 사람이든 예수님의 피를 믿으면 즉시 의롭게 됩니다. 의롭게 되는 것은 죄가 없다는 뜻입니다.

완전하다는 뜻입니다. 지금 하나님께서 저와 여러분을 어떻게 보십니까?

의롭게 보십니다. 완전하게 보십니다. 그 이유는 예수님의 피가 우리 마음에 뿌려졌기 때문입니다. 누가 우리를 정죄할 수 있습니까? 결코 그럴 수 없습니다.

예수님의 피가 저와 여러분을 의롭게 했기 때문입니다.

저와 여러분이 사람들에게 전할 복음은 바로 예수님의 피입니다.

주님의 피가 바로 당신을 위해 흘려지셨다고 선포하는 것입니다.

출애굽기 12장 본문으로 돌아가서 29절과 30절을 보시면 "한밤중에 주께서 이집트 땅의 처음 난 모든 것 즉 왕좌에 앉아 있는 파라오의 처음 난 자부터 감옥에 갇힌 자의 처음 난 자까지 치시고 가축의 처음 난 모든 것을 치시매 그 밤에 파라오와 그의 모든 신하들 과 모든 이집트 사람들이 일어나고 이집트에 큰 부르짖음이 있었으니 이는 사람이 죽지 않은 집이 하나도 없었기 때문이더라" 이 말씀에서 주께서 말씀하신 대로 "이집트 땅의 처음 난 모든 것"을 주께서 치셨습니다. 주께서 말씀하신 대로 주님은 모든 일을 행하십니다.

심판에 대해서 성경이 기록 되어진 것처럼 한 번 죽는 것은 사람들에게 정해진 것이고 그 뒤에는 심판이 있는 것입니다.

이 말씀에서 그들이 죽은 이유는 단 한 가지 때문이었습니다. 어린양의 피가 없었기 때문입니다. 그러나 어린양의 피가 있는 집은 다 살았습니다.

저와 여러분이 전할 복음은 예수님의 피입니다. 그 피를 믿는 자는 구원을 받습니다. 이 시간 저와 여러분이 기억해야 할 것은 예수님의 피의 능력입니다.

그것은 저와 여러분이 이 세상을 살아갈 때 받게 되는 사탄의 시험에 관한 것입니다. 우리가 모든 민족들에게 가서 복음을 선포하는 데 있어서 받게 되는 사탄의 시험에 관한 것입니다. 사탄은 예수님의 피를 믿는 저와 여러분의 구원의 확신은 흔들 수 없기 때문에 복음을 전하는 것에 대한 확신을 흔들려고 합니다.

우리의 자격에 대해서 시험합니다. 우리의 상태에 대해서 시험합니다.

우리가 이러이러한 죄들을 지었으니 주께서 나를 쓰시지 않으신다고 생각하게 합니다. 우리가 이러이러한 삶을 살고 있으니 주께서 나를 쓰시지 않으신다고 생각하게 합니다. 그러나 그 사탄의 시험을 이기는 것은 예수님의 피입니다.

예수님의 피가 저와 여러분의 자격입니다. 그분의 피가 저와 여러분을 완전하게 했습니다. 모든 정죄감과 모든 연약함에 대해서 사탄을 이기는 능력은 예수님의 피입니다. 우리의 마음에 오는 불안감과 두려움에 대해서 사탄을 이기는 능력은 예수님의 피입니다. 우리가 전하는 복음에 대해서 주께서 역사하실까 하는 의구심이 있습니다. 그 의구심도 사탄의 시험입니다. 그 시험을 이기는 능력도 예수님의 피입니다. 예수님의 피가 저와 여러분의 자격이기 때문입니다.

사도행전 1장 8절 말씀에서는 "오직 성령님께서 너희에게 오신 뒤에 너희가 권능을 받고 예루살렘과 온 유대와 사마리아와 땅의 맨 끝 지역까지 이르러 나를 위한 증인들이 되리라, 하시니라" 이 말씀이 저와 여러분에게 가능한 말씀입니까? 가능한 말씀입니다. 그러나 사탄은 그 말씀이 저와 여러분에게 가능하지 않다고 말합니다.

그 사탄을 이기는 능력은 예수님의 피입니다. 예수님의 피가 저와 여러분의 자격입니다. 특별히 성령님은 예수님의 피로 역사하십니다.

우리가 예수님의 피를 믿었을 때, 성령님으로 저와 여러분의 영이 태어난 것이고, 성령님께서 저와 여러분 안에 들어오실 수 있으셨습니다.

예수님의 피가 저와 여러분을 의롭게 했기 때문입니다.

지금도 우리 각자 안에 거하시는 성령님은 예수님의 피로 역사하십니다.

우리가 하나님께 받아들여지는 근거로 예수님의 피를 믿을 때, 성령님께서 우리 안에 하나님의 임재로 가득 채우십니다. 우리가 인간의 행위와 같은 더러운 누더기를 말할 때는 성령님께서 역사하시지 않으십니다.

그러나 예수님의 피를 말할 때, 성령님께서 역사하십니다. 그분의 피가 저와 여러분의 자격입니다. 오직 예수님의 피를 말하시기 바랍니다.

예수님의 피를 믿으시기 바랍니다. 그 피가 사탄을 이겼습니다.

끝으로 요한계시록 12장 10절과 11절의 말씀을 보시면 "또 내가 들으니 하늘에서 큰 음성이 이르되, 이제 구원과 힘과 우리 하나님의 왕국과 그분의 그리스도의 권능이 왔도다. 이는 우리 형제들을 고소하는 자 곧 우리 하나님 앞에서 밤낮으로 그들을 고소하던 자가 쫓겨 내려갔기 때문이라.

그들이 어린양의 피와 자기들의 증언의 말로 그를 이겼으며 그들이 죽기까지 자기 생명을 사랑하지 아니하였도다"

이 말씀에서 "우리 형제들을 고소하는 자"란 사탄입니다.

사탄은 저와 여러분을 고소합니다. 그러나 11절에서 "그들이 어린양의 피와 자기들의 증언의 말로 그를 이겼"다고 말씀하십니다. 저와 여러분은 예수님의 피로 사탄을 이겼습니다. 그러므로 사랑하는 성도 여러분, 예수님의 피를 의지하여 주님을 따르기를 원합니다.

우리의 기도

사랑하는 성도 여러분 오늘 모세가 하나님을 만났던 것처럼 저와 여러분은 복음을 통해서 하나님을 만난 사람들입니다. 예수님이 저와 여러분들의 마음속에 거하고 계시고 우리 영은 그분에 의해서 태어난 하나님의 아들들이 되었습니다.

예수님을 만난 사람이 구원받은 사람입니다. 오늘 이 시간 나를 구원하신 주 예수 그리스도의 이름을 찬양하고 높이시길 바라고 또 우리를 모든 민족들에게 보내신다는 주님의 사명을 깊이 생각하시면서 이 사명에 우리 지신을 드리는 기도를 드리시길 바랍니다. 우리가 전할 복음은 예수님의 죽으심과 부활이고 그분의 피입니다.

우리의 자격은 예수님의 피입니다. 성령께서는 주님의 피를 신뢰할 때 강력하게 저와 여러분들 마음속에 역사하시는 분이십니다. 우리의 자격으로 다른 것을 두지 마시고 예수님의 피만 나의 자격으로 두시길 바랍니다. 이 시간 사탄을 이긴 예수님의 피로 의지하셔서 주님을 더욱 따르시길 바랍니다. 아멘.

2. 너희에게 화평이 있을지어다

그 뒤 같은 날 곧 주의 첫날 저녁때에 제자들이 유대인들을 두려워하여 모인 곳에서 문들을 닫았는데 예수님께서 오사 한가운데 서서 그들에게 이르시되, 너희에게 화평이 있을지어다, 하시고

이렇게 친히 말씀하신 뒤 자기 손들과 자기 옆구리를 그들에게 보이시니 그때에 제자들이 주를 보고 반가워하매

그때에 예수님께서 다시 그들에게 이르시되, 너희에게 화평이 있을지어다. 내 아버지께서 나를 보내신 것같이 그렇게 나도 너희를 보내노라, 하시니라.

그분께서 이것을 말씀하시고 그들 위로 숨을 내쉬며 그들에게 이르시되, 너희는 성령을 받으라.

너희가 누구의 죄들이든지 사면하면 그것들이 그들에게 사면될 것이요. 누구의 죄들이든지 그대로 두면 그것들이 그대로 있으리라, 하시니라. - 요한복음 20:19~23 -

오늘 본문의 말씀에서 우리는 부활하신 주 예수님을 볼 수 있습니다.

주께서는 저와 여러분을 위해 십자가에 못 박혀 죽으셨으나 그분은 부활하셨습니다. 그분의 무덤은 비어 있습니다. 주님은 하늘에 올라가셨고, 영광을 받으셨으며, 저와 여러분이 구원을 받았을 때, 성령님을 우리 마음속에 보내 주셨습니다.

그래서 우리가 성령님에게서 우리의 영이 태어났고, 성령님께서 저와 여러분 각자 안에 거하고 계십니다. 우리는 하나님을 아바, 아버지라고 부를 수 있습니다.

우리가 예수님을 믿어서 하나님의 아들들로 태어났기 때문입니다.

지금 주 예수님께서는 저와 여러분 안에 거하고 계십니다. 그분은 우리 각자와 동행하고 계시며, 늘 말씀하십니다. 오늘 본문의 말씀에서 우리가 볼 수 있는 주님은 어떤 분이십니까? 19절을 보시면 다음과 같이 기록되어 있습니다.

"그 뒤 같은 날 곧 주의 첫날 저녁때에 제자들이 유대인들을 두려워하여 모인 곳에서 문들을 닫았는데 예수님께서 오사 한가운데 서서 그들에게 이르시되, 너희에게 화평이 있을지어다, 하시고" 지금 저와 여러분 안에 거하시는 주 예수 그리스도께서는 우리 각자에게 화평을 주시는 분이십니다. 주님은 "너희에게 화평이 있을지어다"라고 말씀하십니다. 그것은 저와 여러분의 삶 가운데 어둠이 있을 때가 많이 있기 때문입니다. 그 어둠은 마음의 어둠입니다. 우리는 염려로 쉽게 마음이 어두워지는 사람들입니다. 우리가 가정의 문제들이나 직장의 문제들이나 우리의 사업이나 우리의 장래를 생각할 때, 많은 염려들 때문에 마음이 어두워집니다.

오늘 본문의 말씀에서 "제자들이 유대인들을 두려워하여"라고 기록되어 있습니다.

제자들은 두려움에 빠져 있었습니다. 그 두려움은 예수님을 죽인 유대인들이 자기들도 찾아다니고 있고 그들에 의해서 잡혀서 죽게 될까 두려워하는 것입니다.

그들은 유대인들을 두려워하였습니다. 그래서 "모인 곳에서 문들을 닫았"습니다.

그들은 어둠 가운데 있었고, 그들의 마음도 어두운 것입니다.

이와 같이 우리가 어떤 일의 염려나 두려움에 사로잡히게 되면 마음이 어두워지는 것을 경험하게 됩니다. 그 어둠은 어떤 것으로도 해결되지 않습니다.

문제들은 계속 일어나고 있으며, 우리를 두렵게 하는 일들도 계속해서 일어나고 있기 때문입니다. 그러나 지금 저와 여러분 각자 안에 거하고 계시는 주 예수님께서는 우리에게 화평을 주시는 분이십니다. 19절의 말씀 하반절을 보시면 "예수님께서 오셔서 한가운데 서서 그들에게 이르시되, 너희에게 화평이 있을지어다, 하시고"라고 기록되어 있습니다. 주님께서 제자들 한가운데 계셨습니다.

그리고 그들 모두에게 "너희에게 화평이 있을지어다"라고 말씀하셨습니다.

마찬가지로 지금 주님은 저와 여러분 각자 안에 계시고, 우리가 모인 이 교회 한가운데 계십니다. 주님은 우리를 결코 떠나지 아니하시고 버리지 않으십니다.

우리를 구원하셨으되 영원히 구원하셨고, 우리를 사랑하시되 영원히 사랑하십니다.

로마서 8장 9절에서 다음과 같이 말씀하십니다.

"그러나 너희 안에 하나님의 영께서 거하시면 너희가 육신 안에 있지 아니하고 성령 안에 있나니 이제 어떤 사람에게 그리스도의 영이 없으면 그는 그분의 사람이 아니니라" 이 말씀에서 "어떤 사람에게 그리스도의 영이 없으면 그는 그분의 사람이 아니"라 하십니다. 이 말씀은 어떤 사람에게 그리스도의 영이 있으면 그는 그분의 사람이라는 의미입니다. 저와 여러분 각자에게 그리스도의 영이 있습니다.

주님은 저와 여러분 각자 안에 계십니다. 그리고 우리 교회 한가운데 계십니다.

로마서 8장 35절을 보시면 "누가 우리를 그리스도의 사랑에서 떼어 놓겠느냐? 환난이나 곤경이나 핍박이나 기근이나 벌거벗음이나 위험이나 칼이겠느냐?"

이 말씀에서 누구도 우리를 그리스도의 사랑에서 떼어 놓을 수 없다고 말씀하십니다. 우리가 어떤 삶을 살아왔든지 상관없이 주님은 우리를 사랑하고 계십니다.

38절과 39절에서는 "내가 확신하노니 사망이나 생명이나 천사들이나 권력들이나 권능들이나 현재 있는 것들이나 장래 있을 것들이나 높음이나 깊음이나 다른 어떤 창조물이라도 우리를 그리스도 예수 우리 주 안에 있는 하나님의 사랑에서 떼어 놓을 수 없으리라"

이 말씀에서 주 예수님의 저와 여러분 각자에 대한 사랑은 영원한 사랑이라고 말씀하십니다. 주님은 저와 여러분 각자 안에 거하셔서 우리를 영원히 사랑하고 계십니다. 이것이 진리입니다. 주님은 저와 여러분에게 "너희에게 화평이 있을지어다"라고 말씀하십니다. 그것은 우리를 염려와 두려움으로 인한 어둠으로부터 나와서 빛으로 인도해 주시는 것입니다.

저와 여러분에게 예수님이 내 안에 계신다는 사실 외에 우리를 화평하게 하는 것은 없습니다. 오직 주님만이 저와 여러분에게 화평을 주시기 때문입니다. 그 화평은 어떤 일이 해결되어서가 아닙니다. 우리를 두렵게 하는 사람들이 사라져서가 아닙니다. 주님께서 주시는 화평은 주님의 화평입니다.

요한복음 14장 27절을 보시면 "내가 너희에게 화평을 남기노니 곧 내 화평을 너희에게 주노라. 내가 그것을 너희에게 주는 것은 세상이 주는 방식과 같지 아니하니 너희는 마음에 근심하지 말고 두려워하지도 말라"

주님은 "내 화평을 너희에게 주노라" 하십니다. 지금 주님의 화평이 저와 여러분 안에 있습니다. 그 화평은 승리하신 예수님의 화평입니다.

오늘 본문에서 주 예수님께서 죽으셨으나 부활하셨습니다. 그분은 사망을 이기셨습니다. 사탄을 이기셨습니다. 죄를 이기셨습니다. 세상을 이기셨습니다.

그 승리의 화평을 저와 여러분에게 주신 것입니다.

요한복음 16장 33절에서는 "너희에게 이 일들을 말한 것은 너희가 내 안에서 화평을 얻게 하려 함이니라. 세상에서는 너희가 환난을 당할 것이나 기운을 내라. 내가 세상을 이겼노라, 하시니라" 주 예수 그리스도께서 세상을 이기신 분이십니다.

그 승리의 화평을 저와 여러분에게 주신 것입니다.

그래서 우리가 외부로부터 오는 여러 가지 사건들과 문제들과 사람들로 인해 염려하고 두려움에 빠져 있을 때, 주님은 승리의 화평을 저와 여러분 안에 주서서 마음이 화평할 뿐 아니라 담대하게 되는 것입니다.

지금 저와 여러분이 할 일은 문제들에 집중하는 것이 아니며 사람들에 집중하는 것이 아닙니다. 저와 여러분이 할 일은 우리 각자 안에 거하시는 주 예수 그리스도께 집중하는 것입니다. 이사야서 26장 3절과 4절을 보시면 "주께서 생각을 주께 고정한 자를 완전한 화평으로 지키시리니 이는 그가 주를 신뢰하기 때문이니이다. 너희는 영원토록 주를 신뢰하라. 주 여호와 안에 영존하는 능력이 있도다" 이 말씀에서 주님은 저와 여러분에게 어떤 일을 하시는 분이신지 말씀하십니다. "주께서 생각을 주께 고정한 자를 완전한 화평으로 지키"신다고 말씀하십니다.

저와 여러분이 집중해야 하는 것은 어떤 사건이나 문제나 사람이 아닙니다. 오직 우리 각자 안에 계시는 예수님입니다. 그분께 집중할 때, 주께서는 우리를 완전한 화평으로 지키십니다. 그것은 우리가 주님을 신뢰하기 때문입니다.

하나님께서 오늘 우리 모두에게 말씀하십니다. "너희는 영원토록 주를 신뢰하라" 이 말씀에 따라 우리가 영원토록 주님을 신뢰하기를 원합니다.

주께서 말씀하시기를 "주 여호와 안에 영존하는 능력이 있도다" 하셨습니다. 저와 여러분에게 능력이 있지 않습니다. 어떤 사람에게 능력이 있지 않습니다.

어떤 종교에서 말하는 그 존재들에게 능력이 있지 않습니다.

오직 저와 여러분 각자 안에 거하시는 주 예수 그리스도께 영존하는 능력이 있습니다. 우리가 그분을 신뢰하는 것이 지혜로운 것입니다. 우리가 그분께 집중하는 것이 지혜로운 것입니다. 그럴 때, 주께서 우리 각자를 완전한 화평으로 지키십니다.

세상을 이기신 주님의 화평이 저와 여러분의 마음이 이 시간 가득하기를 원합니다.

우리가 우리 자신을 주 예수님과 함께 십자가에 못 박혀 죽은 자들로 여길 때, 우리가 주님께 집중하게 되고, 우리를 완전한 화평을 경험하게 될 것입니다.

다시 본문으로 돌아가서 요한복음 20장 20절을 보시겠습니다. "이렇게 친히 말씀하신 뒤 자기 손들과 자기 옆구리를 그들에게 보이시니 그때에 제자들이 주를 보고 반가워하매" 주님은 제자들이 모인 자리에서 "자기 손들과 자기 옆구리를 그들에게 보이"셨습니다. 그것은 제자들이 지금 그들이 보고 있는 그분이 주 예수님이신지 확신하지 못하였기 때문입니다.

그래서 주님은 십자가에 못 박히셔서 큰 구멍이 나 있는 그분의 손들을 제자들에게 보이셨습니다. 제자들이 볼 때 그분의 손들에는 큰 구멍이 있었습니다.

못 박히신 흔적입니다. 그리고 주님의 옆구리를 그들에게 보이셨습니다.

거기에는 큰 상처가 있었는데, 그것은 로마 병사가 창으로 예수님의 옆구리를 찔렀을 때 난 상처였습니다. 주님은 그것을 제자들에게 보이셨습니다.

그래서 주님은 십자가에 못 박혀 죽으신 바로 그분 자신이심을 제자들에게 보여 주셨던 것입니다. 지금 제자들이 보고 있는 그분은 십자가에 못 박혀 죽으셨으나 부활하신 분이십니다. 그때에 제자들이 주님을 보고 반가워했다고 기록되어 있습니다. 지금 저와 여러분 각자 안에 계시는 주 예수님이 바로 그분이십니다.

　우리를 위해서 십자가에 못 박히시고 창에 찔리셔서 자신의 모든 피를 흘려 주신 바로 그분이십니다. 그래서 우리의 모든 죄들을 다 씻어 주신 바로 그분이십니다.

　우리가 하늘에 올라가서 그분을 뵐 때, 그분의 손들에 있는 상처와 그분의 옆구리에 있는 상처는 그대로입니다.

　요한계시록 5장 6절에 다음과 같이 기록되어 있습니다. "또 내가 보니, 보라, 왕좌와 네 짐승의 한가운데와 장로들의 한가운데에 전에 죽임을 당한 것 같은 어린양께서 일곱 뿔과 일곱 눈을 가진 채 서 계시는데 이 눈들은 온 땅 안으로 보내어진 하나님의 일곱 영이라" 이 말씀은 사도 요한이 하늘에서 본 것을 기록한 것입니다. 그는 어린양을 보았는데, 그 어린양은 예수님을 의미합니다. 그런데, "전에 죽임을 당한 것 같은 어린양"이라 하셨습니다. 이 말씀은 주 예수님께서 십자가에 못 박히셨을 때 그분의 손들과 옆구리의 상처를 그대로 가지고 계심을 의미하는 것입니다. 그것은 우리를 위한 그분의 희생인 것입니다. 그것은 우리를 향한 그분의 사랑입니다. 주께서 이렇게 우리를 사랑하고 계신다는 것을 보여 주시는 증표입니다. 저와 여러분이 이러한 주님이 지금 우리 각자 안에 거하고 계신다는 사실을 기억하기를 원합니다. 다시 본문의 말씀으로 돌아가서 20장 21절을 보시면 "그때에 예수님께서 다시 그들에게 이르시되, 너희에게 화평이 있을지어다. 내 아버지께서 나를 보내신 것같이 그렇게 나도 너희를 보내노라, 하시니라"

　이 말씀에서 주 예수님께서 제자들을 보내신다고 말씀하십니다.

어디로 보내시는 것입니까? 23절을 보시면 "너희가 누구의 죄들이든지 사면하면 그것들이 그들에게 사면될 것이요, 누구의 죄들이든지 그대로 두면 그것들이 그대로 있으리라, 하시니라"고 기록되어 있습니다.

주님께서는 제자들을 전 세계 모든 사람들에게 보내시는 것입니다.

지금 그들은 유대인들을 두려워하여 한 집에 모여 있고 문들을 닫아 놓고 있었습니다. 그런데, 주님은 그들을 사람들에게 보내신다고 말씀하십니다.

먼저 주께서 그들에게 화평을 주시고, 그들을 보내시면서 그들이 사람들에게 죄 사면을 선포하게 하시는 것입니다. 이것은 주 예수 그리스도께서 십자가에 못 박혀 죽으시고 부활하심으로써 모든 사람들의 죄들을 제거하셨기 때문입니다.

누구든지 그분을 믿으면 값없이 은혜로 죄 사면을 받습니다.

저와 여러분은 세상으로 나아가는 사람들입니다. 우리는 직장으로 나아가고 사업으로 나아가며 세상에서 삶을 살아가는 사람들이며, 전 세계로 나아가는 사람들입니다. 그 가운데 우리는 주 예수 그리스도의 복음을 선포하는 자들입니다.

그것은 우리에게 사람들의 죄들을 사면하는 복음을 주께서 주셨기 때문입니다.

누가복음 24장 44절에서 45절을 보시면 "또 그분께서 그들에게 이르시되, 이 말들 곧 모세의 율법과 대언자들의 글과 시편에 나에 관하여 기록된 모든 것이 반드시 성취되어야 하리라 하는 말들이 내가 여전히 너희와 함께 있었을 때에 너희에게 한 말들이니라, 하시고 그때에 그들의 이해력을 넓혀 주사 그들이 성경기록들을 이해하게 하시며" 이 말씀에서 주님은 부활하신 뒤 제자들에게 성경기록들을 이해하게 하셨습니다. 그것은 성경기록들의 말씀들이 그들의 힘이기 때문입니다.

마찬가지로 오늘날 저와 여러분에게 주께서 주신 성경기록들을 주께서 우리로 하여금 이해하게 하심으로써 우리에게 힘을 주십니다. 그것은 어떤 말씀들입니까?

46절에서 "그들에게 이르시되, 이같이 기록되었으므로 이같이 그리스도가 고난받고 셋째 날 죽은 자들로부터 일어나야만 했으며"

먼저는 주께서 죽으셨고 부활하시는 말씀들에 대한 이해입니다.

이 말씀이 저와 여러분이 저와 여러분에게 힘을 줍니다.

그것은 저와 여러분을 구원한 말씀이며, 지금도 우리 안에서 역사하는 말씀이기 때문입니다. 우리는 주와 함께 죽었고 주님과 함께 부활하였습니다.

이 말씀을 성령님께서 우리로 이해하게 하시며, 이 말씀들로 성령님께서 저와 여러분 각자 안에서 강력하게 역사하십니다. 그래서 우리로 하여금 주 예수님의 생명을 풍성히 경험하게 하십니다. 또한, 47절에서는 "또 회개와 죄들의 사면이 그의 이름으로 예루살렘에서 시작하여 모든 민족들에게 선포되어야 하리니" 우리가 성경 기록들을 통해서 이해할 수 있는 것은 우리가 가야 할 길입니다. 그것은 회개와 죄들의 사면이 주 예수님의 이름으로 모든 민족들에게 선포되어야 한다는 것입니다.

그것은 예수님께서 십자가에 못 박혀 죽으셨고 부활하심으로써 모든 사람들의 죄들을 사면하셨다는 선포입니다. 그 복음을 믿는 자들은 누구나 구원을 받는 것입니다. 오늘 본문에서 주 예수님께서 제자들에게 보내신 것처럼 저와 여러분을 주께서 세상으로 전 세계로 보내시는 것입니다.

그래서 주님께서 본문에 나오는 제자들이 문들을 닫고 두려워하고 있는 그 어둠으로부터 나오게 하셨던 것처럼, 주님은 저와 여러분에게 화평을 주셔서 어둠으로부터 빛으로 나오게 하시며, 그 제자들을 세계로 보내신 것처럼, 저와 여러분을 주께서 세계로 보내시는 것입니다.

그래서 주 예수님의 이름으로 회개와 죄 사면을 선포하게 하십니다.

이 일을 위해 지금 저와 여러분 안에 계시는 성령님께서 강력하게 역사하십니다.

49절에서는 "보라, 내가 내 아버지께서 약속하신 것을 너희에게 보내노라. 그러나 너희는 높은 곳으로부터 오는 권능을 입을 때까지 예루살렘 시에 머물라, 하시니라" 주 예수님께서 지금 성령님에 대해서 말씀하시는 것입니다.

주 예수님께서 부활하신 뒤 하늘에 올라가셔서 영광을 받으신 뒤에 제자들에게 성령님을 보내셨습니다. 지금 저와 여러분 각자 안에도 주께서 보내신 성령님이 계십니다. 주님은 그분을 "높은 곳으로부터 오는 권능"이라 말씀하셨습니다.

성령님은 높은 곳 즉 하늘로부터 지금 저와 여러분 속에 오신 권능이십니다.

바로 이 성령님께서 우리의 복음의 능력이십니다. 우리가 사람들에게 복음을 선포할 때, 역사하시는 분이 바로 성령님이십니다. 어떤 사람이 우리의 선포를 듣고 예수님을 믿을 때, 구원을 받게 하시는 분도 성령님이십니다.

우리에게 성령님이 계시기 때문에 늘 마음에 화평이 넘칠 뿐 아니라 우리에게 성령님이 계시기 때문에 우리가 복음을 전하는 능력을 갖고 있는 것입니다.

그래서 우리가 직장생활 가운데, 사업 가운데, 학생으로서, 가정주부로서, 선교사로서 목사로서 능력 있게 삶을 살아가게 되는 것입니다. 성령님은 복음의 능력이실 뿐 아니라 우리의 삶의 모든 문제들을 해결하는 능력이십니다.

사무엘기상 7장 7절을 보시면 "이스라엘 자손이 미스바에 함께 모였다는 것을 블레셋 사람들이 듣고 블레셋 사람들의 귀족들이 이스라엘을 대적하러 올라오므로 이스라엘 자손이 그것을 듣고는 블레셋 사람들을 두려워하여" 이 말씀에서 이스라엘은 블레셋 사람들의 공격에 직면해 있었습니다.

이스라엘 백성이 미스바에 모인 사실을 블레셋 사람들이 듣고 그곳으로 올라온 것입니다. 그랬을 때, 9절에서 다음과 같이 기록되어 있습니다.

"사무엘이 젖 먹는 어린양을 취해 그것을 전부 다 번제 헌물로 주께 드리고 사무엘이 이스라엘을 위해 주께 부르짖으매 주께서 그의 말을 들으셨더라"

이 말씀에서 사무엘이 주께 부르짖었습니다. 그가 하나님께 기도한 것입니다. 저와 여러분에게 있는 어떤 문제들이든 우리는 하나님께 기도할 수 있습니다.

그럴 때, 하나님은 저와 여러분의 기도를 들으십니다. 말씀에 "주께서 그의 말을 들으셨더라"고 기록되어 있습니다.

10절과 11절에서는 "사무엘이 번제 헌물을 드릴 때에 블레셋 사람들이 이스라엘과 싸우려고 가까이 왔으나 그 날 주께서 큰 천둥으로 블레셋 사람들에게 천둥소리를 내사 그들을 무찌르시므로 그들이 이스라엘 앞에서 패하니 이스라엘 사람들이 미스바에서 나가 블레셋 사람들을 추격하여 벧갈 밑에 이르기까지 그들을 쳤더라" 이 말씀에서 "주께서… 그들을 무찌르"셨다고 기록되어 있습니다. 주님께서 역사하신 것입니다. 하나님은 저와 여러분의 생활 속에 역사하시는 분이십니다. 그분은 우리와 멀리 계시는 분이 아니라 우리 각자 속에 계시며, 그분은 우리의 생활에 무관심하신 분이 아니라 우리의 생활과 함께하시는 분이십니다.

주께서 말씀하시기를 "아무것도 염려하지 말고 오직 모든 일에서 기도와 간구로 너희가 요청할 것들을 감사와 더불어 하나님께 알리라. 그러면 모든 이해를 뛰어넘는 하나님의 화평이 그리스도 예수님을 통해 너희 마음과 생각을 지키시리라" 하셨습니다. 주님은 우리에게 "아무것도 염려하지 말"라 하시고, "모든 일에서" 하나님께 간구하라고 말씀하십니다. 주님은 우리의 생활과 함께하시는 분이십니다.

12절에서 "그때에 사무엘이 한 돌을 취해 미스바와 센 사이에 세우고 이르되, 주께서 여기까지 우리를 도우셨다, 하며 그것의 이름을 에벤에셀이라 하니라"

이 말씀에서 "주께서 여기까지 우리를 도우셨다" 하였습니다. 저와 여러분에게 주님은 늘 도우시는 분이십니다. 여기까지 도우신 주님이 앞으로도 저와 여러분을 도우십니다. 그분이 바로 저와 여러분 각자 속에 계시며 우리 교회 한가운데 계십니다. 그러므로 사랑하는 여러분, 주님을 의지하고 그분을 신뢰하기를 원합니다.

우리의 기도

사랑하는 성도 여러분 우리 마음 가운데 염려와 두려움으로 어둠에 차 있을 때 주님께서는 우리에게 '화평이 있을지어다'라고 말씀하심으로써 어둠으로부터 나와서 빛으로 채워 주시는 분이십니다. 바로 그 주님이 변함없이 저와 여러분들을 사랑하고 계시는 주님이라는 사실을 기억하시고 주님의 말씀을 의지하여 하나님께 기도하시기를 바랍니다. 아무것도 염려하지 마시고 모든 일에 대하여 하나님께 기도하시기를 바랍니다. 나의 하나님이십니다. 나의 생활에 하나님이시고 우리의 교회의 하나님이십니다. 그분께 간구하시길 바라고 또한 성령님을 의지하여 우리를 보내시는 사람들에게 예수님의 복음을 회개와 죄들의 사면을 담대하게 선포하길 바랍니다. 아멘.

3. 너희보다 앞서가시는 주

주 우리 하나님께서 우리에게 명령하신 대로 우리가 호렙을 떠나서 너희가 본 저 크고 두려운 광야를 모두 지나 아모리 족속의 산길을 따라 가데스바네아에 다다랐을 때에

내가 너희에게 이르기를, 주 우리 하나님께서 우리에게 주시는 아모리 족속의 산에 너희가 다다랐도다.

보라, 주 네 하나님께서 그 땅을 네 앞에 두셨으니 주 네 조상들의 하나님께서 네게 말씀하신 대로 올라가 그 땅을 소유하라. 두려워하지 말라. 낙담하지 말라, 하였느니라.

너희 각 사람이 내게 가까이 와서 이르되, 우리가 사람들을 우리보다 먼저 보내어 그들이 우리를 위해 그 땅을 탐지하게 하고 우리가 반드시 어느 길로 올라가야 할지 또 어느 도시들로 들어가야 할지 우리에게 다시 말을 전하게 하리이다, 하기에

내가 그 말을 매우 기쁘게 여겨 한 지파에서 한 사람씩 너희 중에서 열두 사람을 취하매

그들이 방향을 바꾸어 그 산으로 올라간 뒤 에스골 골짜기로 가서 그곳을 탐지하고

그 땅의 열매를 손에 취해 우리에게 가지고 내려와 우리에게 다시 말을 전하며 이르되, 그 땅은 주 우리 하나님께서 우리에게 주시는 좋은 땅이라, 하였느

니라. - 신명기 1:19~25 -

오늘 본문의 말씀에서 하나님께서 모세를 통해서 이스라엘 백성에게 말씀하십니다.

그 말씀은 과거에 하나님께서 그들에게 어떻게 역사하셨는지를 말하는 것이며, 앞으로 가야 할 길을 알게 하시는 것입니다.

19절을 보시면 "주 우리 하나님께서 우리에게 명령하신 대로 우리가 호렙을 떠나서 너희가 본 저 크고 두려운 광야를 모두 지나 아모리 족속의 산길을 따라 가데스바네아에 다다랐을 때에"라고 기록되어 있습니다. 이스라엘 백성은 주님의 명령에 따라 호렙을 떠났습니다. 호렙은 이스라엘 백성이 이집트로부터 나온 뒤에 1년 간 머물렀던 곳입니다. 그곳은 모세가 이집트에서 이스라엘 백성을 인도하기 전에 하나님을 처음 만났던 곳이었습니다.

하나님께서 모세에게 말씀하시기를 "그분께서 이르시되, 내가 반드시 너와 함께 하리라. 네가 백성을 이집트에서 데리고 나온 뒤에 너희가 이 산에서 하나님을 섬기리니 이것이 너에게 증표 즉 내가 너를 보내었다는 증표가 되리라, 하시므로" 하셨습니다. 하나님은 모세에게 약속하시기를 하나님께서 모세를 만나신 그 산 바로 호렙에 대해서 말씀하시기를 "네가 백성을 이집트에서 데리고 나온 뒤에 너희가 이 산에서 하나님을 섬"길 것이라 하셨습니다.

하나님께서 말씀하신 대로 수많은 이스라엘 사람들이 모세와 함께 호렙에서 하나님을 섬겼던 것입니다. 그리고 본문의 말씀 19절 상반절에서

"주 우리 하나님께서 우리에게 명령하신 대로 우리가 호렙을 떠나"라고 말씀하셨습니다.

이제 호렙을 떠나라고 주께서 명령하셨던 것입니다. 그것은 이스라엘 백성이 가야 할 목적지가 있기 때문입니다. 그곳은 바로 가나안 땅이었습니다.

하나님께서 처음부터 그들에게 약속하신 땅, 젖과 꿀이 흐르는 땅인 가나안이 그들에게 주신 땅이었습니다. 하나님은 이스라엘 백성이 호렙을 떠나서 그곳으로 가도록 하셨습니다. 그래서 그들은 이동하여 19절 하반절에서 기록되어진 대로 "가데스바네아"에 이르렀습니다.

그곳에서 하나님께서는 가나안 땅에 대해서 말씀하셨습니다. 21절 "보라, 주 네 하나님께서 그 땅을 네 앞에 두셨으니 주 네 조상들의 하나님께서 네게 말씀하신 대로 올라가 그 땅을 소유하라. 두려워하지 말라. 낙담하지 말라, 하였느니라"

하나님께서 이스라엘 백성에게 가나안 땅을 앞두고 말씀하셨습니다. "보라, 주 네 하나님께서 그 땅을 네 앞에 두셨으니."라고 하셨습니다.

지금 이스라엘 자손 앞에는 하나님께서 두신 땅이 있었습니다.

그들에게 주신 땅이었습니다. 하나님께서 그들에게 말씀하시기를 "주 네 조상들의 하나님께서 네게 말씀하신 대로 올라가 그 땅을 소유하라" 하셨습니다.

하나님의 명령은 "그 땅을 소유하라"는 것입니다. 오늘날 살아가는 저와 여러분의 눈앞에는 하나님께서 주시는 은혜가 있습니다.

저와 여러분이 성령님의 인도하심을 따라 걸어가면서 항상 기억할 것은 은혜입니다. 로마서 6장 14절 말씀에서는 "너희가 율법 아래 있지 아니하고 은혜 아래 있으므로 죄가 너희를 지배하지 못하리라" 이 말씀은 저와 여러분에게 하시는 주님의 말씀입니다. 주께서 말씀하시기를 "너희가 율법 아래 있지 아니하"다 하셨습니다.

주께서 말씀하시기를 저와 여러분은 "은혜 아래 있"다 하셨습니다.

저와 여러분은 은혜 아래 있습니다. 이 말씀은 하나님께서는 저와 여러분에게 항상 은혜를 주신다는 것입니다. 우리의 눈앞에는 은혜가 있습니다. 저와 여러분이 이 진리를 기억하기를 원합니다. 주께서 우리 모두에게 "은혜 아래 있"다 하셨기 때문에 우리가 항상 믿어야 하는 것이 바로 은혜입니다.

히브리서 4장 15절과 16절의 말씀을 보시면 "우리에게 계신 대제사장은 우리의 연약함의 감정을 몸소 느낄 수 없는 분이 아니요 모든 점에서 우리와 똑같이 시험을 받으셨으나 죄는 없으신 분이시니라.

그러므로 우리가 긍휼을 얻고 필요한 때에 도우시는 은혜를 얻기 위해 은혜의 왕좌로 담대히 갈 것이니라"

주님께서는 저와 여러분의 눈앞에 "은혜의 왕좌"가 있다고 말씀하십니다.

"은혜의 왕좌로 담대히 갈 것이니라" 그것은 "필요한 때에 도우시는 은혜"가 기다리고 있는 것입니다. 저와 여러분에게 은혜가 얼마나 필요합니까.

매 순간 필요합니다. 포도나무와 가지의 비유에서처럼 주님은 포도나무이시고 우리는 가지입니다. 포도나무로부터 가지에게 생명이 흘러가서 가지가 강해지고 열매를 맺을 수 있습니다. 그것이 은혜입니다. 저와 여러분에게 늘 은혜가 필요합니다.

주님께서 말씀하시기를 "나 없이는 너희가 아무것도 할 수 없느니라" 하셨습니다.

주님 없이는 주님의 은혜가 없이는 저와 여러분은 아무것도 할 수 없습니다.

우리는 매 순간 은혜가 필요하며 모든 은혜가 필요합니다.

오늘 이 시간 본문에서 하나님께서 이스라엘 백성의 눈앞에 가나안 땅이 있다고 하시고 그 땅을 소유하라고 하셨던 것처럼, 지금 저와 여러분의 눈앞에는 은혜가 있으니 그 은혜를 받으라고 주께서 우리 모두에게 말씀하시는 것입니다.

저와 여러분이 구원을 받은 것은 은혜로 받은 것입니다. 우리의 공로가 없습니다.

우리가 행한 것이 없습니다. 오직 은혜입니다.

에베소서 2장 8절과 9절 말씀에서는 "너희가 믿음을 통해 은혜로 구원을 받았나니 그것은 너희 자신에게서 난 것이 아니요 하나님의 선물이니라. 행위에서 난 것이 아니니 이것은 아무도 자랑하지 못하게 하려 함이라"

하나님이 우리에게 말씀하십니다. "너희가 믿음을 통해 은혜로 구원을 받았"다 하십니다. "행위에서 난 것이 아니"라 하십니다. "이것은 아무도 자랑하지 못하게 하려 함이라" 하셨습니다.

저와 여러분이 구원을 받은 것은 은혜입니다. 우리의 행위가 전혀 없었고, 죄만 지었는데 주 예수 그리스도를 믿음으로 은혜로 구원을 받았습니다.

우리가 그리스도인으로서 삶을 살아가는 것도 은혜로 살아가는 것입니다.

본문의 말씀에서 이스라엘 백성이 가나안 땅에 들어가서 젖과 꿀을 먹었습니다.

그곳에서 주께서 주신 것을 마음껏 누릴 수 있었습니다.

오늘 본문에서 주께서 그들에게 말씀하시기를 "보라, 주 네 하나님께서 그 땅을 네 앞에 두셨으니 주 네 조상들의 하나님께서 네게 말씀하신 대로 올라가 그 땅을 소유하라" 하셨습니다. 하나님은 우리 모두에게 말씀하십니다.

히브리서 12정 28절 말씀에서는 "그러므로 우리가 움직일 수 없는 왕국을 받고 있으니 은혜를 소유하자. 이 은혜에 의거하여 우리가 공경하는 마음과 하나님께 속한 두려움을 가지고 받으실 만하게 하나님을 섬길지니"

이 말씀에서 우리는 "은혜를 소유하자"라는 말씀을 듣습니다. "은혜를 소유하자"

주께서 저와 여러분에게 주시는 은혜를 소유하자는 것입니다. 그것은 은혜를 믿고 구하는 것입니다. 이것은 우리가 은혜를 믿지 못하는 경우가 많이 있기 때문입니다. 본문의 말씀으로 돌아가서 신명기 1장 21절 끝을 보시면 "두려워하지 말라. 낙담하지 말라, 하였느니라"

하나님께서는 이스라엘 백성의 눈앞에 가나안 땅을 두시고 "그 땅을 소유하라" 하시면서 말씀하시기를 "두려워하지 말라. 낙담하지 말라" 하십니다.

그 이유가 무엇입니까? 그 땅을 소유하려는 마음을 꺾는 것이 있기 때문입니다.

두려워하게 만들고 낙담하게 만드는 것이 있기 때문입니다.

27절과 28절을 보시면 "그럼에도 불구하고 너희가 올라가려 하지 아니하고 주 너희 하나님의 명령을 거역하며 너희 장막 속에서 불평하여 이르기를, 주께서 우리를 미워하셨으므로 아모리 족속의 손에 넘겨 멸하시려고 우리를 이집트 땅에서 데리고 나오셨도다. 우리가 어디로 올라가랴? 우리 형제들이 우리를 낙심하게 하며 말하기를, 그 백성은 우리보다 크고 키가 크며 그 도시들은 크고 성벽이 하늘에 닿았으며 또한 우리가 거기서 아낙 족속의 아들들을 보았노라, 하는 도다, 하기에"

이 말씀에서 열두 명의 정탐꾼들이 가나안 땅을 보고 나서 한 말을 알 수 있습니다.

그들은 그 땅에 거인들이 있음을 보았습니다. 그 땅에 도시들을 보았고, 성벽들을 보았습니다. 그들이 보기에 "성벽이 하늘에 닿았"습니다.

그것은 이스라엘 백성이 그 땅을 소유하는 것이 불가능해 보이는 것입니다.

그래서 그 땅에 들어가면 모두 죽게 될 것이라는 것입니다.

그래서 그들은 27절에서 "주께서 우리를 미워하셨으므로 아모리 족속의 손에 넘겨 멸하시려고 우리를 이집트 땅에서 데리고 나오셨도다"라고 말했던 것입니다.

'하나님이 우리를 미워하시는구나. 우리를 이집트로부터 데리고 나오신 이유가 가나안 땅에 있는 아모리 족속에 의해 모두 죽게 하시려고 하신 것이구나.' 생각한 것입니다. 그들은 두려워하고 있었고, 낙담하고 있었습니다.

그래서 하나님께서는 이스라엘 백성의 눈앞에 가나안 땅을 두시고 그 땅을 소유하라 하시고서 "두려워하지 말라. 낙담하지 말라" 하셨던 것입니다.

저와 여러분 앞에 여러 가지 어려운 문제들이 있을 수 있습니다.

거인들과 같은 문제들이 있을 수 있습니다. 높은 성벽과 같은 문제들도 있을 수 있습니다. 도시들과 같이 정복하기 어려운 문제들이 있을 수 있습니다.

그래서 우리는 그 문제들이 너무 크게 보이기 때문에 은혜를 보지 못하는 것입니다. 오늘 이 시간 저와 여러분에게 있는 문제들이 아니라 은혜만 보이기를 원합니다. 주께서 저와 여러분에게 주실 은혜만 보이기를 원합니다.

민수기 14장 6절에서 9절까지의 말씀을 보시면 "그 땅을 탐지한 자들 중에서 눈의 아들 여호수아와 여분네의 아들 갈렙이 자기 옷을 찢고 이스라엘 자손 온 무리에게 말하여 이르되, 우리가 지나다니며 탐지한 땅은 매우 좋은 땅이니라.

주께서 우리를 기뻐하시면 우리를 이 땅으로 데리고 들어가시고 그것을 우리에게 주실 터인데 그 땅은 젖과 꿀이 흐르는 땅이니라.

오직 너희는 주께 반역하지 말고 그 땅 백성을 두려워하지도 말라. 그들은 우리의 양식이니라. 그들의 방어자는 그들에게 떠났고 주께서는 우리와 함께 계시느니라. 그들을 두려워하지 말라, 하였으나"

이 말씀에서 갈렙이란 사람을 주목하기를 원합니다. 그는 주께서 주신 땅을 주목했습니다. 6절 하반절에서 "우리가 지나다니며 탐지한 땅은 좋은 땅이니라" 갈렙은 주께서 주신 땅을 주목했습니다.

7절에서 "주께서 우리를 기뻐하시면 우리를 이 땅으로 데리고 들어가시고 그것을 우리에게 주실 터인데 그 땅은 젖과 꿀이 흐르는 땅이니라" 이 말씀에서도 갈렙은 주께서 주신 땅을 주목했습니다.

다른 사람들은 그 땅에 거하는 사람들, 즉 거인들과 잔인한 자들을 주목했고, 그 도시들을 주목했고 성벽들을 주목했습니다. 그래서 두려워했고, 낙담했습니다.

그러나 갈렙은 주께서 주신 그 땅을 주목했습니다. 오히려 그 땅의 백성에 대해서 9절에서 말하기를 "그들은 우리의 양식이니라" 했습니다.

저와 여러분이 이 시간 은혜를 주목하기를 원합니다. 주께서 저와 여러분에게 주시는 은혜를 주목하시기 바랍니다. 우리에게 있는 어떤 무섭게 하는 사람이나 사건들이나 재정적인 문제들이나 해야 할 일들에 주목하지 않고 은혜를 주목하기를 원합니다. 은혜가 이깁니다. 주께서 주실 그 땅을 주목했던 갈렙은 그 땅을 소유했습니다. 민수기 14장 24절 주의 말씀에서는 "그러나 내 종 갈렙은 다른 영을 지녀 전적으로 나를 따랐으므로 그가 갔던 땅으로 내가 그를 데려가리니 그의 씨가 그 땅을 소유하리라" 갈렙이 주께서 주실 그 땅을 주목했더니 그 땅을 소유했습니다.

저와 여러분이 주께서 주실 은혜를 주목할 때, 우리는 그 은혜를 소유합니다.

사도행전 27장 14절에서 15절 말씀을 보시면 "얼마 지나지 않아 유로클루돈이라 하는 폭풍이 일어 그것을 대적하매 배가 휘말려서 바람을 뚫고 나아갈 수 없으므로 바람이 몰고 가게 우리가 내버려 두니라"

이 말씀에서 유로클루돈이라는 폭풍을 만나 바울을 볼 수 있습니다. 바울이 로마로 배를 타고 항해하고 있었는데, 그런 폭풍을 만난 것입니다.

20절을 보시게 되면 "여러 날 동안 해도 별도 보이지 아니하고 작지 않은 폭풍이 우리를 덮치매 우리가 구원받으리라는 모든 희망이 그때에 사라졌더라"

여기서 "구원받으리라는 모든 희망이 그때에 사라졌더라" 했습니다.

지금 바울과 그 배에 함께 탄 사람들에게 상황이 그러했습니다. 구조될 희망이 없었습니다. 난파되어 모두가 죽게 되었습니다. 그러나 바울은 은혜를 믿었습니다.

22절에서 24절까지의 말씀을 보시면 "이제 내가 너희를 권하노니 기운을 내라. 배만 잃을 뿐 너희 가운데 한 사람도 생명을 잃지 아니하리라.

나를 소유하신 하나님 곧 내가 섬기는 하나님의 천사가 이 밤에 내 곁에 서서 이르되, 바울아, 두려워하지 말라. 네가 반드시 카이사르 앞에 가야 하리라. 보라, 하나님께서 너와 함께 항해하는 자들을 다 네게 주셨느니라, 하였으니"

이 말씀에서 바울은 주께서 자기에게 주신 말씀을 들었습니다.

"바울아… 두려워하지 말라. 네가 반드시 카이사르 앞에 가야 하리라. 보라, 하나님께서 너와 함께 항해하는 자들을 다 네게 주셨느니라" 하셨습니다.

이 말씀은 주께서 바울과 그와 함께 항해하는 자들을 다 구조해 주시겠다는 말씀입니다. 이것이 은혜입니다. 그때 바울은 그 은혜를 믿었습니다.

25절 "그러므로 선생들아, 기운을 내라. 나는 하나님을 믿으니 그분께서 내게 말씀하신 그대로 일이 이루어지리라" 바울이 은혜를 믿었다는 것을 알 수 있는 것이 있습니다. 25절에서 그가 말하기를 "그분께서 내게 말씀하신 그대로 일이 이루어지리라" 하였기 때문입니다. 그가 자기에게 하신 말씀을 믿은 것이 은혜를 믿은 것입니다. 그리고 모든 환경적인 어려운 조건 속에서 그 은혜가 이겼습니다.

44절에서 "남은 사람들 중 얼마는 널빤지에, 얼마는 배의 부서진 조각들에 의지하게 하니 이렇게 그들이 다 육지로 안전하게 피신하니라"

이 말씀에서 "그들이 다 육지로 안전하게 피신하니라"고 기록되어 있습니다.

은혜가 이겼습니다. 저와 여러분이 주께서 우리에게 주시는 말씀을 믿는 것이 은혜를 믿는 것입니다. 우리에게 주신 많은 말씀들이 있습니다. 그중에 대표적인 말씀을 보시겠습니다. 신명기 1장 30절 말씀에서는 "너희보다 앞서가시는 주 너희 하나님께서 이집트에서 너희를 위해 너희 눈앞에서 행하신 모든 것에 따라 친히 너희를 위해 싸우시리라" 이 말씀에서 "너희보다 앞서가시는 주 너희 하나님"이라 하셨습니다. 주님은 저와 여러분에게 어떤 분이십니까? "너희보다 앞서가시는 주 너희 하나님"이라 하십니다. 주님은 저와 여러분보다 앞서가십니다.

이 의미가 무엇입니까? 주님은 우리 모두의 목자시라는 것입니다.

주님은 우리 모두보다 앞서가셔서 모든 것을 예비하시는 분이십니다.

30절에서 "너희보다 앞서가시는 주 너희 하나님께서 이집트에서 너희를 위해 너희 눈앞에서 행하신 모든 것에 따라 친히 너희를 위해 싸우시리라"

주께서 이스라엘 자손이 가나안 땅으로 들어가면 주께서 그들을 위해 싸우시겠다고 하십니다. 이처럼 주께서 저와 여러분 모두보다 앞서 가셔서 모든 것을 예비하시는 분이시며 모든 것을 행하시는 분이십니다. 그래서 우리가 하나님께 구한 것을 얻게 하십니다. 우리의 문제를 해결해 주시고, 우리가 구했던 것을 얻게 하십니다.

저와 여러분이 은혜를 주목하기를 원합니다. 문제들이 아니라 은혜를 주목하기를 원합니다. 그 은혜는 주께서 우리에게 주신 말씀들인데, 그 말씀들 가운데 대표적인 것이 주께서 저와 여러분보다 앞서가신다는 것입니다.

그래서 가나안 땅과 같은 은혜를 누리게 하시는 것입니다.

우리가 원하는 것을 얻는 것도 은혜이며 주께서 저와 여러분보다 앞서가시는 것도 은혜입니다. 주께서 기록하셔서 저와 여러분에게 주신 모든 말씀들이 다 은혜입니다. 사도행전 1장 8절을 보시면 "오직 성령님께서 너희에게 임하신 뒤에 너희가 권능을 받고 예루살렘과 온 유대와 사마리아와 땅의 맨 끝 지역까지 이르러 나를 위한 증인들이 되리라, 하시니라"

저와 여러분 안에는 성령님이 계십니다.

그리고 성령님은 저와 여러분의 길을 인도하시되, 땅의 맨 끝 지역까지 이르러 주 예수님을 위한 증인들이 되게 하십니다.

이것은 우리를 그곳으로 가게 하실 뿐 아니라 증인의 역할을 할 수 있도록 하시고 그 열매를 주신다는 뜻입니다. 이 은혜를 믿기를 원합니다.

주께서 저와 여러분 안에 계셔서 우리보다 앞서가신다는 은혜를 믿기를 원합니다.

이 은혜를 주목하기를 원합니다.

이스라엘 백성이 가나안 땅을 주목하지 못하고, 그들보다 앞서가시는 주님을 주목하지 못하였을 때, 그들은 즉시로 두려워하였고 낙담했습니다.

저와 여러분 또한 은혜를 주목하지 못할 때, 우리는 두려워하게 되고 낙담하게 됩니다. 우리가 가는 길에 주님의 은혜가 있다는 것을 믿기를 원합니다.

주께서 우리보다 앞서가신다는 은혜를 믿기를 원합니다.

그래서 그분께서 모든 것을 예비하시고 모든 것을 하신다는 은혜를 믿기를 원합니다. 그 은혜가 이깁니다. 이 은혜는 말씀 그대로 그냥 주시는 것입니다.

저와 여러분의 어떠함과는 상관없습니다.

우리가 구원을 은혜로 받았는데, 그때 우리는 잘한 것이 아무것도 없었습니다.

죄만 지었습니다. 그러나 주님은 우리가 그분을 믿었을 때, 은혜로 구원하셨습니다.

구원 이후의 삶도 마찬가지입니다. 은혜는 주님께서 그냥 주시는 것입니다.

주께서 우리보다 앞서가시는 것도 우리를 사랑하시기 때문에 그렇게 하시는 것입니다. 주 예수님의 보혈이 우리에게 모든 은혜가 주어지게 했습니다.

그러므로 사랑하는 성도 여러분, 오늘 우리 모두에게 말씀하신 것처럼 주께서 저와 여러분보다 앞서 가신다는 말씀 그 은혜를 믿기를 원합니다. 그럴 때 우리는 그 은혜를 소유하게 될 것입니다. 바울과 같이 폭풍을 만났든지, 우리에게 어떠한 고난이 있든지, 저와 여러분이 주님께서 인도하시는 길을 따를 때, 은혜가 있음을 믿기를 원합니다.

이 은혜를 믿고 소유하는 삶을 위해서 갈라디아서 2장 20절의 말씀을 보시면 "내가 그리스도와 함께 십자가에 못 박혀 있으나 그럼에도 불구하고 사노라. 그러나 내가 아니요 그리스도께서 내 안에 사시느니라. 나는 지금 내가 육체 안에서 사는 삶을, 나를 사랑하사 나를 위해 자신을 주신 하나님의 아들의 믿음으로 사노라"

저와 여러분이 주와 함께 십자가에 못 박혀 죽었음을 받아들이고 내 안에 주 예수님께서 사심을 받아들이기를 원합니다. 그럴 때, 우리는 은혜를 풍성히 누릴 수 있습니다. 저와 여러분이 사는 모든 날 동안 저와 여러분 보다 앞서가시는 주님의 은혜를 풍성히 누리기를 원합니다.

우리의 기도

우리는 구원받았을 때 은혜로 구원받았습니다.

구원 이후의 삶도 마찬가지입니다. 우리는 은혜로 살아갑니다. 하나님은 우리에게 은혜를 소유하자 하십니다. 이스라엘 백성 앞에 눈앞에 가나안 땅을 두시고 그 땅을 소유하라고 하신 것처럼 하나님은 은혜를 우리 앞에 두시고 은혜를 소유하라고 하십니다. 은혜를 믿으라는 뜻이고 은혜를 구하라는 뜻입니다. 오늘 대표적으로 앞서가시는 주님 그 은혜에 대하여 말씀을 들었습니다. 우리의 모든 상황을 다 아시고 우리보다 앞서가셔서 예비하시고 모든 것을 행하시는 하나님이라고 하신 이 말씀 그 은혜를 믿으시고 은혜를 소유하셔서 풍성한 생명의 삶을 누리길 원합니다.

문제들에 주목하지 마시고 은혜를 주목하십시오. 하나님의 은혜가 항상 준비되어 있습니다. 지금 이 시간 하나님께 은혜를 구하시며 나아가길 원합니다. 아멘.

4. 없는 자를 채우시는 주님

주의 말씀이 그에게 임하여 이르시되,

너는 일어나 시돈에 속한 사르밧으로 가서 거기 거하라. 보라, 내가 거기에 있는 과부 여인에게 명령하여 너를 돌보게 하였느니라, 하시므로

이에 그가 일어나 사르밧으로 가서 도시 문에 다다랐는데, 보라, 마침 그 과부 여인이 거기서 나뭇가지를 줍고 있으므로 그가 그녀를 불러 이르되, 원하건데 그릇에 물을 조금 가져다가 내가 마시게 하라, 하니라.

그녀가 그것을 가지러 갈 때에 그가 그녀를 불러 이르되, 원하건데 네 손에 있는 빵 한 조각을 내게 가져오라, 하니

그녀가 이르되, 주 당신의 하나님께서 살아 계심을 두고 맹세하옵나니 내게는 납작한 빵이 없고 다만 통에 가루 한 움큼과 병에 기름이 조금 있을 뿐이니이다. 보소서, 내가 나뭇가지 두 개를 줍고 있으니 이것은 내가 들어가 나와 내 아들을 위해 그것을 차린 뒤 우리가 먹고 죽으려 함이니이다, 하매

엘리야가 그녀에게 이르되, 두려워하지 말고 가서 네가 말한 대로 하라. 그러나 먼저 그것으로 나를 위해 작고 납작한 빵 하나를 만들어 내게 가져오고 그 뒤에 너와 네 아들을 위해 만들라.

주 이스라엘의 하나님께서 이같이 말씀하시기를, 주가 비를 땅 위에 내리는 날까지 가루 통이 고갈되지 아니하고 기름병이 마르지 아니하리라, 하시느니라, 하므로

그녀가 가서 엘리야의 말대로 하였더니 그녀와 그와 그녀의 집이 여러 날 먹었으나

주께서 엘리야를 통해 친히 하신 말씀대로 가루 통이 고갈되지 아니하고 기름 병이 마르지 아니하였더라. - 열왕기상 17:8~16 -

오늘 말씀에서 우리는 엘리야를 볼 수 있습니다.

지금 이스라엘의 상황은 매우 어려운 상황이었습니다.

1절을 보시면 "길르앗 거주민들에게 속한 디셉 사람 엘리야가 아합에게 이르되, 내가 서서 섬기는 주 이스라엘의 하나님께서 살아 계심을 두고 맹세하노니 내 말이 있지 아니하면 이 몇 년 동안 이슬이나 비가 있지 아니하리라, 하고"라고 기록되어 있습니다. 이 말씀은 하나님께서 이스라엘 땅에 비를 수년 간 내리시지 않으신다는 것을 말씀하시는 것입니다. 이것은 이스라엘 전역을 기근에 시달리게 했습니다.

그런데, 2절에서 4절까지의 말씀을 보시면 "주의 말씀이 그에게 임하여 이르시되, 너는 여기를 떠나서 동쪽으로 방향을 바꾼 뒤 요르단 앞 그릿 시냇가에 숨고 그 시내에서 물을 마시라. 내가 까마귀들에게 명령하여 거기서 너를 먹이게 하였느니라, 하시므로" 이 말씀에서 하나님께서 하나님의 대언자인 엘리야를 먹이시는 것에 대해서 말씀하십니다. 그것은 "요르단 앞 그릿 시냇가에 숨고 그 시내에서 물을 마시라" 하신 것처럼 그곳의 물을 엘리야가 마시게 하셨고, "내가 까마귀들에게 명령하여 거기서 너를 먹이게 하였느니라" 하셨던 것처럼, 주께서 까마귀들을 통해서 엘리야를 먹이셨습니다.

6절을 보시면 "까마귀들이 아침에 빵과 고기를 그에게 가져오고 저녁에 빵과 고기를 가져왔으며 그가 그 시내에서 물을 마셨는데" 이 말씀에서 주께서 말씀하신 대로 까마귀들이 빵과 고기를 엘리야에게 가져왔는데, 아침과 저녁에 가져왔습니다. 그래서 엘리야가 생활을 할 수 있도록 하셨습니다. 또한, 8절을 보시면 "주의 말씀이 그에게 임하여 이르시되,"

이제 주께서 또 엘리야에게 말씀하셨습니다.

그것은 9절에서 "너는 일어나 시돈에 속한 사르밧으로 가서 도시 문에 다다랐는데, 보라, 마침 그 과부 여인이 거기서 나뭇가지를 줍고 있으므로 그가 그녀를 불러 이르되, 원하건대 그릇에 물을 조금 가져다가 내가 마시게 하라, 하니라"

이 말씀에서 주님께서 엘리야를 시돈이라는 곳으로 보내셨습니다.

시돈은 이스라엘이 아니라 이방인의 땅입니다. 주께서 그곳에 속한 사르밧으로 엘리야가 가게 하셨고, 그 도시 문에서 과부 여인을 만나게 하셨습니다.

그리고 그녀를 통해서 엘리야가 생활을 하게 하셨습니다.

그런데, 엘리야가 그 과부 여인을 처음 보았을 때, 나뭇가지를 줍고 있었는데, 그 이유는 그것으로 불을 피워서 마지막으로 남아 있는 음식을 자기의 아들과 함께 먹으려고 했기 때문인데, 그 뒤에 그녀가 자기의 아들과 함께 죽으려 했습니다.

그 과부 여인은 생활고에 시달리고 있었습니다. 아무것도 가진 것이 없었고 그 어느 곳에서도 도움을 받을 수 없었기 때문에 그와 그의 아들이 마지막 남아 있는 음식을 먹고 죽으려 했던 것입니다. 그런데, 하나님께서는 바로 그 여인에게 엘리야를 보내셨습니다. 그리고 엘리야가 그녀를 통해서 생활하게 하셨습니다.

그래서 11절에서 "그녀가 그것을 가지러 갈 때에 그가 그녀를 불러 이르되, 원하건대 네 손에 있는 빵 한 조각을 내게 가져오라, 하니" 이 말씀에서 엘리야는 "네 손에 있는 빵 한 조각"이라 하였습니다. 그것은 과부여인과 그녀의 아들이 마지막으로 먹으려 했던 것입니다. 엘리야는 그것을 알고 있었습니다. 그리고 그것을 자기에게 달라고 했습니다. 자기도 먹겠다고 하는 것입니다. 그때에 과부 여인은 주저했습니다. 가진 것이 없는데, 마지막 남아 있는 빵도 자기와 자기의 아들이 함께 먹고 죽으려 했는데, 엘리야가 와서 자기에게도 그 빵을 달라는 것입니다. 엘리야는 주님께서 그녀에게 보내서서 왔고 믿음으로 그렇게 말했습니다. 그런데, 과부는 믿음이 없었습니다. 그래서 13절 말씀에서는 "엘리야가 그녀에게 이르되, 두려워하지 말고 가서 네가 말한 대로 하라. 그러나 먼저 그것으로 나를 위해 작고 납작한 빵 하나를 만들어 내게 가져오고 그 뒤에 너와 네 아들을 위해 만들라" 엘리야는 그녀에게 주의 말씀을 전했습니다. "두려워하지 말"라 하였습니다.

그리고 "먼저 그것으로 나를 위해 작고 납작한 빵 하나를 만들어 내게 가져오고 그 뒤에 너와 네 아들을 위해 만들라" 하였습니다. 그리고 14절에서 다음과 같이 엘리야가 말했습니다. "주 이스라엘의 하나님께서 이같이 말씀하시기를, 주가 비를 땅 위에 내리는 날까지 가루 통이 고갈되지 아니하고 기름병이 마르지 아니하리라, 하시느니라, 하므로" 엘리야는 주의 말씀을 그 과부 여인에게 전해 주었습니다.

"주 이스라엘의 하나님께서 이같이 말씀하"신다 했습니다.

"주가 비를 땅 위에 내리는 날까지 가루 통이 고갈되지 아니하고 기름 병이 마르지 아니하리라, 하시느니라" 주께서 그 과부 여인에게 말씀하시는 것은 그녀가 가지고 있는 가루 통과 기름병이 고갈되지 않고 마르지 않을 것이라는 것입니다.

분명히 남아 있는 것은 얼마 되지 않았습니다.

그런데, 주께서는 그것이 무려 3년 6개월 동안 계속해서 가루가 있고 기름이 있게 하실 것이라는 것입니다. 그것은 "주가 비를 땅 위에 내리는 날까지"라고 하셨는데, 그때까지 3년 6개월이었습니다. 그때에 그 과부는 엘리야의 말대로 했습니다.

15절 상반절에서 "그녀가 가서 엘리야의 말대로 하였더니"라고 기록되어 있습니다. 이것은 그 과부가 엘리야를 통해서 말씀하시는 주의 말씀을 믿은 것입니다.

그랬더니 놀라운 결과가 있었습니다. 15절 끝에 "그녀와 그와 그녀의 집이 여러 날 먹었"다고 기록되어 있습니다. 주께서 놀라운 기적을 베푸신 것입니다.

없는데 있게 하셨습니다. 분명히 없어야 하는데, 계속해서 가루가 채워지고 기름이 기름병에 채워지는 것입니다.

16절에서 "주께서 엘리야를 통해 친히 하신 말씀대로 가루 통이 고갈되지 아니하고 기름병이 마르지 아니하였더라" 하였습니다.

주께서는 이와 같이 엘리야를 먹이셨고, 또한 그 과부여인과 그녀의 아들을 먹이셨습니다. 오늘 말씀과 같이 저와 여러분이 그 과부 여인과 같을 수 있습니다.

가진 것이 없을 수 있습니다. 그것이 물질만이 아니라 힘이 없고 지혜가 없습니다.

그러나 하나님께서는 없는 자를 채우시는 분이십니다.

고전 1장 26절에서 28절까지의 말씀을 보시면 "형제들아, 너희는 너희가 부르심을 받은 것을 보라. 부르심을 받은 자로서 육체를 따라 지혜로운 자가 많지 아니하고 강력한 자가 많지 아니하며 고귀한 자가 많지 아니하도다.

그러나 하나님께서 지혜로운 자들을 당황하게 하시려고 세상의 어리석은 것들을 택하셨고 하나님께서 강력한 자들을 당황하게 하시려고 세상의 약한 것들을 택하셨으며 하나님께서 있는 것들을 쓸모없게 하시려고 세상의 천한 것들과 멸시받는 것들과 참으로 없는 것들을 택하셨나니" 이 말씀에서 하나님께서는 "세상의 어리석은 것들을 택하"셨습니다. 그 이유는 그에게 지혜를 채우시려고 하시는 것입니다.

하나님께서는 "세상의 약한 것들을 택하"셨습니다. 그 이유는 하나님께서 그에게 힘을 채우시려고 하시는 것입니다. 하나님께서는 "세상의 천한 것들과 멸시받는 것들과 참으로 없는 것들을 택하셨"습니다. 그것은 하나님께서 그들에게 부를 채우시려고 하시는 것입니다. 하나님은 없는 자들을 채우십니다.

29절에서 31절 말씀에서는 "이것은 어떤 육체도 자신 앞에서 자랑하지 못하게 하려 하심이라. 그러나 너희는 하나님에게서 나서 그리스도 예수님 안에 있고 예수님은 하나님에게서 나사 우리에게 지혜와 의와 성별과 구속이 되셨으니 이것은 기록된바, 자랑하는 자는 주를 자랑할지니라, 함과 같게 하려 함이니라"

예수님께서 저와 여러분에게 지혜가 되셨습니다. 그분이 저와 여러분에게 의가 되시고 성별이 되셨습니다. 예수님이 저와 여러분에게 구속이 되셨습니다.

저와 여러분은 우리 자신을 구원할 수 없는 자들이었습니다.

우리의 죄 때문에 우리는 심판을 받고 멸망으로 들어갈 자들이었습니다.

참으로 없는 자들이었습니다. 우리에게는 의가 없었습니다. 모든 것이 불의했습니다. 모든 것이 죄였습니다. 그러나 주 예수님이 저와 여러분에게 의가 되셨습니다.

그분이 저와 여러분에게 성별이 되셨습니다. 그분이 우리에게 구속이 되셨습니다.

예수 그리스도께서 저와 여러분에게 모든 것이 되시기 위해서 십자가에 못 박히셔서 자신을 우리 모두에게 주셨습니다.

요한복음 3장 16절 말씀에서는 "하나님께서 세상을 이처럼 사랑하사 자신의 독생자를 주셨으니 이것은 누구든지 그를 믿는 자는 멸망하지 아니하고 영원한 생명을 얻게 하려 하심이라" 하나님께서는 없는 저와 여러분에게 "자신의 독생자를 주셨"습니다. 하나님의 아들이신 예수 그리스도를 바로 나에게 주셨습니다.

그분이 나의 의가 되시도록, 그분이 나의 성별이 되시도록, 그분이 나의 구속이 되시도록 바로 나에게 주셨습니다. 그분이 나의 지혜가 되시도록 그분을 나에게 주셨습니다. 그래서 "누구든지 그를 믿는 자는 멸망하지 아니하고 영원한 생명을 얻게 하"셨습니다. 영원한 생명을 하나님께서 예수님을 통해 저와 여러분에게 주셨습니다. 우리는 죄인들이었으나 하나님의 아들들로서 다시 태어났습니다.

우리 속에 예수님이 계십니다. 주께서는 없는 자를 채우셨습니다.

저와 여러분이 오직 예수님을 자랑하기를 원합니다. 그리고 우리의 모든 필요에 대해서 주님을 의지하기를 원합니다.

그것은 벧전 5장 7절에서 다음과 같이 주님께서 우리에게 말씀하셨습니다.

"너희의 모든 염려를 그분께 맡기라. 그분께서 너희를 돌보시느니라"

오늘 본문에서 주께서 엘리야를 돌보시는 분이셨습니다. 그 과부 여인과 그녀의 아들을 돌보시는 분이셨습니다.

이와 같이 주님은 저와 여러분을 돌보시는 분이십니다. 하나님의 아들들로서 저와 여러분을 아버지로서 돌보시는 분이십니다. 아버지께서 저와 여러분에게 말씀하시기를 "너희의 모든 염려를 그분께 맡기라" 하십니다.

저와 여러분의 모든 염려를 주님께 맡기기를 원합니다. 주님께 우리의 필요를 아뢰기를 원합니다. 주님은 없는 우리를 채우십니다.

지혜가 없을 때 지혜를 채우시고, 힘이 없을 때 힘을 채우시며, 물질이 없을 때 물질을 채우십니다. 사람이 없을 때 사람을 채우십니다. 주님을 의지하기를 원합니다.

저와 여러분에게는 기도라는 놀라운 은혜를 하나님께서 주셨습니다.

우리의 상황이 그 과부 여인이 마지막 남은 빵을 자기와 자기의 아들과 함께 먹고 죽으려는 상황과 같을 수도 있습니다. 그러나 하나님께서 엘리야를 보내서서 그녀와 그녀의 아들을 먹이셨습니다. 하나님은 어떠한 상황에 저와 여러분이 처해 있든지 놀랍게 역사하시는 분이십니다. 우리가 하나님을 믿고 그분께 기도하기를 원합니다. 마태복음 7장 7절에서 11절까지의 말씀을 보시면 "구하라. 그러면 그분께서 너희에게 주실 것이요, 찾으라. 그러면 너희가 찾을 것이요, 두드리라. 그러면 너희에게 열릴 것이니 구하는 자마다 받고 찾는 자는 찾으며 두드리는 자에게 열릴 것이니라. 너희 중에 누가 자기 아들이 빵을 구하면 그에게 돌을 주겠느냐? 혹은 그가 생선을 구하면 그에게 뱀을 주겠느냐?

그런즉 너희가 악할지라도 너희 자식들에게 좋은 선물들을 줄 줄 알거든 하늘에 계신 너희 아버지께서 자기에게 구하는 자들에게 좋은 것들을 얼마나 더 많이 주시겠느냐?" 하나님은 우리가 아버지께 기도하라고 말씀하십니다.

구하라 하시고 찾으라 하시고 두드리라 하십니다. 주께서는 없는 자를 채우십니다.

이제 누가복음 4장 18절과 19절 말씀을 보시면 "주의 영께서 내게 임하셨으니 이는 그분께서 내게 기름을 부으사 가난한 자들에게 복음을 선포하게 하셨기 때문이라. 그분께서 나를 보내신 것은 마음이 상한 자들을 고치며 포로 된 자들에게 구출을, 눈먼 자들에게 다시 보게 함을 선포하고 상처 입은 자들을 자유롭게 하며 주의 받아 주시는 해를 선포하게 하려 하심이라, 하였더라" 주 예수님께서 이 땅에 오셔서 나사렛에서 성경

기록을 읽으신 것입니다. 그것은 이사야서의 말씀이었습니다.

그리고 주께서 21절 말씀에서는 "그분께서 그들에게 말씀하기 시작하시되, 이 성경 기록이 이날 너희 귀에 성취되었느니라, 하시니"

주 예수님께서 읽으신 그 성경 기록이 "이날 너희 귀에 성취되었느니라" 하셨습니다.

그 말씀에서 가리키시는 분이 예수님이신 것입니다. 예수님께서 가난한 자들에게 복음을 선포하시는 분이시며, 그분이 마음이 상한 자들을 고치시는 분이시고, 포로 된 자들을 구출하시는 분이십니다. 예수님이 눈 먼 자를 보게 하시는 분이시며, 상처 입은 자들을 자유롭게 해 주시는 분이십니다. 그분이 주께서 우리를 받아 주시도록 하시는 분이십니다. 주께서 말씀하시기를 "이 성경 기록이 이날 너희 귀에 성취되었느니라" 그 성경의 성취이신 분이 그들 앞에 계시는 것입니다.

여기서 필요한 것은 믿음입니다. 예수님을 믿는 것입니다.

그분이 그 말씀의 성취이심을 마음으로 믿는 것입니다. 그럴 때, 주께서 그들에게 그 말씀과 같이 역사하시는 것입니다. 저와 여러분은 복음의 말씀을 믿었습니다.

예수님이 나에게 의가 되셨음을 믿었습니다. 그분이 나를 위해 죽으시고 부활하셨습니다. 나의 모든 죄들을 단번에 영원히 제거하셨음을 마음으로 믿었을 때, 주께서 저와 여러분을 구원하셨습니다. 없는 자를 채우시는 주님의 역사는 믿음으로 오는 것입니다. 그런데, 이 말씀에서 나오는 사람들은 예수님을 믿지 않았습니다.

22절에서 "모두가 그분에 대해 증언하고 그분의 입에서 나오는 은혜로운 말씀들에 놀라 이르되, 이 사람은 요셉의 아들이 아니냐? 하매"

지금 예수님이 계신 곳은 나사렛이었습니다. 그곳은 예수님께서 성장하신 곳입니다. 그분의 고향입니다. 그래서 지금 예수님의 말씀을 들은 자들은 모두 고향 사람들이었습니다. 그들은 예수님으로부터 은혜로운 말씀들을 들었습니다.

그러나 결론은 "이 사람은 요셉의 아들이 아니냐?"는 것입니다.

방금 예수님께서 그들에게 이사야서를 읽어 주시면서 "이 성경 기록이 이날 너희 귀에 성취되었느니라" 하신 것은 예수님이 이사야 대언자가 말한 그 메시야이시라는 것을 증거하시는 것입니다. 예수님이 그리스도이시라는 것, 그분이 하나님의 들이시라는 것을 증거하시는 것입니다. 그렇다면, 그들은 예수님이 하나님의 아들이심을 믿었어야 했습니다. 그러나 그들이 주의 은혜로운 말씀들을 듣고는 말하기를 "이 사람은 요셉의 아들이 아니냐" 하였습니다. 이것은 그들이 예수님을 믿지 않았던 것입니다. 그래서 예수님께서 그들을 채우시지 못하셨습니다.

그들의 선입견이 그들 속에 채워져 있었습니다. 그들의 불신이 그들 속에 채워져 있었습니다. 그들은 스스로 예수님을 안다고 생각했습니다. 그러나 그들은 잘못 알고 있는 것입니다. 그분은 하나님의 아들이십니다. 그분은 창조주 하나님이십니다.

그분이 말씀이 육신이 되신 분이십니다.

하나님께서 채우시지 못하시는 사람은 있다고 생각하는 사람입니다.

자기가 지혜가 있다고 생각하고, 알고 있다고 생각하는 사람은 하나님께서 채우시지 않으십니다. 그 나사렛에 있는 고향 사람들은 이사야 대언자의 말씀을 들었습니다. "주의 영께서 내게 임하셨으니 이는 그분께서 내게 기름을 부으사 가난한 자들에게 복음을 선포하게 하셨기 때문이라. 그분께서 나를 보내신 것은 마음이 상한 자들을 고치며 포로 된 자들에게 구출을, 눈먼 자들에게 다시 보게 함을 선포하고 상처 입은 자들을 자유롭게 하며 주의받아 주시는 해를 선포하게 하려 하심이라, 하였더라" 그러나 그들은 자기들에게 예수님의 복음이 필요 없다고 생각하는 것입니다. 자기들에게 예수님의 고침이 필요 없다고 생각하고, 예수님의 구출이 필요 없다고 생각하는 것입니다.

자기들에게 예수님의 다시 보게 하심과 자유가 필요 없다고 생각하는 것입니다. 자기들에게 예수님의 받아 주심이 필요 없다고 생각하는 것입니다.

그들 속에 다른 것이 채워져 있었기 때문입니다. 예수님에 대한 선입견, 자기들의 예수님에 대한 생각들이 채워져 있었습니다. "이 사람은 요셉의 아들이 아니냐?"

그들의 눈앞에서 성장하신 예수님을 그들이 알고 있다고 생각하는 것입니다. "이 사람은 요셉의 아들이 아니냐?" 평범한 사람이 아니냐는 뜻입니다.

자기들이 그분을 오랫동안 보아왔다는 것입니다. 그러한 생각들이 그들 속에 있었습니다. 그래서 예수님이 하나님의 아들이심을 믿지 못하고 있었습니다.

하나님은 있는 자를 채우시지 않으십니다. 하나님은 없는 자를 채우십니다.

자기에게는 의가 없고, 지혜가 없고, 물질이 없다고 생각하고 예수님을 의지하는 자를 채우십니다. 그것이 믿음입니다.

25절과 26절 말씀에서는 "그러나 내가 너희에게 진실을 말하노니 엘리야 시대에 삼 년 육 개월 동안 하늘이 닫혀 온 땅 전역에 큰 기근이 들었을 때에 이스라엘에 많은 과부가 있었지만 엘리야가 그들 중 아무에게도 보내어지지 아니하고 오직 시돈의 도시 사렙다에 사는 한 과부 여인에게만 보내어졌으며"

주 예수님께서 이 말씀에서 우리가 보았던 본문의 말씀 시돈의 도시 사렙다에 사는 한 과부 여인에 대해서 말씀하시는 것을 볼 수 있습니다.

이스라엘에 많은 과부가 있었지만 시돈에 있는즉 이방인들의 땅에 사는 한 과부 여인에게 엘리야를 보내서 그녀를 먹이셨습니다. 그것은 이스라엘 전체가 불신으로 가득 차 있었기 때문입니다. 아합왕이 들여온 바알 우상들이 이스라엘 전체 가득했습니다. 그러나 시돈 즉 이방인들의 도시에 사는 한 과부 여인은 하나님을 믿는 여인이었습니다. 그녀에게 주께서 엘리야를 보내서 그녀를 먹이셨습니다.

지금도 이스라엘은 예수님을 거부하고 있습니다. 그러나 예수 그리스도의 복음은 이방인들에게 널리 전파되고 있습니다. 주께서는 없는 자를 채우십니다.

이스라엘 백성이 스스로 율법이 있다고 생각하고 안다고 생각하였을 때, 그들은 예수님이 필요하지 않았습니다. 그러나 이방인들은 죄인들이라는 사실을 인정했습니다. 그래서 예수 그리스도의 복음이 이방인들에게 널리 전파되었던 것입니다.

지금 전 세계에 선교를 담당하고 있는 사람들은 이스라엘이 아니고 이방인들이 구원을 받아 세워진 교회입니다.

주께서는 교회를 통해서 역사하십니다. 교회가 성전이며 교회가 하나님의 집입니다. 바로 저와 여러분입니다. 하나님은 없는 자를 채우십니다.

주 예수님께서는 없는 저와 여러분에게 지혜가 되셨고, 의가 되셨고 성별이 되셨고 구속이 되셨습니다. 우리의 모든 생활 속에서 우리의 염려를 주께 맡길 때, 주께서 우리를 돌보시는 분이시기 때문에 우리의 기도에 응답하십니다.

그러므로 저와 여러분이 늘 주 예수 그리스도를 자랑하기를 원합니다.

또한, 우리가 세계 선교 사역을 감당할 때에 우리의 없음을 염려할 필요가 없습니다. 오히려 우리의 없음은 예수님의 채우심을 경험하기 때문입니다.

마태복음 28장 18절에서 20절까지의 말씀을 보시면 "예수님께서 그들에게 오셔서 말씀하여 이르시되, 하늘과 땅에 있는 모든 권능이 내게 주어졌으니 그러므로 너희는 가서 모든 민족들을 가르치고 아버지와 아들과 성령의 이름으로 그들에게 침례를 주며 무엇이든지 내가 너희에게 명령한 모든 것을 그들에게 가르쳐 지키게 하라. 보라, 내가 세상의 끝까지 항상 너희와 함께 있느니라, 하시니라. 아멘" 주 예수님께서 우리 모두에게 말씀하시기를 "보라, 내가 세상의 끝까지 항상 너희와 함께 있느니라"고 말씀하십니다. 우리에게는 예수님으로 충분합니다.

우리 자신과 우리의 가정과 우리의 교회와 전 세계에 예수님으로 충분합니다.

오늘 이 시간 없는 자를 채우시는 주 예수 그리스도를 찬양하기를 원하고 그분을 높이기를 원합니다.

우리의 기도

하나님께서 어떤 분이신지 오늘 살펴보았습니다. 없는 자를 채우시는 분이십니다.

우리가 죄인이었을 때라는 말은 없다라는 뜻입니다. 의가 없다라는 뜻입니다.

불의만 가득하고 죄만 가득하다라는 뜻입니다. 그러한 저와 여러분들을 복음으로 인도 하셔서 예수님 믿게 하시고 예수님 믿었을 때 우리가 구원받았습니다.

의가 채워졌고 성별과 구속이 채워졌고 지혜가 채워졌습니다.

예수님이 저와 여러분들 안에 채워졌습니다. 하나님은 없는 자를 채워주시는 분이십니다. 오늘 이 시간 구원받고 난 이후에 우리의 모든 염려를 하나님께 맡기는 이유는 우리가 힘이 없기 때문이고 지혜가 없기 때문입니다.

없는 자를 채우시는 하나님을 신뢰하시고 믿으시므로 모든 염려를 하나님께 맡기는 시간이 가지시길 원합니다. 아멘.

5. 주의 구름이 성막 위에 있고

그 뒤에 구름이 회중의 장막을 덮었고 주의 영광이 성막에 가득 찼으므로
모세가 회중의 장막에 들어갈 수 없었으니 이는 구름이 그 위에 머물렀고 주
의 영광이 성막에 가득 쳤기 때문이더라.
구름이 성막 위에서 떠오를 때에는 이스라엘 자손이 자기들의 모든 여정에서
앞으로 갔으나
구름이 떠오르지 않을 때에는 구름이 떠오르는 날까지 그들이 이동하지 아니
하였으니
이는 이스라엘 온 집이 자기들의 모든 여정 내내 낮에는 주의 구름이 성막 위에
있고 밤에는 불이 그 위에 있음을 보았기 때문이었더라. - 출애굽기 40:34~38 -

　오늘 본문의 말씀은 이스라엘 백성이 이집트로부터 나와서 광야에서
생활하고 있었을 때의 일이었습니다. 주께서는 호렙산에서 모세에게 이
스라엘 백성에게 성막을 만들라고 하셨습니다. 출애굽기 40장 17절을 보
시면 "둘째 해 첫째 달 곧 그달 첫째 날에 성막이 세워지니라"고 기록되어
있습니다. 하나님께서 모세에게 말씀하신 성막이 세워졌습니다. 이 성막
은 하나님께서 그 속에 거하시기 위해서 만들라 하셨습니다. 20절 말씀
을 보시면 "또 그가 증언을 취해 궤 속에 넣고 막대들을 궤에 끼우며 긍휼
의 자리를 그 궤 위에 두고" 이 말씀에서 성막 안에는 궤라고 말씀하신 것

은 증언궤가 있었는데, 그 속에서 십계명 두 돌판이 들어 있었습니다.

그것은 하나님께서 사람에게 요구하시는 율법이 적혀 있었습니다.

그리고 그것을 들여다보면 사람이 죽는 것입니다. 그 이유는 하나님의 율법에 따라 사람은 죄인이기 때문에 죄의 삯은 사망이라는 것을 보여 주시는 것입니다.

그리고 그 위를 덮는 것이 있었습니다. 그것이 바로 긍휼의 자리였습니다.

긍휼의 자리 위에 하나님께서 계시는 것입니다. 그것은 사람을 정죄하는 율법 위를 긍휼의 자리에 뿌려진 피로 덮으시고, 하나님께서 사람에게 긍휼을 베푸신다는 뜻입니다.

출애굽기 25장 22절 말씀에서 "거기서 내가 너와 만나고 긍휼의 자리 위 곧 증언궤 위에 있는 두 그룹 사이에서 내가 너와 대화하되 내가 이스라엘 자손을 위해 네게 명령으로 줄 모든 것에 관하여 대화하리라"

하나님께서는 "거기서 내가 너와 만"날 것이라 하셨습니다. 바로 긍휼의 자리에서입니다. 그리고 주께서 말씀하시기를 "긍휼의 자리 위 곧 증언궤 위에 있는 두 그룹 사이에서 내가 너와 대화하"시겠다고 말씀하셨습니다.

이것은 하나님께서는 사람의 죄 때문에 사람을 만나실 수 없으신데 긍휼의 자리 위에 뿌려진 피를 통해 사람을 만나신다는 뜻입니다.

이것은 주 예수님에 대해서 놀라운 진리를 보여 주십니다.

저와 여러분이 지었던 죄들 때문에 우리는 하나님께 가까이 갈 수 없는 사람들이었습니다. 그러나 예수님의 피를 통해서 우리는 하나님께 가까이 갈 수 있게 되었습니다. 하나님께서 예수님의 피를 통해서 우리 한 사람 한 사람에게 긍휼을 베푸시는 분이십니다.

히브리서 4장 15절과 16절 말씀에서는 "우리에게 계신 대제사장은 우리의 연약함의 감정을 느낄 수 없는 분이 아니요 모든 점에서 우리와 똑같이 시험을 받으셨으나 죄는 없으신 분이시니라. 그러므로 우리가 긍휼을 얻고 필요한 때에 도우시는 은혜를 얻기 위해 은혜의 왕좌로 담대히 갈 것이니라"

하나님은 저와 여러분에게 긍휼을 베푸신다고 말씀하십니다. 그것은 예수님의 피로 되어지는 것입니다. 우리가 어떠한 죄들을 지었든지 상관없이 하나님은 우리에게 긍휼을 베푸십니다. 그것은 예수님의 피로 말미암은 것입니다.

히브리서 10장 19절 "그러므로 형제들아, 우리가 예수님의 피에 의거하여 새롭고 살아 있는 길로 지성소로 들어갈 담대함을 얻었는데" 이 말씀에서 "우리가 예수님의 피에 의거 하여"라 하셨습니다. 지성소는 하나님이 계시는 곳입니다. 우리는 예수님의 피를 힘입어서 하나님께 가까이 갈 수 있습니다. 오늘 이 시간 우리가 어떠한 죄들을 지었든지 예수님의 피를 의지하기를 원합니다. 그 피가 바로 나를 위해 흘려지셨습니다. 나의 모든 죄들에 대해서 흘려지셨습니다. 나의 모든 죄들은 예수님의 피로 씻겨졌습니다.

그래서 우리가 담대하게 하나님께 나아갈 수 있도록 하셨고, 하나님께서는 저와 여러분에게 긍휼을 베푸십니다. 그 하나님은 지금 저와 여러분 안에 계십니다.

우리가 이와 같이 예수님의 피로 죄 사함을 받았고 구원을 받았으며 하나님을 우리 각자 안에 계시게 되었음을 기억하면서 하나님께 찬송과 경배를 드리기를 원합니다. 오늘 우리는 본문에서 성막을 보았습니다. 성막은 하나님께서 거하시는 곳입니다. 이와 같이 저와 여러분 각자가 성전입니다.

그 이유는 하나님께서 우리 각자 안에 거하시기 때문입니다.

고전 3장 16절 말씀을 보시면 "너희가 하나님의 성전인 것과 하나님의 영께서 너희 안에 거하시는 것을 너희가 알지 못하느냐?"라고 하셨습니다.

우리 각자는 "하나님의 성전"입니다. 하나님의 영께서 우리 각자 안에 거하시기 때문입니다. 오늘 이 시간 이 진리를 기억하시기 바랍니다. 그럴 때, 주님의 영으로 충만하게 될 것입니다. 다시 본문으로 돌아가겠습니다. 출애굽기 40장 34절을 보시게 되면 "그 뒤에 구름이 회중의 장막을 덮었고 주의 영광이 성막에 가득 찼으므로" 이 말씀에서 모세가 만든 성막이 있습니다.

그 성막 안에 "주의 영광이… 가득 찼"다고 기록되어 있습니다.

성막은 하나님이 거하시기 위해서 지어졌기 때문입니다.

이와 같이 저와 여러분은 하나님의 성전이며, 하나님의 영께서 저와 여러분 각자 안에 거하고 계십니다. 또한, 35절을 보시면 다음과 같이 기록되어 있습니다.

"모세가 회중의 장막에 들어갈 수 없었으니 이는 구름이 그 위에 머물렀고 주의 영광이 성막에 가득 찼기 때문이더라"

이 말씀에서 우리는 "주의 영광이 성막 안에 가득 찼"기 때문에 모세가 회중의 장막에 들어갈 수 없었다고 기록되어 있습니다. 주의 영광은 하나님 자신이십니다.

저와 여러분 속에도 주의 영광이 있습니다. 그래서 우리는 세상에서 맛볼 수 없는 하나님의 영광을 우리 각자 속에서 경험할 수 있습니다.

우리가 성경을 읽을 때, 그리고 기도할 때, 우리 각자 속에 주의 영광을 경험하기를 원합니다. 그것이 우리의 마음을 화평으로 가득하게 할 것입니다.

요한복음 14장 27절 말씀에서는 "내가 너희에게 화평을 남기노니 곧 내 화평을 너희에게 주노라. 내가 그것을 너희에게 주는 것은 세상이 주는 것과 같지 아니하니 너희는 마음에 근심하지 말고 두려워하지도 말라"

주 예수님께서는 우리에게 "내 화평을 너희에게 주노라" 하셨습니다.

주의 영광이 저와 여러분 안에 가득할 때, 주 예수님의 화평이 우리 마음에 가득하게 됩니다. 우리의 주님과의 교제 속에서 이러한 화평을 늘 경험하기를 원합니다.

주님은 우리가 어떠한 일에 대해서도 근심하거나 두려워하기를 원하시지 않으십니다. 우리에게 어려움이 생길 때 근심하지 않기 위해서 노력해도 되지 않습니다. 두려워하는데 두려워하지 않기 위해서 노력해도 되지 않습니다.

그것은 우리 속에 계시는 성령님께서 우리 각자에게 화평을 주실 때, 우리는 근심에서 벗어나고 두려움에서 벗어날 수 있습니다.

지금 이 시간 주님께서 우리 각자 속에서 그와 같이 역사하시기를 원합니다.

그래서 우리가 늘 화평한 가운데 삶을 살아가기를 원합니다.

요한복음 16장 33절 말씀에서는 "너희에게 이 일들을 말한 것은 너희가 내 안에서 화평을 얻게 하려 함이니라. 세상에서는 너희가 환난을 당할 것이나 기운을 내라. 내가 세상을 이겼노라, 하시니라"

이 말씀에서 주님은 저와 여러분이 이 세상에서 겪는 환난에 대해서 말씀하십니다.

주님은 "세상에서는 너희가 환난을 당할 것이"라 하셨습니다.

그러나 주님은 "너희가 내 안에서 화평을 얻게 하려 함이니라"고 말씀하셨습니다. 주님은 우리에게 환난 가운데서도 화평을 경험하게 하시는 분이십니다.

그러므로 저와 여러분이 주님과의 개인적인 교제 속에서 우리 각자 속에 거하시는 주의 영광을 체험하기를 원합니다. 그것이 화평입니다.

또한, 하나님의 사랑입니다. 우리가 주님과 교제할 때, 우리는 그분의 사랑을 경험합니다. 그것은 내가 하나님으로부터 사랑을 받고 있다는 것입니다.

우리는 우리가 아직 죄인이었을 때, 그리스도께서 우리를 사랑하셨다는 것을 알고 있습니다. 그것은 이해할 수 없는 사랑입니다. 그리고 지금도 주님은 우리 각자를 사랑하고 계십니다. 그 사랑을 느끼고 아는 사람이 승리하는 삶을 살아갈 수 있습니다.

로마서 8장 36절과 37절의 말씀을 보시게 되면 "이것은 기록된바, 주로 인해 우리가 종일토록 죽임을 당하며 도살당할 양같이 여겨졌나이다, 함과 같으니라.

아니라. 이 모든 것 가운데서 우리는 우리를 사랑하신 그분을 통해 정복자들보다 더 나은 자들이니라" 이 말씀을 기록하였을 당시 수많은 그리스도인 들이 환난을 겪었습니다. 곤경을 당했고 핍박을 받았습니다.

기근도 당하고 벌거벗음도 당했습니다. 위험과 칼이 상존하고 있었습니다.

36절에서 "이것은 기록된바, 주로 인해 우리가 종일토록 죽임을 당하며 도살당할 양 같이 여겨졌나이다, 함과 같으니라"고 하셨던 것처럼 그들의 삶이 그러했습니다. 사람들로 쫓겨 다녔는데, "도살당할 양같이 여겨졌" 습니다.

그러나 37절 말씀에서 "아니라. 이 모든 것 가운데서 우리는 우리를 사랑하신 그분을 통해 정복자들보다 더 나은 자들이니라" 성경은 "이 모든 것 가운데서"라고 했습니다. 그러한 환난을 당하는 가운데서라는 뜻입니다.

"우리는 우리를 사랑하신 그분을 통해 정복자들보다 더 나은 자들이니라"고 하셨습니다. 그리스도인들이 자기들을 사랑하시는 예수님을 통해 항상 승리했다는 것을 말하고 있습니다. 그들은 정복자들보다 더 나은 자들이었습니다.

저와 여러분이 우리 각자를 사랑하시는 주님을 더욱 알기를 원합니다.

주 예수님께서는 우리 각자 안에 거하셔서 그분이 우리를 사랑하고 계심을 알려 주십니다. 느끼게 해 주십니다. 그 사랑이 우리로 하여금 항상 승리하게 하십니다.

역사 속에서 수많은 그리스도인들 속에 계시는 동일한 주 예수님께서 지금 저와 여러분 안에도 거하고 계십니다.

그분은 우리를 사랑하고 계심을 알려 주심으로 승리하게 하십니다.

저와 여러분이 정복자들보다 더 나은 자들이라는 것을 알게 해 주십니다.

죄도 우리를 향한 그분의 사랑을 막을 수 없습니다.

34절에서 "정죄하는 자가 누구냐? 죽으신 분은 그리스도시요, 참으로 다시 일어나신 분도 그리스도신데 그분께서는 바로 하나님 오른쪽에 계시며 또한 우리를 위해 중보 하시느니라"

하나님이 말씀하시기를 "정죄하는 자가 누구냐?" 하십니다.

죄도 우리를 향한 주님의 사랑을 막을 수 없습니다. 38절과 39절도 말씀을 보시면 "내가 확신하노니 사망이 생명이나 천사들이나 권력들이나 권능들이나 현재 있는 것들이나 장래 있을 것들이나 높음이나 깊음이나 다른 어떤 창조물이라도 우리를 그리스도 예수 우리 주 안에 있는 하나님의 사랑에서 떼어 놓을 수 없으리라"

그 어떤 것도 우리를 주님의 사랑에서 떼어 놓을 수 없습니다.

주님의 사랑은 전능합니다.

요한일서 4장 18절 말씀을 보시면 "사랑에는 결코 두려움이 없고 완전한 사랑이 두려움을 내쫓나니 이는 두려움에 고통이 있기 때문이라. 두려워하는 자는 사랑 면에서 완전하게 되지 못하였느니라"

이 말씀에서 "완전한 사랑이 두려움을 내쫓"는다 하십니다.

두려움은 매우 강력한 것입니다. 그러나 주님의 사랑이 그것을 내쫓으십니다.

그리스도인들이 자기들을 도살당할 양같이 여기는 사람들로부터 쫓겨 다닐 때에 두려움이 없었던 이유는 주님의 사랑 때문이었습니다. "완전한 사랑이 두려움을 내쫓"으셨습니다. 주님의 사랑은 전능합니다.

우리가 주님과의 교제 속에서 주님께서 나를 사랑하고 계신다는 것을 늘 경험하기를 원합니다. 바울은 늘 그것을 알았습니다.

고후 5장 14절 말씀을 "이는 그리스도의 사랑이 우리에게 그 일을 강제하기 때문이라. 우리가 이같이 판단하노니 곧 한 사람이 모든 사람을 위해 죽었으면 모든 사람이 죽었느니라"

바울은 자기 안에 그리스도의 사랑이 주님을 위해 살도록 하고 있다고 말하는 것입니다. 바울은 주님께서 자기를 사랑하시는 것을 늘 알았습니다.

저와 여러분 또한 늘 알기를 원합니다. 그래서 우리가 늘 두려움에서 벗어나서 강하게 세상을 살아가고 주님을 사랑하고 사람들을 사랑하는 삶을 살기를 원합니다.

우리가 형제를 사랑하게 되는 것은 우리가 주님의 사랑을 경험하고 있다는 증거입니다. 요한일서 5장 1절 말씀에서는 "누구든지 예수님께서 그리스도이심을 믿는 자는 하나님에게서 태어났으며 낳으신 그분을 사랑하는 자는 다 그분에게서 난 자도 사랑하느니라" 이 말씀에서 "낳으신 그분을 사랑하는 자"라는 저와 여러분이 예수님을 사랑하는 자들이라는 뜻입니다.

그러면 "그분에게서 난 자도 사랑하느니라" 하신 것은 우리가 형제들을 사랑한다는 뜻입니다. 우리가 주님을 사랑하는 것은 주님이 먼저 우리를 사랑하셨기 때문입니다. 요한일서 4장 19절에서 "우리가 그분을 사랑함은 그분께서 먼저 우리를 사랑하셨기 때문이라"고 말씀하셨습니다. 이러한 말씀들을 볼 때, 우리가 주님의 사랑을 안다면 우리는 형제들을 사랑하게 되는 것입니다.

반면에 형제를 미워하고 있다면 어둠 가운데 있는 것입니다.

요한일서 2장 9절에서 11절까지의 말씀을 보시면 "자기가 빛 가운데 있다고 말하면서 자기 형제를 미워하는 자는 지금까지도 어둠 속에 있느니라.

자기 형제를 사랑하는 자는 빛 가운데 거하며 그의 안에는 걸려 넘어지게 할 것이 전혀 없으나 자기 형제를 미워하는 자는 어둠 속에 있고 어둠 속에서 걸으며 자기가 어디로 가는지 알지 못하나니 이는 그 어둠이 그의 눈을 멀게 하였기 때문이라" 형제를 사랑하면 그는 빛 가운데 있지만 형제를 미워하면 그는 어둠 가운데 있습니다. 우리에게 필요한 것은 날마다 주님과의 교제 속에서 주님의 사랑을 깨닫는 것입니다. 그럴 때 우리는 빛 가운데 걸을 수 있고 형제를 사랑할 수 있습니다.

다시 본문으로 돌아가서 출애굽기 40장 36절에서 38절까지의 말씀을 보시면 "구름이 성막 위에서 떠오를 때에는 이스라엘 자손이 자기들의 모든 여정에서 앞으로 갔으나 구름이 떠오르지 않을 때에는 구름이 떠오르는 날까지 그들이 이동하지 아니하였으니 이는 이스라엘 온 집이 자기들의 모든 여정 내내 낮에는 주의 구름이 성막 위에 있고 밤에는 불이 그 위에 있음을 보았기 때문이었더라"

이 말씀에서 성막 위에 주의 구름이 있었다는 것을 알 수 있습니다.

그런데, 주의 구름의 역할은 이스라엘 백성의 인도하심을 의미하는 것이었습니다.

그것은 36절에서 "구름이 성막 위에서 떠오를 때에는 이스라엘 자손이 자기들의 모든 여정에서 앞으로 갔"습니다. 주의 구름이 가는 곳을 따라간 것입니다.

그리고 "구름이 떠오르지 않을 때에는 구름이 떠오르는 날까지 그들이 이동하지 아니하였"습니다. 주의 구름은 이스라엘 자손을 인도하시는 주님을 보여 주고 있습니다. 이처럼 저와 여러분을 인도하시는 주님이 계십니다.

우리가 구원을 받고 난 뒤에 우리는 놀라운 은혜를 경험하게 되는데, 그것이 바로 성령님이 나를 인도해 주신다는 것입니다. 그동안 저와 여러분은 우리가 고민해서 결정했고, 우리가 사람들의 조언들을 받으면서 결정해 왔습니다.

그러면서 우리의 길을 결정해 왔는데, 우리는 그러한 결정들이 얼마나 후회로 돌아오는지를 알고 있습니다. 그런데, 성령님께서는 저와 여러분의 길을 인도해 주시는 분이십니다. 잠언 3장 5절과 6절의 말씀을 보시게 되면 "네 마음을 다하여 주를 신뢰하고 너 자신의 명철을 의지하지 말라. 네 모든 길에서 그분을 인정하라. 그러면 그분께서 네 행로들을 지도하시리라"

이 말씀에서 "그분께서 네 행로들을 지도 하시리라"고 말씀하십니다.

주님이 저와 여러분의 행로들을 지도하십니다.

이 말씀은 지금 저와 여러분 안에 거하시는 성령님께서 주의 구름과 같이 우리를 인도해 주시겠다는 말씀입니다. 오늘 이 시간 성령님의 인도하심을 믿기를 바랍니다. 우리가 우리의 길을 결정하는 것은 매우 중요합니다. 우리의 결정에 따라 우리의 삶이 달라지기 때문입니다. 우리의 결정에 따라 우리가 위험에 빠질 수 있습니다. 우리의 결정에 따라 모든 것이 무너질 수 있고 돌이키기 어려운 결과를 가져올 수 있습니다.

배우자 선택하는 문제, 직업을 선택하는 문제, 동업자를 선택하는 문제, 사역지를 선택하는 문제, 수많은 선택의 상황 속에서 우리는 그 선택이 우리의 인생을 좌우하게 된다는 것을 알고 있습니다. 우리의 지혜와 명철로는 바른 선택을 할 수 없습니다. 그런데, 주께서 우리에게 말씀하시기를 "그분께서 네 행로들을 지도하시리라"고 말씀하십니다.

우리는 지금 저와 여러분 안에 거하시는 성령님께서 우리 각자의 행로들을 지도하신다는 말씀을 듣고 있습니다.

오늘 본문에 나오는 이스라엘 자손이 주의 구름이 떠올라서 이동하는 곳으로 따라가는 것과 같습니다. 모든 이스라엘 자손이 그 구름을 다 볼 수 있고, 그 방향도 쉽게 알 수 있습니다. 거대한 구름이 가는 방향을 모두가 알 수 있습니다.

이와 같이 성령님께서 우리 각자가 어떤 길로 가야 하는지를 알려 주십니다.

인도해 주십니다. 우리 교회가 어떤 길로 가야 할지 성령님께서 알려 주시고 인도해 주십니다. 그 길은 무엇입니까? 우리는 어떻게 성령님의 인도하심을 받을 수 있습니까? 5절 말씀을 보시면 "네 마음을 다하여 주를 신뢰하고 너 자신의 명철을 의지하지 말라"고 하십니다. 우리는 우리 자신의 명철을 의지하지 말기를 바랍니다.

우리가 가지고 있는 생각을 의지하지 말라고 하십니다.

우리는 우리 자신을 주와 함께 십자가에 못 박혀 죽은 자들로 여기기를 원합니다.

그리고 내 안에 사시는 그리스도를 신뢰하기를 원합니다.

주께서 말씀하시기를 "네 마음을 다하여 주를 신뢰하"라고 말씀하십니다.

우리가 우리의 마음을 다하여 주님을 신뢰한다는 것은 이스라엘 자손이 주의 구름이 자기들을 인도한다는 것을 신뢰하는 것이며, 이동하는 방향이 주님이 인도하시는 방향이라는 것을 신뢰하는 것입니다.

저와 여러분이 마음을 다하여 주님을 신뢰한다는 것은 성령님이 나를 인도하실 것이라는 것을 신뢰하는 것이며, 그분이 인도하시는 방향이 항상 옳다는 것을 신뢰하는 것입니다. 이와 같이 저와 여러분이 주님을 따라 가기를 원합니다.

마태복음 11장 28절에서 30절까지의 말씀을 보시면 "수고하고 무거운 짐 진 모든 자들아, 너희는 내게로 오라. 내가 너희에게 안식을 주리라. 나는 마음이 온유하고 겸손하니 너희 위에 내 멍에를 메고 내게 배우라. 그러면 너희가 너희 혼을 위한 안식을 찾으리니 내 멍에는 쉽고 내 짐은 가벼우니라, 하시니라"

주 예수님께서는 저와 여러분이 그분의 멍에를 메고 주님을 따를 때, 우리 혼은 안식을 찾고 쉽고 가볍게 열매 맺는 길을 갈 수 있다고 말씀하십니다.

주님의 멍에는 십자가입니다.

우리가 주와 함께 십자가에 못 박혀 죽었음을 받아들이고 내 안에 거하시는 성령님을 따라가기를 원합니다.

끝으로 로마서 8장 14절을 읽고 마치겠습니다.

"하나님의 영에 의해 인도받는 자들은 다 하나님의 아들들이니"

우리의 기도

오늘은 성막을 보았습니다. 하나님께서 거하시는 곳 우리 안에 하나님이 거하십니다. 그래서 우리를 성전이라고 하나님이 부르십니다. 오늘 이 시간 주님의 영광을 우리가 늘 보기를 원하는데 주님의 영광 가운데 화평이 있고 사랑이 있습니다. 주님의 화평으로 언제나 화평하게 되고 또 주님의 사랑으로 강력한 삶을 살아갈 수가 있습니다. 주님과의 교제 속에서 늘 주님의 영광을 경험하게 되시길 원합니다. 그리고 주님은 구름과 같이 우리를 인도하시는 분이십니다. 성령님의 인도하심을 믿으십시오. 성경이 기록된 대로 그대로 믿으시고 신뢰하시고 주님을 따라가기를 바라고 하나님께서 명확하게 알게 하시고 보여 주시길 원합니다. 아멘.

6. 우리를 풀어 주시는 주님

그분께서 안식일에 회당들 중 하나에서 가르치고 계셨는데

보라, 열여덟 해 동안 병약하게 하는 영에 붙잡혀 몸이 다 구부러지고 전혀 몸
을 들 수 없는 한 여자가 있더라.

예수님께서 그녀를 보시고 그녀를 불러 그녀에게 이르시되, 여자여, 네가 네
병약함에서 풀려났느니라, 하신 뒤 - 누가복음 13:10~12 -

오늘 본문의 말씀에서 우리는 주 예수님을 볼 수 있습니다.

주께서는 안식일에 회당에 들어가셨습니다. 그곳에서 주님께서는 사
람들을 가르치셨습니다. 그런데, 11절에서 다음과 같이 말씀에 기록되어
있습니다.

"보라, 열여덟 해 동안 병약하게 하는 영에 붙잡혀 몸이 다 구부러지고
전혀 몸을 들 수 없는 한 여자가 있더라"

예수님께서 계셨던 바로 그 회당에는 한 여자가 있었는데, 그녀는 몸이
다 구부러진 여자였습니다. 그래서 몸을 들 수 없었습니다.

그것도 무려 18년 동안 그러한 상태로 삶을 살아왔습니다. 얼마나 답답
하고 어렵고 비참한 삶이었겠습니까. 그런데, 그 원인에 대해서 11절에
서는 "병약하게 하는 영에 붙잡혀"라고 기록되어 있습니다.

그리고 16절 중간에서 주 예수님께서 다음과 같이 말씀하셨습니다.

"사탄에게 매여 있었"다 하셨습니다. 그 여자는 사탄에게 매여 있었습니다. 그래서 몸이 구부러졌고, 몸을 들 수가 없었던 것입니다. 우리는 사탄이 어떤 존재인지 알고 있습니다. 그에 대해서 요한복음 10장 10절 말씀에서 주 예수님께서 다음과 같이 말씀하셨습니다. "도둑이 오는 것은 다만 도둑질하고 죽이고 멸망시키려 함이지만 내가 온 것은 양들이 생명을 얻게 하고 생명을 더욱 풍성히 얻게 하려 함이라"

이 말씀에서 주 예수님께서 말씀하시는 "도둑"은 사탄입니다.

그에 대해서 주께서 말씀하시기를 "도둑질하고 죽이고 멸망시키려 함이"라 하셨습니다. 사탄은 사람을 도둑질하고 사람을 죽이고 멸망시키려 하는 자입니다.

사탄은 이후에 무저갱 속에 들어갔다가 불과 유황으로 타는 호수로 던져지게 될 것이라는 것을 알고 있습니다. 그리고 그는 사람들을 지옥으로 끌고 가려고 하는 자입니다. 그래서 사람들을 속이고, 복음을 거절하고, 죽어서 지옥에 던져지게 하는 자인 것입니다. 바로 그 사탄에게 그 여자가 18년 동안 매여 있었습니다.

그녀가 몸이 다 구부러지고 몸을 들 수 없는 상태가 된 것은 사탄이 그것을 원하기 때문에 그렇게 역사했던 것입니다.

그러나 주 예수 그리스도께서 말씀하시기를 "내가 온 것은 양들이 생명을 얻게 하고 생명을 더욱 풍성히 얻게 하려 함이라" 하셨습니다.

주 예수 그리스도께서는 하나님이시며, 그분이 사람이 되신 분이십니다.

주께서 오신 것은 "양들이 생명을 얻게 하"는 것입니다. 사람들이 영원한 생명을 얻게 하시려고 주께서 이 땅에 오셨습니다. 그리고 생명을 더욱 풍성히 얻게 하시는 분이십니다. 그것은 주 예수님께서는 사람을 사랑하시기 때문입니다.

요한복음 3장 16절 말씀에서는 "하나님께서 세상을 이처럼 사랑하사 자신의 독생자를 주셨으니 이것은 누구든지 그를 믿는 자는 멸망하지 아니하고 영존하는 생명을 얻게 하려 하심이라" 이 말씀에서 "하나님께서 세상을 이처럼 사랑하사"라고 말씀하셨습니다.

하나님은 세상의 모든 사람들을 사랑하고 계십니다. 그래서 자신의 독생자를 주셨습니다. 그래서 누구든지 그분을 믿는 자는 멸망하지 아니하고 영존하는 생명을 얻게 하셨습니다. 바로 그분께서 그녀를 찾아왔습니다.

18년 동안 사탄에게 매여서 고통을 받고 있었던 그녀 앞에 주 예수님께서 서 계시는 것입니다. 이제 다시 본문으로 돌아가서 누가복음 13장 12절을 보시면 "예수님께서 그녀를 보시고 그녀를 불러 그녀에게 이르시되, 여자여, 네가 네 병약함에서 풀려났느니라, 하신 뒤"

이 말씀에서 "예수님께서 그녀를 보"셨다고 기록되어 있습니다.

주께서는 안식일에 그 회당에 모인 사람들 중에 그 몸이 구부러져서 몸을 들 수 없는 그 여자를 보셨습니다. 그것은 주께서 그녀를 사랑하시기 때문입니다.

그리고 그녀를 부르셨습니다. 그녀가 예수님 앞에 몸이 구부러진 채로 나아왔습니다. 그리고 모든 사람들이 보는 앞에서 주 예수님께서 그녀에게 말씀하셨습니다. "여자여, 네가 네 병약함에서 풀려났느니라"

주께서 하신 이 말씀은 그녀를 묶고 있었던 사탄으로부터 그녀를 풀어 주시는 말씀입니다. 그리고 13절에서 "그녀에게 안수하시매 즉시 그녀가 몸을 곧게 펴고 하나님께 영광을 돌렸는데"라고 기록되어 있습니다.

주 예수님께서 그녀에게 말씀하시고 안수하셨을 때, "즉시"라고 기록되어 있습니다. 그리고 "그녀가 몸을 곧게" 펼 수 있었습니다. 이것은 주께서 그녀에게 말씀하신 대로 이루어진 것입니다. 주께서 그녀에게 하신 말씀은 "여자여, 네가 네 병약함에서 풀려났느니라"였습니다. 그 말씀대로 그녀에게 이루어진 것입니다.

이 말씀에서 그녀를 푸시는 주 예수님을 볼 수 있습니다. 그것을 말씀으로 푸셨습니다. 이처럼 저와 여러분 또한 사탄에게 매여 있었습니다.

그것은 저와 여러분이 구원을 받기 전에 사탄에게 종노릇하고 있었기 때문입니다.

에베소서 2장 1절에서 3절까지의 말씀을 보시면 "범법들과 죄들 가운데서 죽었던 너희를 하나님께서 살리셨도다. 지나간 때에는 너희가 그것들 가운데서 이 세상 행로를 따라 걸었고 공중의 권세 잡은 통치자 곧 지금 불순종의 자녀들 안에서 활동하는 영을 따라 걸었느니라.

지나간 때에는 우리도 다 그들 가운데서 우리 육신의 욕심 안에서 생활하며 육신과 생각의 욕망 들을 이루어 다른 사람들과 같이 본래 진노의 자녀들이었으나"

이 말씀에서 저와 여러분이 구원을 받기 전에 우리는 "공중의 권세 잡은 통치자"를 따랐습니다. 바로 사탄입니다. 그는 "불순종의 자녀들 안에서 활동하는 영"이라고 하셨습니다.

저와 여러분이 구원을 받기 전에 우리는 우리 안에서 활동하는 사탄을 따랐습니다.

그래서 우리는 진노의 자녀들이었습니다. 영원한 멸망으로 들어가야할 자들이었습니다. 그러나 주 예수 그리스도께서 그러한 저와 여러분을 풀어 주셨습니다.

그것은 바로 복음을 통해서 풀어 주셨습니다.

복음의 말씀은 그리스도께서 저와 여러분을 위해 십자가에 못 박혀 죽으셨고 부활하셨다는 말씀입니다. 그분의 피로 우리의 모든 죄들을 씻었다는 말씀입니다.

그 말씀으로 주 예수님께서 우리를 죄에서 풀어 주셨습니다.

사탄에게서 풀어 주셨습니다. 율법으로부터 풀어 주셨습니다.

갈라디아서 5장 1절 말씀에서는 "그리스도께서 해방의 자유로 우리를 자유롭게 하셨으니 그러므로 그 자유 안에 굳게 서고 다시 속박의 멍에에 얽매이지 말라"

주 예수 그리스도께서는 우리를 자유롭게 하셨습니다. 이 말씀에서 "속박의 멍에"라고 말씀하셨는데, 그것은 율법입니다. 주께서 율법으로부터 우리를 자유롭게 해 주셨습니다. 죄에서 그리고 사탄에게서 우리를 자유롭게 해 주셨습니다.

주님은 저와 여러분에게 "그 자유 안에 굳게 서"라 하십니다.

주님이 우리를 자유롭게 하셨다는 말씀 안에 굳게 서라는 의미입니다.

복음은 주 예수님께서 이미 이루신 것을 선포하는 것입니다.

주 예수 그리스도의 피로 우리의 모든 죄들을 다 용서하셨습니다.

주 예수님의 피로 주께서 우리를 율법으로부터 죄로부터 사탄으로부터 자유롭게 하셨습니다. 주님이 이미 다 이루셨습니다.

그것을 선포하는 것이 복음이고 그 복음을 믿는 자들이 구원을 받습니다.

히브리서 2장 14절과 15절 말씀을 보시면 "그런즉 자녀들은 살과 피에 참여한 자들이므로 그분도 마찬가지로 친히 같은 것들에 참여하셨으니 이것은 그분께서 죽음을 통해 죽음의 권능을 가진 자 곧 마귀를 멸하시고 또 죽음을 두려워하여 평생토록 속박에 얽매인 자들을 구출하려 하심이라"

이 말씀에서 주 예수 그리스도께서는 이미 마귀를 멸하셨다고 말씀하십니다.

"그분께서 죽음을 통해 죽음의 권능을 가진 자 곧 마귀를 멸하시고"라고 말씀하십니다. 주님이 저와 여러분을 사탄으로부터 풀어 주셨습니다.

오늘 18년 동안 사탄에게 매여 있었던 그 여자를 주 예수님께서 풀어 주실 때, 말씀으로 풀어 주셨습니다. 주 예수님께서 그녀에게 하신 말씀은 "여자여, 네가 네 병약함에서 풀려났느니라"고 하신 완료형의 말씀이었습니다.

그리고 주께서 그녀에게 안수하셨을 때, "즉시 그녀가 몸을 굳게 펴고 하나님께 영광을 돌렸"습니다. 그녀를 풀어 주신 것은 주의 말씀이었습니다.

이와 같이 복음의 말씀이 저와 여러분을 모든 속박으로부터 풀어 주셨습니다.

우리가 그 말씀을 믿었을 때, 우리는 자유롭게 되었습니다.

또한, 우리가 구원을 받고 난 뒤에 우리는 여러 가지로 매일 때가 많이 있습니다.

사탄의 공격에 직면하기도 하고, 염려와 근심이 일어나기도 합니다.

두려움에 빠지기도 합니다. 그러나 주님은 우리에게 말씀하시기를 "그 자유 안에 굳게 서"라 하십니다. 주께서 우리를 모든 속박으로부터 풀어 주셨습니다.

그 말씀을 믿는 것이 "그 자유 안에 굳게 서"는 것입니다.

사탄은 우리를 속박하려 하나 말씀은 우리를 자유롭게 합니다.

벧전 5장 7절과 8절 말씀을 보시면 "너희의 모든 염려를 그분께 맡기라. 그분께서 너희를 돌보시느니라. 정신을 차리라. 깨어 있으라. 너희 대적 마귀가 울부짖는 사자같이 두루 다니며 삼킬 자를 찾나니"

이 말씀에서 주님께서 우리에게 "염려"에 대해서 말씀하시면서 8절에서 "마귀"에 대해서 말씀하십니다. "너희 대적 마귀가 울부짖는 사자같이 두루 다니며 삼킬 자를 찾"는다고 하셨습니다. 그 마귀는 우리가 염려하게 하고 그 염려로 삼켜 버리려고 하는 것입니다. 그때에 우리를 풀어 주시는 것이 주의 말씀입니다.

"너희의 모든 염려를 그분께 맡기라. 그분께서 너희를 돌보시느니라"

바로 이 말씀이 우리를 염려로부터 풀어 주십니다.

오늘 이 시간 이 말씀을 믿고 주님께 모든 염려를 맡기시기를 바랍니다.

주 예수 그리스도께서 저와 여러분을 돌보십니다.

우리가 주의 말씀을 믿을 때, 우리를 자유롭게 하시는 주님의 말씀의 능력은 즉시 일어납니다. 본문에서 "즉시 그녀가 몸을 곧게 펴고 하나님께 영광을 돌렸"다고 기록되어 있습니다. 저와 여러분의 삶 속에서 우리를 말씀으로 풀어 주시는 주님의 능력을 더욱 풍성하게 경험하게 되기를 원합니다.

다시 본문으로 돌아가서 누가복음 13장 14절 말씀을 보시면 "회당 치리자는 예수님께서 안식일에 병을 고치셨다고 분을 내어 응답하며 사람들에게 이르되, 사람들이 일해야만 할 여섯 날이 있으니 그러므로 그날들에 와서 병 고침을 받을 것이요, 안식일에는 하지 말 것이니라, 하매" 이 말씀에서 회당 치리자를 볼 수 있습니다.

그는 자기가 예수님보다 안식일에 대해서 더 잘 알고 있다고 생각하고 있었습니다.

안식일에는 아무 노동도 하지 말라는 말씀이 있기 때문에 단지 아무 일도 하지 말아야 한다고만 알고 있었습니다.

그러나 안식일은 사람을 쉬게 하는 하나님의 마음이 들어 있습니다.

마가복음 2장 27절 말씀을 보시면 "또 그들에게 이르시되, 안식일은 사람을 위해 만들어졌으며 사람이 안식일을 위해 만들어지지 아니하였나니"

이 말씀에서 주 예수님께서는 "안식일은 사람을 위해 만들어졌"다고 말씀하셨습니다. 이것은 그날 사람이 쉬라는 뜻입니다.

그래서 오늘 본문의 말씀에서 예수님께서 사람들 앞에 그 몸이 구부러진 여자를 세우시고 그녀에게 말씀하시고 그녀에게 안수하심으로 그녀를 사탄으로부터 풀어 주신 것은 안식일이 사람을 위한 날이라는 것을 모두에게 보여 주시고자 하시는 것입니다. 그 안식일에 그녀는 쉼을 가질 수 있었습니다.

18년 동안 몸이 구부러져서 몸을 들 수 없는 삶은 피곤하고 지치며 비참한 삶입니다. 몸이 끊임없이 저리고 아팠을 것입니다. 뼈가 꺾여 있었기 때문에 숨을 쉬는 것도 힘들었을 것입니다.

그런데, 예수님께서 바로 그날 그녀에게 안식을 주셨습니다. 그것은 주께서 그녀를 사탄으로부터 풀어 주셨기 때문입니다. 그러므로 안식일을 만드신 주님의 뜻을 주님께서 그날 이루신 것입니다.

본문으로 돌아가서 누가복음 13장 15절 말씀에서 보시면 "주께서 그때에 그에게 응답하여 이르시되, 너 위선자야, 너희 각 사람이 안식일에 자기 소나 나귀를 외양간에서 풀어 끌고 가서 물을 먹이지 아니하느냐?"

주님은 그녀에 대해서 조금도 관심을 갖지 아니하고 자기의 잘못된 생각으로 예수님을 판단한 그 회당 치리자에게 "너 위선자야"라고 말씀하셨습니다.

주께서 말씀하시기를 "너희 각 사람이 안식일에 자기 소나 나귀를 외양간에서 풀어 끌고 가서 물을 먹이지 아니하느냐?" 하셨습니다. 그렇습니다. 회당 치리자도 소나 나귀를 외양간에서 풀어 끌고 나가 물을 먹입니다. 그날이 안식일에도 그렇게 합니다. 그것은 소나 나귀가 물을 먹지 않으면 안 되기 때문입니다.

그래서 아무 일도 하지 말라고 하셨던 그 안식일에 소나 나귀를 외양간에서 풀어 끌고 가서 물을 먹입니다.

주께서 16절 말씀에서는 "그러면, 보라, 아브라함의 딸인 이 여자가 열여덟 해 동안 사탄에게 매여 있었으니 안식일에 이 결박에서 그녀를 풀어 주는 것이 마땅하지 아니하냐? 하시니라" 소나 나귀보다 훨씬 더 귀한 이 여자를 안식일에 이 결박에서 풀어 주는 것이 마땅하다고 말씀하십니다.

이와 같이 주님은 저와 여러분을 모든 속박으로부터 풀어 주셨으며, 그것이 저와 여러분의 안식이었습니다. 우리가 주님의 말씀을 믿을 때, 자유를 얻고 안식을 얻는 것입니다.

마태복음 11장 28절에서 30절까지의 말씀을 보시면 "수고하고 무거운 짐 진 모든 자들아, 너희는 내게로 오라. 내가 너희에게 안식을 주리라. 나는 마음이 온유하고 겸손하니 너희 위에 내 멍에를 메고 내게 배우라. 그러면 너희가 너희 혼을 위한 안식을 찾으리니 내 멍에는 쉽고 내 짐은 가벼우니라, 하시니라"

주님은 저와 여러분의 수고하고 무거운 짐을 지시는 분이십니다. 그리고 우리에게 안식을 주십니다.

지금 우리가 어떤 일로 마음이 매여 있을 때, 그것은 수고하고 무거운 짐을 지는 것입니다. 주님께서는 "너희는 내게로 오라"고 말씀하십니다.

주님께 우리의 짐을 맡기기를 원합니다. 그리고 주님께서 우리에게 주시는 안식을 누리기를 원합니다.

주 예수님께서 우리 모두에게 말씀하십니다. "나는 마음이 온유하고 겸손하니 너희 위에 내 멍에를 메고 내게 배우라. 그러면 너희가 너희 혼을 위한 안식을 찾으리니" 주님은 "마음이 온유하고 겸손하"신 분이십니다.

우리가 주님께 짐을 맡길 때, 주님은 우리를 결코 꾸짖지 아니하십니다. 우리의 연약함이나 우리의 잘못에 대해서 주님께서는 온유하고 겸손하게 말씀해 주십니다. 주님이 우리에게 원하시는 것은 "너희 위에 내 멍에를 메고 내게 배우라"는 것입니다. 이 말씀은 내가 주 예수님과 함께 십자가에 못 박혀 죽었음을 믿는 것입니다. 그럴 때, 주님께 배우게 됩니다.

주님이 저와 여러분 각자 안에서 역사하시기 때문입니다. 그리고 우리는 우리 혼을 위한 안식을 찾게 됩니다.

주님은 우리를 모든 속박으로부터 풀어 주신 분이십니다. 바로 그 주님과 함께 십자가에 못 박혀 죽었음을 믿기를 바랍니다. 그럴 때, 주께서 하신 말씀 "내 멍에는 쉽고 내 짐은 가벼우니라"고 하신 말씀이 무슨 뜻인지 알게 될 것입니다.

주님의 안식을 누리면서 주님과 함께 걸어가는 삶이 쉽고 가벼운 삶이 되는 것입니다. 사탄은 끊임없이 우리를 속박하려 하지만 주님은 우리에게 자유를 주셨습니다.

주님의 말씀으로 그 자유를 늘 누리기를 원합니다.

다시 본문으로 돌아가서 누가복음 13장 17절 말씀을 보시면 "그분께서 이것들을 말씀하시매 그분의 모든 대적들은 부끄러워하고 모든 사람들은 그분께서 행하신 모든 영광스러운 일로 인해 기뻐하니라" 이 말씀에서 "그분의 모든 대적들"이라 하셨습니다. 회당 치리자만 아니라 여러 사람들이 주님의 말씀과 행하심에 대해서 대적했다는 것을 보여 주고 있습니다. 그러나 주께서 그들을 부끄럽게 하셨습니다.

주의 말씀에 능력이 있기 때문이며, 주의 말씀을 따라가는 사람은 결코 부끄럽게 되지 아니합니다. 모든 것에서 이깁니다.

사도행전 2장 14절 말씀을 보시면 "그러나 베드로가 열한 사도와 함께

서서 소리를 높여 그들에게 이르되, 유대 사람들과 예루살렘에 거하는 모든 자들아, 이것을 너희에게 알려 주리니 너희는 내 말들에 귀를 기울이라"

여기서 우리는 베드로를 볼 수 있습니다. 그는 과거 예수님께서 죽으시기 전 사람들에게 잡혀가셨을 때 그분을 부인했던 사람입니다. 그것은 사람들을 두려워해서였습니다. 그래서 시험이 찾아왔을 때 그는 흔들렸고, 주님을 모른다고 세 번 부인했습니다. 그러나 지금 베드로는 완전히 달라졌습니다.

그는 그에게 모인 유대인들 앞에 소리를 높여 말했습니다. "유대 사람들과 예루살렘에 거하는 모든 자들아. 이것을 너희에게 알려 주리니 너희는 내 말들에 귀를 기울이라" 베드로가 이 말을 하였을 때, 그 수많은 유대인들이 베드로를 죽일 수 있었습니다. 그들은 이미 예수님을 십자가에 못 박은 자들이었습니다.

그들은 베드로와 다른 사도들을 잡아서 죽일 수도 있었습니다.

그러나 베드로는 조금도 개의치 않고 그들 모두에게 하나님의 말씀을 선포했습니다. 그는 자기 안에 계시는 성령님만을 따랐습니다.

그는 담대하게 우리를 자유롭게 하신 주 예수님의 복음을 사람들에게 전했습니다.

21절에서 "누구든지 주의 이름을 부르는 자는 구원을 받으리라, 하였느니라" 하였습니다. 32절에서 "이 예수님을 하나님께서 일으키셨으며 우리는 다 그 일의 증인들이니라" 하였습니다. 그리고 베드로는 성령님을 따라 36절에서 다음과 같이 말씀을 선포했습니다. "그러므로 이스라엘 온 집은 이것을 확실히 알지니 곧 너희가 십자가에 못 박은 그 동일한 예수님을 하나님께서 주와 그리스도로 삼으셨느니라, 하니라" 베드로는 예수님을 선포했습니다. 그랬을 때, 그는 결코 부끄럽게 되지 않았습니다. 37절에서 "이때에 그들이 이 말을 듣고 마음이 찔려 베드로와 나머지 사도들에게 이르되, 사람들아 형제들아, 우리가 어찌할까? 하므로"

그들이 마음에 찔림을 받아서 베드로에게 "사람들아 형제들아, 우리가 어찌할까?"라고 하였습니다. 그때, 그들은 예수님을 믿었고, 모두가 구원을 받았습니다.

저와 여러분이 말씀을 믿고 가는 길에는 결코 부끄럽게 되지 않습니다.

잠시 고난과 어려움이 있을지라도 반드시 주님의 역사를 보는 것입니다.

그러므로 사랑하는 성도 여러분, 저와 여러분에게 하신 말씀으로 우리를 자유롭게 되며, 그 말씀을 따라 걷기를 원합니다. 저와 여러분 안에 거하시는 성령님을 따라 걷기를 원합니다. 주님을 신뢰하는 자들은 결코 부끄러움이 없습니다.

로마서 10장 11절의 말씀을 읽고 마치겠습니다.

"성경 기록이 이르기를, 누구든지 그분을 믿는 자는 수치를 당하지 아니하리라, 하나니"

우리의 기도

하나님께서 사람을 풀어 주시는 분이시라는 사실과 자유를 주시는 분이시라는 사실을 우리는 살펴보았고 복음을 통해서 주님의 자유를 누리는 사람들입니다. 오늘 우리에게 필요한 메시지는 그 자유 안에 굳게 서라는 것입니다. 하나님 말씀 안에 굳게 서시고 나를 죄로부터 자유롭게 해 주셨다는 말씀 율법으로부터 사탄으로부터 자유롭게 해 주셨다는 모든 말씀 위에 굳게 서시고 그 자유를 풍성하게 누리시길 바랍니다. 또한 우리가 하나님의 말씀을 따라 걸어갈 때 결코 수치를 당하지 않습니다. 부끄럽게 되지 않습니다. 주의 말씀 안에 굳게 서시고 말씀을 따라 걸어가길 원합니다. 아멘.

7. 주께서 다윗과 함께 계시며

그가 사울에게 말하기를 마치매 요나단의 혼이 다윗의 혼과 결속되어 요나단
이 그를 자기 혼같이 사랑하였으며

그날 사울이 그를 데리고 가서 그가 그의 아버지 집으로 가는 것을 다시는 허
락하지 아니하였더라.

그때에 요나단이 다윗을 지기 혼같이 사랑하였으므로 그와 다윗이 언약을 맺
었고

요나단이 자기가 입은 겉옷을 벗어 다윗에게 주었으며 자기 옷과 칼과 활과
띠도 주었더라.

사울이 다윗을 보내는 곳마다 그가 나가서 지혜롭게 행동하므로 사울이 그를
세워 전사들을 다스리개하였더니 그가 온 백성의 눈앞과 또한 사울의 신하들
의 눈앞에서 인정을 받았더라. - 사무엘기상 18:1~5 -

본문의 말씀에서 우리는 다윗을 볼 수 있습니다. 다윗은 하나님을 사랑
하며 하나님을 두려워하였던 사람입니다. 하나님께서도 그와 함께하셨
으며, 모든 일들 가운데 그를 통해서 역사하셨습니다. 본문에서도 하나
님께서 다윗을 통해서 골리앗을 쓰러뜨리시고 블레셋 군대를 물리치셨
음을 보고 있습니다. 그리고 그의 믿음은 요나단이라는 친구를 얻게 했
습니다.

1절을 보시면 "그가 사울에게 말하기를 마치매 요나단의 혼이 다윗의 혼과 결속되어 요나단이 그를 자기 혼같이 사랑하였으며"라고 기록되어 있습니다.

이 말씀에서 "요나단이 그를 자기 혼같이 사랑하였"다 한 것은 요나단이 다윗의 믿음을 보았기 때문입니다.

다윗이 하나님을 믿었고, 하나님께서 그의 믿음으로 역사하셔서 놀라운 일을 행하셨음을 요나단이 보았던 것입니다. 그래서 요나단이 다윗을 자기 혼같이 사랑하였던 것입니다. 이와 같이 주께서는 형제들이 서로 사랑하게 하셨습니다.

그것은 주 안에서 형제들이 같은 믿음을 가지고 있기 때문입니다.

그리고 서로 하나님에게서 태어난 하나님의 아들들이기 때문입니다.

요한복음 1장 12절과 13절 말씀을 보시면 "그분을 받아들인 자들 곧 그분의 이름을 믿는 자들에게는 다 하나님의 아들들이 되는 권능을 그분께서 주셨으니

이들은 혈통으로나 육신의 뜻이나 사람의 뜻에서 태어나지 아니하고 하나님에게서 태어났느니라" 이 말씀에서 저와 여러분에 대한 말씀을 보고 있습니다.

여러분은 "그분의 이름을 믿는 자들"입니다. 그리고 우리는 "하나님에게서 태어"난 자들입니다. 우리 각자의 영이 성령님에게서 태어났기 때문입니다.

그래서 우리는 같은 믿음을 가지고 있고, 서로 형제들인 것입니다.

그래서 우리가 서로 사랑하는 것은 이상한 일이 아닙니다.

요한복음 13장 34절과 35절의 말씀을 보시면 "내가 새 명령을 너희에게 주노니 너희는 서로 사랑하라. 내가 너희를 사랑한 것같이 너희도 서로 사랑하라.

너희가 서로 사랑하면 이것에 의해 모든 사람들이 너희가 내 제자임을 알리라, 하시니라"

주 예수님께서는 우리에게 말씀하시기를 "너희는 서로 사랑하라"고 말씀하십니다.

이것은 우리가 서로 형제들이기 때문입니다. 아버지가 같습니다. 하나님이 우리의 아버지이십니다. 그리고 주님은 "내가 너희를 사랑한 것같이 너희도 서로 사랑하라" 하셨습니다.

주님은 우리 형제들이 주께서 우리를 사랑하신 것처럼 우리가 서로 사랑하라고 말씀하셨습니다. 주께서는 "너희가 서로 사랑하면 이것에 의해 모든 사람들이 너희가 내 제자임을 알리라"고 말씀하셨습니다.

이와 같이 형제들인 우리가 서로 사랑하는 것은 이상한 일이 아닙니다.

우리가 같은 믿음을 가지고 있으며, 같은 아버지에게서 태어났기 때문입니다.

그러므로 우리가 이 진리를 기억하는 가운데 오늘 본문에서 요나단이 다윗을 자기 혼같이 사랑한 것처럼, 우리 또한 서로 주님이 우리를 사랑하신 것같이 사랑하기를 원합니다.

우리가 육신의 힘으로는 사랑할 수 없으나 우리가 주 예수님과 함께 십자가에 못 박혀 죽었음을 믿을 때, 내 안에 거하시는 주 예수 그리스도의 사랑으로 형제들을 사랑할 수 있습니다.

다시 본문으로 돌아가서 사무엘상 18장 5절 말씀을 보시면 "사울이 다윗을 보내는 곳마다 그가 나가서 지혜롭게 행동하므로 사울이 그를 세워 전사들을 다스리게 하였더니 그가 온 백성의 눈앞과 또한 사울의 신하들의 눈앞에서 인정을 받았더라"

이 말씀에서 다윗에 대해서 기록되어 지기를 "사울이 다윗을 보내는 곳마다 그가 나가서 지혜롭게 행동"했다고 기록하고 있습니다. 이것은 주께서 그와 함께하셨기 때문입니다. "사울이 다윗을 보내는 곳마다"라고 하신 말씀은 다윗에게는 처음 있는 환경들입니다. 다윗에게는 사전 지식이 없는 곳입니다.

그런데, "사울이 다윗을 보내는 곳마다 그가 나가서 지혜롭게 행동…" 할 수 있었습니다. 그것은 주께서 그의 지혜가 되셨기 때문입니다.

이 말씀을 통해서 저와 여러분이 알 수 있는 것은 우리가 처한 상황이나 환경이 중요한 것이 아닙니다. 주님이 저와 여러분과 함께 계시는 것이 중요합니다.

주님이 우리가 있는 어떤 상황 어떤 환경 속에서도 지혜를 주시기 때문입니다.

야고보서 1장 5절 말씀에서는 "너희 중에 어떤 사람이 지혜가 부족하거든 모든 사람에게 너그러이 주시고 꾸짖지 아니하시는 하나님께 구하라. 그러면 그분께서 그것을 그에게 주시리라"

이 말씀에서 하나님께서는 저와 여러분에게 지혜를 구하라고 말씀하십니다.

저와 여러분이 삶을 살아가는 데 가장 중요한 것이 지혜라는 것을 알 수 있습니다.

우리가 사람을 대할 때, 지혜가 필요합니다. 말의 지혜가 필요하고, 생각의 지혜가 필요합니다. 우리가 사건을 대할 때, 지혜가 필요합니다.

그 사건을 어떻게 해결할 수 있는가 지혜가 필요합니다.

무엇을 해야 하고, 어떻게 해야 하는지 그 모든 것을 깨닫게 되는 것이 바로 지혜입니다. 우리가 길을 선택하는 데 있어서 가장 중요한 것이 지혜입니다.

어떤 길이 주님의 뜻인지를 아는 것이 지혜입니다. 어떤 길이 주님께서 은혜를 주시는 길인지 아는 것이 지혜입니다. 어떤 길이 열매를 풍성히 맺는 길인지 아는 것이 지혜입니다.

오늘 본문에서 사울이 다윗을 보내는 곳마다 그가 지혜롭게 행동하였습니다.

그것이 중요합니다. 잠언 3장 18절에서 지혜에 대해서 말씀하셨습니다. "지혜는 그것을 붙잡는 자들에게 생명나무니 그것을 간직하는 자는 다 행복하니라"

이 말씀은 지혜가 저와 여러분을 위기에서 구해 준다는 뜻입니다.

그리고 열매를 맺는 삶을 살게 하신다는 것입니다. 그래서 "그것을 간직하는 자는 다 행복하"다고 말씀하십니다. 지혜가 있는 사람이 행복하다고 말씀하십니다.

그 지혜를 누가 주십니까? 하나님께서 주십니다.

주께서 말씀하시기를 "너희 중에 어떤 사람이 지혜가 부족하거든 모든 사람에게 너그러이 주시고 꾸짖지 아니하시는 하나님께 구하라. 그러면 그분께서 그것을 그에게 주시리라" 하셨습니다.

지혜에 대해서 "하나님께 구하라"고 말씀하셨습니다. 저와 여러분이 늘 하나님께 지혜를 구하기를 원합니다.

본문에서 사울이 다윗을 보내는 곳마다 다윗이 지혜롭게 행동했습니다.

이것은 우리에게 주어진 상황이 중요하지 않고 환경이 중요하지 않다는 것을 보여 줍니다. 지혜가 중요하다는 것입니다.

주께서 저와 여러분에게 지혜를 주시면 우리는 어떤 상황에서도 열매를 맺을 수 있습니다. 그러므로 저와 여러분과 함께 계시는 주님께 늘 지혜를 구하시기를 원합니다. 구할 때, 믿음으로 구하라고 말씀하십니다. 야고보서 1장 6절에서 8절까지의 말씀을 보시면 "그러나 그는 믿음으로 구하고 어떤 일에도 흔들리지 말라.

흔들리는 자는 마치 바람에 밀려 요동하는 바다 물결 같나니

그 사람은 자기가 주께 무엇을 받으리라고 생각하지 말라. 두 생각을 품은 사람은 자기의 모든 길에서 안정이 없느니라" 주님은 저와 여러분이 "믿음으로 구하"라 하십니다. 믿음이란 하나님께서 저와 여러분에게 지혜를 너그러이 주신다는 말씀을 믿는 것입니다. 기도할 때, 받는다고 믿는 것입니다.

주께서는 "두 생각을 품은 사람은 자기의 모든 길에서 안정이 없느니라"고 말씀하셨습니다. 여기서 "두 생각"은 주님도 신뢰하려 하고, 자기 자신도 신뢰하려 하는 것을 말하는 것입니다. 오직 주님을 믿기를 원합니다. 그럴 때, 우리는 안정적인 생활을 알 수 있습니다.

그것은 주께서 저와 여러분에게 매 순간 지혜를 주시기 때문입니다.

사무엘기상 18장 5절 말씀을 보시면 "사울이 다윗을 보내는 곳마다 그가 나가서 지혜롭게 행동하므로 사울이 그를 세워 전사들을 다스리게 하였더니 그가 온 백성의 눈앞과 또한 사울의 신하들의 눈앞에서 인정을 받았더라"

이 말씀에서 사울이 지혜로운 다윗을 전사들을 다스리게 했습니다.

그리고 다윗이 온 백성의 눈앞과 또한 사울의 신하들의 눈앞에서 인정을 받았습니다. 지혜는 뛰어난 것입니다. 이 지혜는 세상이 줄 수 없습니다.

오직 주님이 주십니다. 이제 6절과 7절 말씀을 보시면 "그들이 돌아올 때 곧 다윗이 그 블레셋 사람을 살육하고 돌아올 때에 여인들이 이스라엘 모든 도시에서 나와 노래하고 춤추며 작은북과 악기를 가지고 기뻐하며 사울 왕을 맞이하였는데

여인들이 놀며 서로 화답하며 이르되, 사울은 수천 명을 죽였고 다윗은 수만 명을 죽였도다, 하므로"

이 말씀에서 다윗이 돌아올 때, 다윗에 대한 평가와 사울에 대한 평가를 볼 수 있습니다. 여인들이 노래하며 서로 화답하며 말하기를 "사울은 수천 명을 죽였고 다윗은 수만 명을 죽였도다" 하였습니다. 이것은 사실이었습니다.

그것은 주께서 다윗과 함께 하셨기 때문입니다. 그런데, 8절 말씀에서는 "사울이 심히 노하고 그 말을 기쁘게 여기지 아니하여 이르되, 그들이 다윗에게는 수만 명을 돌리고 내게는 수천 명만 돌리니 왕국 외에 그가 더 얻을 수 있는 것이 무엇이겠느냐? 하고는"

이 말씀에서 사울이 심히 노했습니다. 심히 화가 난 것입니다.

분노하고 있는 것입니다. 그것은 다윗과 자기에 대한 사람들의 평가를 듣고 나서였습니다.

사울이 말하기를 "그들이 다윗에게는 수만 명을 돌리고 내게는 수천 명만 돌리니 왕국 외에 그가 더 얻을 수 있는 것이 무엇이겠느냐?" 하였습니다.

사울은 다윗이 이스라엘의 왕이 될 것이라고 생각했습니다. 그리고 자기와 자기의 가족은 멸망할 것이라고 생각했습니다. 이것은 단지 사울이 다윗에 대해서 시기하는 것이 아니었습니다. 사울은 두려움을 느끼고 있는 것입니다.

다윗이 왕국을 차지할 것이라는 것이며, 자기와 자기의 가족은 죽임을 당하게 될 것이라는 것입니다. 이것은 사울이 기억나게 하는 말씀이 있었기 때문입니다.

사무엘상 15장 26절에서 28절까지의 말씀을 보시면 "사무엘이 사울에게 이르되, 내가 왕과 함께 돌아가지 아니하리니 왕이 주의 말씀을 버렸으므로 주께서 왕을 버려 이스라엘을 다스릴 왕이 되지 못하게 하셨나이다, 하니라.

사무엘이 가려고 돌아설 때에 사울이 그의 겉옷 자락을 붙잡으매 그것이 찢어지므로 사무엘이 그에게 이르되, 주께서 이날 이스라엘 왕국을 왕에게서 찢어 왕보다 나은 왕의 이웃에게 주셨나이다" 이 말씀에서 사무엘이 하나님의 말씀을 사울에게 말하는 것입니다. 그것은 사울이 하나님의 말씀을 버렸다는 것입니다.

그리고 하나님은 사울이 이스라엘의 왕이 되지 못하게 하실 것 이라는 것입니다.

그리고 왕국을 사울의 이웃에게 주실 것이라는 것입니다. 사울이 그 말을 분명히 들었습니다. 그리고 아까 사람들이 다윗을 사울보다 높이는 것을 사울이 보고 들었을 때, 사울은 바로 그 말씀을 기억했던 것입니다. 하나님께서 바로 다윗을 두고 하신 말씀이라는 것을 안 것입니다.

그래서 본문의 말씀에서 사울이 심히 노한 것은 단순히 시기심 때문이 아니었습니다. 다윗에게 왕국이 넘어가기 때문이었습니다.

그리고 자기와 자기의 가족은 멸망을 당할 것이라고 생각했기 때문입니다.

다시 본문으로 돌아가겠습니다. 사무엘기상 18장 9절 말씀을 보시면, "그날 이후로 사울이 다윗을 주목하였더라"

사울이 다윗을 주목하고 있습니다. 이것은 사울이 다윗을 위험인물로 간주하는 것입니다. 반드시 죽여야 하는 인물로 간주하는 것입니다.

10절과 11절에서는 "그다음 날 하나님으로부터 온 악한 영이 사울에게 임하매 그가 집의 한가운데서 대언을 하므로 다윗이 다른 때와 같이 손으로 하프를 탔는데 사울의 손에 창이 있었으므로 사울이 그 창을 던졌더니 이는 그가 말하기를, 내가 창으로 다윗을 쳐서 벽에 박으리라, 하였기 때문이더라. 다윗이 그의 얼굴 앞에서 두 번 피하였더라" 이 말씀에서 사울이 다윗에게 창을 던졌습니다.

그가 말하기를 "내가 창으로 다윗을 쳐서 벽에 박으리라" 하였습니다.

여기서 사울의 분노가 얼마나 극심했는지를 알 수 있습니다.

사울은 하프를 타고 있던 다윗에게 창을 던졌는데, 두 번 던졌습니다.

그런데, 다윗은 그것을 피했습니다. 여기서 우리는 다윗이 어떤 사람인지를 볼 수 있습니다. 그것은 주께서 보호해 주시는 사람입니다.

주께서 사울의 창으로부터 다윗을 보호해 주셨습니다. 그리고 12절을 보시면 다음과 같이 기록되어 있습니다. "주께서 다윗과 함께 계시며 사울을 떠나셨으므로 사울이 그를 두려워하니라"

이 말씀에서 우리가 주목할 말씀은 "주께서 다윗과 함께 계"신다는 말씀입니다.

이것이 다른 어떤 것보다 다윗에게 중요한 것입니다.

다윗에게 어떤 힘이 있을지라도 많은 병사들이 있을지라도 많은 재물이 있을지라도 그것이 중요하지 않습니다. 그것들은 모두 사라지고 무너질 수 있는 것입니다.

그러나 다윗에게는 주님이 계셨습니다. "주께서 다윗과 함께 계시며"라고 말씀하십니다.

전능하신 분께서 다윗과 함께 계시기 때문에 사울이 그를 해칠 수 없는 것입니다.

오히려 사울이 그를 두려워하게 되는 것입니다. 저와 여러분의 담대함은 어디에서부터 나오는 것입니까? 우리 또한 다윗과 같이 사울과 같은 사람을 만날 수 있습니다. 사울이 단지 시기심이 아니라 다윗을 제거해야 자기의 왕좌를 유지할 수 있다고 생각하여 그를 죽이려고 하는 마음으로 다윗을 대하는 것처럼 우리를 해하려고 하는 사람을 만날 수 있습니다. 그리고 사울이 실제로 다윗에게 창을 던졌습니다.

벽에 박으려는 마음으로 던졌습니다. 그런 가운데 다윗은 두려울 수 있습니다.

그러나 다윗은 두려워하지 않았습니다. 그 이유는 주께서 그와 함께 계셨기 때문입니다. 저와 여러분 또한 그런 사람을 만날 수 있습니다.

그러나 저와 여러분이 담대할 수 있는 것은 주님이 저와 여러분과 함께 계시기 때문입니다. 히브리서 13장 5절과 6절 말씀에서는 "너희의 행실을 탐욕이 없게 하고 너희가 가진 것들로 만족하라. 그분께서 이르시되, 내가 결코 너를 떠나지 아니하고 버리지 아니하리라, 하셨느니라.

그러므로 우리가 담대히 말하되, 주는 나를 돕는 분이시니 사람이 내게 무엇을 행하든지 내가 두려워하지 아니하리라, 하노라"

이 말씀에서 주 예수 그리스도께서 저와 여러분에게 말씀하십니다.

"내가 결코 너를 떠나지 아니하고 너를 버리지 아니하리라"

주님은 저와 여러분과 함께 계십니다. 저와 여러분 각자 안에 거하고 계십니다.

언제나 함께 계십니다. 바로 그분이 우리의 담대함이십니다.

6절에서 "그러므로 우리가 담대히 말하되, 주는 나를 돕는 분이시니 사람이 내게 무엇을 행하든지 내가 두려워하지 아니하리라, 하노라"

어떤 사람에 대해서도 저와 여러분이 담대할 수 있습니다. 그것은 주님께서 저와 여러분을 돕는 분이시기 때문입니다. 오늘 본문에서 주께서 다윗과 함께 계셔서 그를 사울로부터 지켜주셨고, 오히려 사울이 다윗을 두려워하게 하셨습니다.

사람들이 저와 여러분을 두려워하는 이유는 우리가 아니라 우리 각자 안에 거하시는 주 예수 그리스도 때문입니다.

그분이 하나님이시며, 모든 사람들의 호흡을 주장하시는 분이십니다.

모든 것이 그분의 손안에 있습니다. 그분이 저와 여러분 안에 거하고 계시기 때문에 사람들이 우리를 두려워하게 되는 것입니다.

누가복음 24장 13절에서 15절을 보시면 "보라, 바로 그날 그들 중의 두 사람이 예루살렘에서 육십 스타디온쯤 떨어진 엠마오라 하는 마을로 가면서 일어난 이 모든 일들에 관하여 함께 이야기하더라.

그들이 함께 이야기를 나누며 추론할 때에 예수님께서 친히 가까이 오사 그들과 같이 가셨으나"

이 말씀에서 엠마오 마을로 가고 있었던 두 명의 제자들을 볼 수 있었습니다.

그런데, 예수님께서 그들과 같이 가셨습니다.

그런데, 16절을 보시면 "그들의 눈이 가려져서 그들이 그분을 알아보지 못하더라"

두 명의 제자들은 예수님이 그들과 함께 계심에도 그들이 그분을 알아보지 못하고 있었습니다. 지금 저와 여러분 안에 예수님이 계심에도 우리는 자주 그분을 알아보지 못할 때가 있습니다.

17절을 보시면 "그분께서 그들에게 이르시되, 너희가 걸으면서 서로 주고받는 이것들이 무슨 대화이기에 너희가 슬퍼하느냐? 하시니"

이 말씀에서 예수님께서는 그들의 대화를 듣고 계시며 그들의 마음도 알고 계셨다는 것을 알 수 있습니다. 그것은 "너희가 슬퍼하느냐?" 하셨기 때문입니다.

이처럼 주님은 저와 여러분의 마음을 알고 계십니다. 우리의 감정을 느끼십니다.

우리가 하는 말들을 다 듣고 계십니다. 지금 두 명의 제자들이 슬퍼하고 있는 이유는 예수님에 대한 것이었습니다.

19절에서 24절까지의 말씀을 보시면 "그분께서 그들에게 이르시되, 무슨 일들이냐? 하시매 그들이 그분께 이르되, 나사렛 예수님에 관한 일들이니라. 그분은 하나님과 온 백성 앞에서 행동과 말에 강력한 대언자이셨는데 수제사장들과 우리의 치리자들이 그분을 넘겨주어 정죄받아 죽게 하고 십자가에 못 박았느니라.

그러나 우리는 그분께서 이스라엘을 구속할 분이시라고 믿었노라.

이 모든 것 외에도 오늘은 이런 일들이 이루어진 뒤 셋째 날이요, 참으로 우리 일행 중의 어떤 여자들도 우리를 놀라게 하였으니 그들이 일찍 돌무덤에 갔다가 그분의 몸은 보지 못하고 와서 말하기를 자기들이 그분께서 살아 계신다고 말한 천사들의 환상을 또한 보았다고 하였으며 또 우리와 함께 있던 자들 중의 어떤 사람들이 돌무덤에 가서 정황이 여자들이 말한 바와 참으로 같음을 보았으나 그분은 보지 못하였느니라, 하니라"

이 두 사람의 생각은 슬픔으로 가득했습니다. 예수님에 대해서 기대했지만 그분이 죽으셨다는 것입니다. 그래서 더 이상 희망이 없어졌다는 것입니다.

사람들이 그분의 돌무덤이 비어 있다고 말한 것을 들었는데, 예수님은 보지 못했다는 것입니다. 그들은 자기들과 함께 예수님이 계심에도 그분에 대해서 슬퍼하고 있습니다. 주님은 지금 저와 여러분 안에 거하고 계십니다.

우리가 어떤 일들에 대해서 슬퍼할 수 있으나 예수님이 나와 함께 계심을 기억하기를 원합니다. 그리고 그분의 말씀을 믿기를 원합니다.

25절 "그때에 그분께서 그들에게 이르시되, 오 어리석고 대언자들이 말한 모든 것을 마음으로 더디 믿는 자들아," 주님은 그들이 말씀을 믿지 않는 것에 대해서 말씀하셨습니다. 이처럼 주님의 말씀을 저와 여러분이 믿기를 바랍니다.

그럴 때, 우리는 슬픔에서 벗어나서 기뻐하게 될 것입니다.

주께서 저와 여러분 안에 거하셔서 우리의 모든 삶을 돌보고 계시며 인도하고 계신다는 것을 깨닫기 때문입니다. 이와 같이 주님이 우리와 함께 계심을 기억하기를 원합니다. 우리 자신을 주와 함께 십자가에 못 박혀 죽은 자로 여기고 내 안에 거하시는 주님을 의지하기를 원합니다.

그래서 형제들을 사랑하고, 모든 일들에 지혜롭게 행하며, 담대하며, 주님의 역사하심을 앎으로써 기뻐하기를 원합니다.

우리의 기도

우리가 구원받은 하나님의 아들들이기 때문에 우리 각자 안에는 그리스도 예수님께서 거하고 계십니다. 우리는 그분으로 말미암아 형제들을 사랑할 수 있고, 또한 모든 이들 가운데 지혜를 얻을 수 있으며 또한 담대할 수가 있고, 주님이 우리 삶 가운데 역사하고 계신다는 사실을 경험할 수가 있습니다. 하나님의 말씀에 따라 반응하며 주님께 기도하길 원합니다. 아멘.

8. 그것을 필요로 하신다

그들이 예루살렘에 가까이 와서 올리브 산 곁의 벳바게와 베다니에 이르렀을 때에 그분께서 자기 제자들 중에서 둘을 보내시며

그들에게 이르시되, 너희 길로 가서 너희 맞은편 마을로 들어가라. 너희가 거기로 들어가면 곧바로 아무도 결코 탄 적이 없는, 매여 있는 어린 수나귀를 보리니 그것을 풀어서 끌고 오라.

만일 누가 너희에게, 어찌하여 이렇게 하느냐? 하고 말하거든 주께서 그것을 필요로 하신다고 말하라. 그러면 즉시 그가 그것을 이리 보내리라, 하시므로

- 마가복음 11:1~3 -

본문의 말씀에서 우리는 주 예수님을 볼 수 있습니다.

1절 말씀에서 "그들이 예루살렘에 가까이 와서 올리브 산 곁의 벳바게와 베다니에 이르렀을 때에 그분께서 자기 제자들 중에서 둘을 보내시며" 주 예수님께서는 지금 예루살렘에 가까이 와 계셨습니다. 그런데, 주님은 자기 제자들 중에서 둘을 어디론가 보내셨습니다. 그것은 어린 수나귀 때문이었습니다.

2절에서 "그들에게 이르시되, 너희 길로 가서 너희 맞은편 마을로 들어가라. 너희가 거기로 들어가면 곧바로 아무도 결코 탄 적이 없는, 매여 있는 어린 수나귀를 보리니 그것을 풀어서 끌고 오라" 이 말씀에서 주 예수

님께서는 제자들을 주님이 계시던 맞은편 마을로 가라 하셨는데, 그곳으로 들어가면 "곧바로 아무도 결코 탄 적이 없는, 매여 있는 어린 수나귀를" 볼 것이라 하셨습니다. 주 예수님께서는 모든 것을 아시는 하나님이십니다.

하나님이 사람이 되신 분이 바로 예수님이십니다.

그분께서는 그 마을에 어린 수나귀가 마을에 들어서자마자 매여 있다는 것을 아시고, 또한, "아무도 결코 탄 적이 없는" 수나귀라는 것도 알고 계셨습니다.

주님은 제자들에게 바로 그 어린 수나귀를 예수님께로 가지고 오라고 하시는 것입니다. 그런데, 3절을 보시면 "만일 누가 너희에게, 어찌하여 이렇게 하느냐? 하고 말하거든 주께서 그것을 필요로 하신다고 말하라. 그러면 즉시 그가 그것을 이리 보내리라, 하시므로"

주님께서는 제자들이 그 마을로 들어가서 주님이 말씀하신 그 어린 수나귀를 풀어서 가져오려 할 때에 어떤 일이 일어날 것인지도 알고 계셨습니다.

어떤 사람이 그 두 명에게 "어찌하여 이렇게 하느냐?"라고 물을 것이라는 것을 알고 계셨습니다. 그리고 주님은 제자들에게 바로 그 사람에게 무엇이라 대답할지를 가르쳐 주셨습니다.

그것은 "주께서 그것을 필요로 하신다고 말하라"는 것입니다.

그 묻는 그 사람은 예수님을 알고 있는 사람입니다. 그리고 그 사람은 예수님을 믿고 있는 사람입니다. 주님은 그가 그러한 질문을 할 것을 알고 계시고, "주께서 그것을 필요로 하신다고 말하"면 어떻게 할 것인지도 알고 계셨습니다.

3절 끝의 말씀을 보시면 "그러면 즉시 그가 그것을 이리 보내리라"고 하셨습니다.

이것은 바로 그 어린 수나귀가 질문하는 그 사람의 소유라는 것을 말씀하신 것입니다. 이 말씀에서 우리는 주님께서 그 어린 수나귀를 필요로 하셨음을 볼 수 있습니다. 그 이유는 주께서 그것을 타시기 위해서였습니다.

7절 말씀을 보시면 "그들이 그 어린 수나귀를 예수님께 끌고 와서 자기들의 옷을 그 위에 얹으매 그분께서 그 위에 타시니"

아무도 결코 탄 적이 없는 그 어린 수나귀는 예수님을 위해 예비된 것이었습니다.

그리고 주님은 그것을 아시고, 그 위에 타신 것입니다. 이것은 성경 기록을 성취하시기 위함입니다.

마태복음 21장 4절과 5절에서는 동일한 사건을 기록하였는데, 다음과 같이 말씀하십니다. "이 모든 일이 이루어진 것은 주께서 대언자를 통해 말씀하신 것이 성취되게 하려 함이더라. 그가 이르되, 너희는 시온의 딸에게 말하라. 보라, 네 왕이 네게 오느니라. 그는 온유하여 나귀 위에 앉되 나귀 새끼 곧 어린 수나귀 위에 앉느니라, 하였느니라" 이 말씀에서 스가랴서 9장 9절의 말씀을 인용하고 계십니다.

그리고 바로 그 말씀의 성취라는 것을 보여 주십니다.

스가랴서에서 "보라, 네 왕이 네게 오느니라" 하셨습니다. 시온 즉 예루살렘에게 왕이 온다고 말씀하십니다. 그리고 그분께서는 "나귀 위에 앉되 나귀 새끼 곧 어린 수나귀 위에 앉"으셨다고 기록하셨습니다.

이 말씀은 이스라엘의 왕 즉 메시야가 예루살렘으로 들어오시는데, 그분은 어린 수나귀 위에 앉으셔서 들어오셨다고 기록되어 있습니다. 그것은 그분께서 "온유하"셨기 때문이라고 말씀하셨습니다. 구약성경에서 예언 되어진 바로 그 왕이 예수님이신 것입니다.

오늘 본문에서 주 예수님께서 어린 수나귀를 타신 이유는 바로 그 말씀의 성취가 예수님이시라는 것을 보여 주시기 위해서였습니다.

마태복음 21장 4절에서 "이 모든 일이 이루어진 것은 주께서 대언자를 통해 말씀하신 것이 성취되게 하려 함이더라"고 기록되어 있습니다.

이와 같이 주님이 이 땅에 사람으로 오셔서 성경 기록들을 성취하셨습니다. 그래서 그분이 메시야이심을 보이신 것입니다.

다시 본문으로 돌아가서 마가복음 11장 8절 말씀에서는 "많은 사람들이 자기들의 옷을 길에 펴고 다른 이들은 나무들에서 가지들을 베어 길에 흩어 깔며"

예수님께서 어린 수나귀를 타시고 예루살렘에 입성하시는 그 길에 수많은 사람들이 자기들의 옷을 길에 폈습니다. 그리고 다른 이들은 나무들에서 가지들을 베어 길에 흩어 깔았습니다. 이것은 예수 그리스도께서 왕이심을 그들이 알고 있는 것입니다. 주 예수님께서 그들에게 보여 주셨던 수많은 기적들이 바로 그분을 증거하고 있습니다.

마가복음 6장 55절과 56절 말씀을 보시면 "그 주변 온 지역을 두루 뛰어다니며 자기들이 듣기에 그분께서 계신다는 곳으로 병든 자들을 자리에 뉘어 데려오기 시작하니라.

그분께서 마을이나 도시나 촌이나 어디에 들어가시든지 사람들이 병든 자들을 거리에 두고 병든 자들이 다만 그분의 옷자락에라도 손을 대게 하실 것을 그분께 간청하더니 그분께 손을 댄 자들은 다 온전하게 되니라"

이 말씀에서 주 예수님께서 계시는 곳마다 사람들이 몰려 와서 병자들을 뉘었습니다. 그리고 주께서 손을 대신 자들은 다 온전하게 되었습니다.

그리고 야이로의 죽은 딸도 주께서 살리셨습니다. 폭풍도 잠잠하게 하셨습니다.

귀먹고 말더듬는 자를 고치셨습니다. 빵 다섯 개와 물고기 두 마리로 수천 명을 먹이셨습니다. 주님께 왔던 마귀 들린 자들을 모두 풀어 주셨습니다.

주 예수님께 왔던 모든 사람들의 문제들이 다 해결되었습니다. 주께로부터는 은혜로운 말씀들이 흘러나왔습니다.

수많은 사람들이 주님의 이러한 기적들을 듣고 그분의 생명의 말씀을 들었습니다.

그들은 예수님께서 이스라엘의 왕이시라는 것을 알고 있었습니다.

그리고 오늘 본문의 말씀에서 주 예수님께서 어린 수나귀를 타시고 예루살렘에 들어오셨을 때, 그들은 예수님의 길에 자기들의 옷을 폈고, 길에 나뭇가지들을 베어 흩어 깔았습니다.

그리고 마가복음 11장 9절과 10절 말씀에서는 "앞에서 가는 자들과 뒤에서 따르는 자들이 외쳐 이르되, 호산나, 주의 이름으로 오시는 분을 찬송할지어다.

주의 이름으로 오시는 우리 조상 다윗의 왕국이 복이 있도다. 가장 높은 곳에서 호산나, 하더라"

그들이 이렇게 주 예수님을 찬송하는 이유는 그분이 메시야이심을 믿었기 때문입니다. 그분이 이스라엘의 왕이시라는 것을 믿었기 때문입니다. 구약성경에 예언 되어진 다윗의 자손으로 오시는 분, 주의 이름으로 오시는 분이심을 믿었던 것입니다.

오늘 이 시간 성경에 기록되어진 그분이 바로 저와 여러분의 하나님이심을 기억하시고 그분을 바라보기를 원합니다.

그분은 이스라엘의 왕이실 뿐 아니라 온 세상의 왕이십니다. 그분은 그리스도이시며, 주님이십니다. 그분은 저와 여러분을 위해서 십자가에 못 박혀 죽으셨고 부활하신 분이십니다. 그분의 피가 저와 여러분의 모든 죄들을 다 씻었습니다.

그분이 모든 성경 기록의 성취이십니다.

그런데, 오늘 본문의 말씀에서 "주께서 그것을 필요로 하신다"고 말씀하셨습니다.

그것은 바로 어린 수나귀였습니다. 그것은 "아무도 결코 탄 적이 없는, 매여 있는 어린 수나귀"였습니다. 주께서 그것을 타시고 성경 기록을 성취하시고, 찬송을 받으셨던 것처럼, 오늘날 저와 여러분을 통해서 주께서 역사하시려고 하십니다.

이 말씀에서 "아무도 결코 탄 적이 없는"이라는 뜻은 오직 주 예수님을 위한 것이라는 뜻입니다. 이와 같이 저와 여러분은 오직 예수님을 위한 것입니다.

고후 5장 15절 말씀에서는 "그분께서 모든 사람을 대신하여 죽으신 것은 살아 있는 자들이 이제부터는 자기 자신을 위해 살지 아니하고 자신들을 대신하여 죽었다가 다시 일어나신 분을 위해 살게 하려 하심이니라"

이 말씀에서 주 예수님께서 저와 여러분을 대신하여 죽으신 이유는 "이제부터는 자기 자신을 위해 살지 아니하고"라 하셨습니다. 우리 자신을 위하여 살아가는 것이 아닙니다. 우리는 "자신들을 대신하여 죽었다가 다시 일어나신 분을 위해 살게 하려 하심"인 것입니다. 바로 주 예수 그리스도를 위해 저와 여러분이 살아가는 것입니다. 오늘 이 시간 저와 여러분이 구원을 받았기 때문에 우리는 오직 예수님을 위해 사는 자들임을 기억하시고 우리 자신을 주님께 드리기를 원합니다.

주님은 지금 저와 여러분 안에 거하고 계십니다. 그분이 우리 안에서 강력하게 활동하시는 분이십니다.

우리가 주 예수 그리스도와 함께 십자가에 못 박혀 죽은 자들로 여기기를 원합니다. 그리고 우리 자신을 주님께 드리기를 원합니다. 그럴 때, 주 예수님께서 우리 각자 속에서 강력하게 역사하실 것입니다.

주 예수님이 사시는 것입니다. 저와 여러분이 살면 불안이 있고 두려움이 있고 근심과 염려가 있습니다. 많은 일들로 고생하게 됩니다. 그리고 그 일들의 결과가 좋지 않습니다. 열매가 없습니다. 오히려 다음과 같은 결과들이 나옵니다.

갈라디아서 5장 19절에서 21절까지의 말씀을 보시면 "한편 육신의 행위들은 명백하며 그것들은 이것들이니 곧 간음과 음행과 부정함과 색욕과 우상 숭배와 마술과 증오와 불화와 시기심의 경쟁과 진노와 다툼과 폭동과 이단 파당과 시기와 살인과 술 취함과 흥청댐과 또 그와 같은 것들이니라. 내가 또한 전에 너희에게 말한 것같이 이것들에 대하여 미리 너희에게 말하노니 그런 것들을 행하는 자들은 결코 하나님의 왕국을 상속받지 못하리라"

이 말씀에서 "육신의 행위들"을 볼 수 있습니다. 내가 살면 이와 같은 것들이 나오는 것입니다. 여기에 좋은 것이 없습니다. 모두 악한 것들입니다.

그러나 주님이 사시면 다음과 같은 열매가 나옵니다.

22절과 23절을 보시면 "그러나 성령의 열매는 사랑과 기쁨과 화평과 오래 참음과 부드러움과 선함과 믿음과 온유와 절제니 이 같은 것들을 대적할 법이 없느니라"

이 말씀에서 "성령의 열매"를 볼 수 있습니다. 이 열매는 모두가 원하는 것입니다.

우리는 사랑을 원합니다. 기쁨을 원합니다. 화평을 원합니다. 우리는 오래 참기 원합니다. 부드럽기 원합니다. 선하기 원합니다.

믿음이 있기를 원합니다. 온유하기를 원합니다. 절제하기를 원합니다.

그러나 내가 살면 이렇게 될 수가 없습니다. 오히려 악한 것들이 나옵니다.

그러나 그리스도께서 사시면 성령의 열매가 나옵니다.

오늘 본문에서 "주께서 그것을 필요로 하신다"고 말씀하셨을 때, 그 어린 수나귀 주인이 그것을 주님께 드렸던 것처럼, 저와 여러분을 주님께 드리기를 원합니다.

그것은 주께서 우리를 통해서 자신의 뜻을 이루시고 영광을 받으시기 때문입니다.

그리고 그것은 우리가 살면 악한 것들이 나오고 주님이 사실 때, 성령의 열매가 나오기 때문입니다.

우리가 괴로운 것은 나 자신 때문입니다. 그러나 주님이 사시면 안식이 있습니다.

마태복음 11장 28절에서 30절까지의 말씀을 보시면 "수고하고 무거운 짐 진 모든 자들아, 너희는 내게로 오라. 내가 너희에게 안식을 주리라. 나는 마음이 온유하고 겸손하니 너희 위에 내 멍에를 메고 내게 배우라. 그러면 너희가 너희 혼을 위한 안식을 찾으리니 내 멍에는 쉽고 내 짐은 가벼우니라, 하시니라"

저와 여러분이 괴로운 것은 우리 자신 때문입니다. 내가 살려고 하면 수고하고 무거운 삶을 살아가는 것입니다. 그러나 주님이 사시면 안식이 있습니다.

주께서 말씀하시기를 "너희 혼을 위한 안식을 찾"을 것이라 하셨습니다.

주님이 오늘 본문에서 "그것을 필요로 하신다" 하셨습니다. 주님이 필요하신 것은 바로 저와 여러분 자신입니다.

그러므로 우리 자신을 주와 함께 십자가에 못 박혀 죽은 자들로 여기고 내 안에 계시는 예수님께 나 자신을 드리기를 원합니다.

그럴 때, 주님이 내 안에 사십니다. 그래서 우리가 안식을 얻기를 원합니다.

성령의 열매를 맺기를 원합니다. 주님께서 성경에 우리를 위해 기록하신 것들을 경험하기를 원합니다. 그분의 역사와 그분의 능력 그분의 지혜를 경험하기를 원합니다. 그분이 자신의 뜻을 저와 여러분을 통해서 이루시고, 그분이 우리 안에서 높임을 받으시기를 원합니다.

다같이 역대기하 20장 1절 말씀을 보시면 "또한 이 일 뒤에 모압 자손과 암몬 자손이 암몬 족속 외에 다른 사람들과 함께 여호사밧을 대적하여 싸우려고 오므로"

이 말씀에서 "모압 자손과 암몬 자손" 그리고 "다른 사람들"이라고 말씀하신 "세일 산의 자손"이 모여서 여호사밧을 대적하고 있습니다.

그들의 수는 여호사밧이 감당할 수 없는 숫자였습니다. 그리고 그들은 이미 예루살렘에 가까운 엔게디에 있었습니다.

2절 "그때에 어떤 이들이 와서 여호사밧에게 고하여 이르되, 큰 무리가 바다 건너 시리아 이쪽에서부터 왕을 대적하러 오는데, 보소서. 그들이 하사손다말 곧 엔게디에 있나이다, 하니"

이 말씀에서 여호사밧이 얼마나 위험한 상황에 놓여 있는지를 알 수 있습니다.

여호사밧은 지기의 힘으로 할 수 없는 일에 대해서 하나님께 가져갔습니다.

3절을 보시면 "여호사밧이 두려워하고 주를 구하기 위해 스스로 작정하며 온 유다 전역에 금식을 선포하매"라고 기록되어 있습니다. 그는 하나님을 구하고 있습니다.

그의 구원은 오직 하나님이시기 때문입니다. 그리고 여호사밧은 다음과 같이 하나님께 기도했습니다.

6절에서 9절까지의 말씀을 보시면 "이르되, 오 주 우리 조상들의 하나님이여. 주께서는 하늘에서 하나님이 아니시니이까? 이교도들의 모든 왕국들을 다스리지 아니하시나이까? 주의 손에 권능과 능력이 있으므로 아무도 주를 막을 수 없지 아니하니이까?

주께서는 우리 하나님 곧 이 땅 거주민들을 주의 백성 이스라엘 앞에서 쫓아내시고 그 땅을 주의 친구 아브라함의 씨에게 영원히 주신 분이 아니시니이까?

그들이 그 안에 거하면서 주의 이름을 위하여 그 안에 한 성소를 주를 위해 건축하고 이르기를, 만일 칼이나 심판이나 역병이나 기근 같은 해악이 우리에게 닥칠 때에 (주의 이름이 이 집에 있으므로) 우리가 이 집 앞과 주의 얼굴 앞에 서서 우리의 고통 속에서 주께 부르짖으면 그때에 주께서 듣고 도우시리라, 하였나이다"

여호사밧은 하나님께 기도했습니다. 성경 기록에 따라 기도했습니다. 그것은 하나님께서는 말씀의 약속을 지키시는 분이시기 때문입니다. 저와 여러분이 위기의 때에 하나님을 구하기를 원합니다. 그분께 기도하기를 원합니다.

하나님께 기도할 때, 우리 각자 안에 계시는 성령님을 의지하여 기도하기를 원합니다. 그분의 말씀인 성경을 믿고 기도하기를 원합니다. 하나님께서는 그런 기도를 기뻐하십니다. 또한, 여호사밧은 다음과 같이 하나님께 기도했습니다.

12절 "오 우리 하나님이여, 주께서 그들을 심판하지 아니하시려나이까? 우리를 대적하러 오는 이 큰 무리를 대적할 능력이 우리에게 없고 우리가 어떻게 할 줄도 모르며 우리 눈이 주만 바라보나이다, 하고"

이 말씀에서 여호사밧은 자기의 무능함을 하나님께 말씀드리고 있습니다. "우리를 대적하러 오는 이 큰 무리를 대적할 능력이 우리에게 없"다고 말합니다.

"우리가 어떻게 할 줄도 모"른다고 말합니다. 바로 그것이 여호사밧이 하나님을 의지하는 이유입니다. 그것이 그가 하나님께 기도하는 이유입니다.

오직 하나님께서 역사하셔야만 하기 때문입니다.

여호사밧은 하나님께 다음과 같이 기도합니다. "우리 눈이 주만 바라보나이다"

저와 여러분이 오늘 이 시간 우리 각자 안에 주님께서 사셔야 하는 이유는 우리에게는 능력이 없기 때문입니다.

능력은 저와 여러분 안에 거하시는 주 예수 그리스도께 있습니다. 방법도 그분께 있습니다. 그러므로 오늘 이 시간 우리가 여호사밧과 같을 때, 주와 함께 십자가에 못 박혀 죽은 자들로 여기기를 원합니다. 그리고 내 안에 사시는 그리스도만을 의지하기를 원합니다.

저와 여러분이 주님을 의지하는 이유는 그분만 하실 수 있기 때문입니다. 저와 여러분이 그분께 기도하는 이유도 주님만 응답하실 수 있기 때문입니다.

14절과 15절 말씀을 보시면 "그때에 주의 영께서 회중의 한가운데서 레위 사람 야하시엘에게 임하셨는데 그는 아삽의 아들들에게 속한 자로 스가랴의 아들이요, 브나야의 손자요, 여아엘의 증손이요, 맛다니야의 사대손이더라.

그가 이르되, 온 유다와 예루살렘 거주민들과 여호사밧 왕아, 너희는 귀를 기울이라. 주께서 이같이 말씀하시느니라. 이 큰 무리로 인해 두려워하지 말고 놀라지도 말라. 그 전쟁은 너희의 전쟁이 아니요, 하나님의 전쟁이니라"

이 말씀에서 하나님께서 여호사밧의 기도에 응답하셨습니다. 주께서 주신 말씀이 모든 문제의 해결이었습니다. "그 전쟁은 너희의 전쟁이 아니요 하나님의 전쟁이니라."는 말씀이 그의 문제의 해결이었습니다.

이와 같이 저와 여러분이 주님을 의지할 때, 그분이 우리의 기도에 응답하십니다.

그리고 말씀대로 모든 일들이 이루어집니다.

22절 말씀을 보시면 "그들이 노래하고 찬양하기를 시작할 때에 주께서 유다를 대적하러 온 암몬과 모압과 세일 산의 자손을 대적하려고 복병을 두셨으므로 그들이 패하였더라"

주께서 말씀하신 대로 하나님께서 싸우셨으며, 하나님께서 그들을 물리치셨습니다.

여기서 여호사밧과 이스라엘 백성은 오직 하나님만을 찬양했습니다.

21절을 보시면 "백성과 의논한 뒤 주를 위해 노래하는 자들을 정하여 그들이 군대 앞에서 나갈 때에 거룩함의 아름다움을 찬양하게 하며 또 이르기를, 주를 찬양하라. 그분의 긍휼은 영원하도다, 하게 하였더라" 하였습니다.

여호사밧은 오직 주님만 의지하고 하나님을 찬양하였습니다. 그랬을 때, 모든 일들을 주님이 다 이루셨습니다. 이와 같이 저와 여러분이 우리 각자 안에 사시는 주님만 의지하기를 원합니다.

그리고 우리는 오직 주님을 찬양하기를 원합니다. 그럴 때, 주님께서 모든 일들을 다 이루실 것입니다.

29절과 30절의 말씀을 보시면 "주께서 이스라엘의 원수들과 싸우셨다는 것을 그 지역들의 모든 왕국이 들을 때에 하나님의 두려움이 그들에게 닥쳤더라.

이렇게 여호사밧의 영토가 평온하였으니 이는 그의 하나님께서 사방에서 그에게 안식을 주셨기 때문이더라"

이 말씀에서 하나님께서 자신의 두려움을 여호사밧 주변 민족들에게 닥치게 하셨습니다. 그리고 하나님께서 여호사밧에게 사방에서 안식을 주셨습니다.

그의 모든 영토가 평온했습니다. 이와 같이 주님을 의지할 때, 하나님의 두려움이 우리를 대적하는 자들에게 닥치며 주님의 안식 가운데 우리의 모든 삶이 평온할 것입니다.

오늘 주께서 "그것을 필요로 하신다"하셨습니다. 주님이 필요하신 것은 바로 저와 여러분 각자입니다. 우리 자신을 주와 함께 십자가에 못 박혀 죽은 자들로 예수님께 드리기를 원합니다. 그럴 때, 우리 안에 주님이 사셔서 주님의 뜻을 이루시고, 주님이 영광을 받으실 것입니다.

그리고 우리 각자 안에 성령의 열매를 맺으시며, 안식을 주시고, 우리의 모든 일을 그분이 다 하실 것입니다.

우리의 기도

주께서 "그것을 필요로 하신다" 바로 그것은 저와 여러분들 자신이라고 말씀을 드렸습니다. 내가 살면 어떻게 되는지 보았고, 주님이 사시면 성령의 열매를 맺는다라는 것도 보았고, 또 자기의 무능함 때문에 여호사밧 왕이 주님을 의지했던 것처럼 우리는 능력도 없고, 지혜도 없기 때문에 주와 함께 십자가에 못 박혀 죽은 자들로 여기고, 예수님께서 우리 자신을 드리는 것입니다. 주님이 나의 능력이 되시고 지혜가 되시기 때문애 모든 방법도 내 안에 거하시는 예수 그리스도께 있습니다. 오직 십자가에 못 박힌 자로 오늘 이 시간 하나님께 나 자신을 드리길 원합니다. 하나님께 모든 문재들을 놓고 기도합니다. 아멘.

9. 기드온의 승리

그때에 여룹바알 곧 기드온과 또 그와 함께한 온 백성이 일찍 일어나 하롯의 샘 옆에 진을 치니 이에 미디안 족속의 군대는 그들의 북쪽에, 모레의 산 옆 골짜기에 있게 되었더라.
주께서 기드온에게 이르시되, 너와 함께하는 백성이 너무 많으므로 내가 그들의 손에 미디안 족속을 내주지 아니하리니 이스라엘이 나를 대적하여 자기를 치켜세우며 말하기를, 내 손이 나를 구원하였다, 할까 염려하노라. - 사사기 7:1~2 -

오늘 본문의 말씀에서 우리는 기드온을 볼 수 있습니다.
기드온은 이스라엘 사람으로서 하나님께서 쓰셨던 사람이었습니다.
주님께서 그에게 말씀하셨고, 그는 주님의 말씀에 따라 움직였습니다.
사사기 6:11~12 "주의 천사가 와서 아비에셀 사람 요아스에게 속한 오브라에 있는 상수리나무 밑에 앉았는데 그의 아들 기드온이 미디안 족속에게 숨기기 위해 포도즙 틀 곁에서 밀을 타작하더라. 주의 천사가 그에게 나타나 그에게 이르되, 너 강한 용사여, 주께서 너와 함께 계시는도다, 하매" 지금 이스라엘은 미디안이라는 족속에 의해서 고통을 당하고 있었습니다. 그것은 이스라엘이 수확한 모든 곡식들을 그들이 다 빼앗아 갔기 때문입니다.

매년마다 메뚜기같이 올라와서 그해의 모든 수확물들을 다 가져가는 것입니다.

그리고 이스라엘은 그들을 당해낼 힘이 없었습니다.

무려 7년 동안 그들에 의해서 고통을 당해 왔고, 이스라엘을 심히 궁핍하게 되었습니다. 방금 보았던 말씀에서 기드온은 미디안 족속에게 숨기기 위해 포도즙 틀 곁에서 밀을 타작하고 있었습니다.

기드온이 미디안에게 곡식을 빼앗기지 않기 위해서 포도즙 틀에 숨기려고 그 곁에서 밀을 타작하고 있었던 것입니다. 지금 이스라엘은 이러한 상황인 것입니다.

그런데, 12절에서 주께서 그에게 말씀하셨습니다.

"너 강한 용사여, 주께서 너와 함께 계시는도다"

주께서 기드온에게 하신 이 말씀은 놀라운 말씀이었습니다.

그것은 주님이 기드온과 함께 계신다는 것이며, 그를 통해서 역사하신다는 뜻이기 때문입니다. 그리고 주께서 그를 "너 강한 용사여"라고 부르신 것은 주께서 그를 강한 용사가 되게 하시며, 그가 해야 할 일을 하게 하실 것이라는 뜻입니다.

14절에서는 "주께서 그를 바라보시며 이르시되, 너는 너의 이 힘을 의지하고 가서 이스라엘을 미디안 족속의 손에서 구원할지니라. 내가 너를 보내지 아니하였느냐? 하시니"

주님이 기드온에게 말씀하시기를 "너는 너의 이 힘을 의지하고"라고 하십니다.

기드온의 힘은 무엇입니까? 바로 주님이십니다.

그의 힘은 주님이십니다. 그가 의지할 힘은 주님이신 것입니다.

그가 주님을 의지하여 가서 이스라엘을 미디안 족속의 손에서 구원하라고 말씀하셨습니다. 그리고 말씀하시기를 "내가 너를 보내지 아니하였느냐?" 하셨습니다.

기드온은 아무것도 아닌 사람이었습니다. 그는 힘이 없는 사람이었습니다.

그는 미디안 족속에게 숨기기 위해서 포도즙 틀 곁에서 밀을 타작하고 있었던 사람이었습니다. 그러나 바로 그에게 주님께서 함께 계신다고 말씀하시고, 그를 강한 용사라 말씀하셨으며, 그가 그의 이 힘을 의지하고 가서 이스라엘을 미디안 족속의 손에서 구원하라 하셨습니다. 그리고 주께서 그를 보내셨다 하셨습니다.

"내가 너를 보내지 아니하였느냐" 하셨습니다.

그는 주님을 만났고, 주님이 그의 힘이 되셨으며, 주께서 그를 보내셨습니다.

이처럼 오늘날 성령님께서 저와 여러분과 함께 계십니다. 그분은 지금 저와 여러분 안에 거하고 계십니다. 저와 여러분은 아무것도 아니며 힘이 없는 자들입니다. 두려움이 많은 사람들입니다. 그러나 성령님께서 저와 여러분 안에 거하고 계십니다.

그분이 우리 각자의 힘이 되십니다. 그분께서 우리가 가야 할 길을 보여 주십니다.

그분이 저와 여러분을 그분이 원하시는 곳으로 보내십니다.

저와 여러분은 성령님의 인도고 살아가는 것입니다.

로마서 8:14에서는 "하나님의 영에 의해 인도받는 자들은 다 하나님의 아들들이니" 저와 여러분은 하나님에게서 태어난 하나님의 아들들입니다.

우리 각자의 영이 성령님에게서 태어났습니다. 그러므로 우리가 하나님의 아들들인 것입니다. 그리고 성령님께서는 저와 여러분 각자 안에 거하고 계십니다.

성경은 우리 모두에게 말씀하시기를 "하나님의 영에 의해 인도받는 자들은 다 하나님의 아들들이니"라 하십니다. 저와 여러분은 성령님의 인도하심을 받고 있는 것입니다. 저와 여러분이 이 말씀을 늘 믿기를 바랍니다.

성령님이 우리의 힘이 되시고, 그분이 우리를 인도하십니다.

그분이 원하시는 것을 하게 하시고, 그분이 원하시는 곳으로 우리를 보내십니다.

저와 여러분이 이 말씀을 믿을 때, 성령님께서 말씀하신 대로 역사하십니다.

그래서 우리가 성령님의 인도하심을 받는 놀라운 삶을 더욱더 살기를 원합니다.

다시 사사기 6장 25절과 26절에서는 "바로 그 밤에 주께서 그에게 이르시되, 네 아버지의 어린 수소 곧 칠 년 된 둘째 수소를 취한 뒤 네 아버지에게 있는 바알의 제단을 헐고 제단 옆의 작은 숲을 베어 내며 또 이 바위 꼭대기의 정돈된 곳에 주 네 하나님을 위해 한 제단을 쌓고 그 둘째 수소를 취하여 네가 베어 낼 작은 숲의 나무로 태우는 희생물을 드릴지니라,

하시니" 이 말씀에서 주께서 기드온을 인도하셨습니다. 그것은 그의 집 안에 있는 우상을 제거하는 것이었습니다.

그것은 바알의 제단이었습니다. 그것은 왜 이스라엘이 미디안 족속에 의해서 고통을 당해 왔는지를 보여 주시는 것입니다. 그 바알의 제단 때 문이었습니다. 그것이 기드온의 집 안에 있었습니다. 성경은 "네 아버지 에게 있는"이라 하셨습니다.

기드온의 아버지가 그 제단에서 바알을 따르고 있었던 것입니다.

주께서는 기드온에게 그 제단을 헐라고 하셨습니다.

그리고 그 제단 옆에 있는 작은 숲이라는 우상도 베어 내라고 하셨습니다.

주님은 그것을 제거하고 기드온의 하나님을 위한 제단을 쌓으라 하십니다. 그리고 7년 된 둘째 수소를 취해서 그 작은 숲의 나무라는 우상으로 쓰던 나무로 태우는 희생물을 하나님께 드리라고 말씀하십니다. 그에게 인도하심은 그것이었습니다.

바알 제단과 작은 숲이라는 우상들을 제거하고 하나님을 위한 제단을 쌓아 희생물을 하나님께 드리라는 것입니다. 저와 여러분의 삶 가운데 필요한 것은 우리 육신을 제거하고 우리 자신을 하나님께 살아 있는 희생 물로 드리는 것입니다.

그것은 우리 육신이 성령님을 방해하기 때문입니다.

갈라디아서 5장 17절에서는 "육신은 성령을 대적하여 욕심을 부리고 성령은 육신을 대적하나니 이 둘이 서로 반대가 되므로 너희가 원하는 것들을 너희가 할 수 없느니라"이 말씀에서 "육신은 성령을 대적"한다고 말씀하십니다. 우리 육신이 성령님을 대적하고 있습니다. 그래서 필요한 것은 육신을 제거하는 것입니다. 그 대신 성령님이 우리를 주관하시는 것입니다.

그것을 어떻게 하는 것입니까? 24절에서 주께서 말씀하시기를 "그리스도께 속한 자들은 애착들과 정욕들과 함께 육신을 십자가에 못 박았느니라" 하셨습니다. 이 말씀을 받아들이는 것입니다. 저와 여러분의 육신은 예수 그리스도와 함께 십자가에 못 박혔습니다.

우리는 주님과 함께 죽은 것입니다. 그리고 이제는 그리스도께서 저와 여러분 안에 사십니다. 성령님을 방해하는 육신을 제거하고 그 대신 성령님께서 저와 여러분을 채우시는 것입니다. 오늘 본문에서 기드온은 주께서 인도해 주시는 대로 따랐습니다. 저와 여러분 또한 성령님께서 원하시는 대로 따르기를 원합니다.

로마서 12장 1절에서 다음과 같이 주께서 말씀하기를 "그러므로 형제들아, 내가 하나님의 긍휼에 힘입어 너희에게 간청하노니 너희는 너희 몸을 거룩하고 하나님께서 받으실 만한 살아 있는 희생물로 드리라. 그것이 너희의 합당한 섬김이니라" 이 말씀에 따라 오늘 이 시간 저와 여러분의 몸을 거룩하고 하나님께서 받으실 만한 살아 있는 희생물로 드리기를 원합니다.

그것은 우리가 주와 함께 십자가에 못 박혀 죽은 자들로 여기고 하나님께 드리는 것입니다. 그럴 때, 성령님께서 우리 안에 충만하게 되시는 것입니다.

이제 다시 사사기 6장 34절을 보시면 "주의 영께서 기드온에게 임하시므로 그가 나팔을 불매 아비에셀이 그를 따라서 모였고" 이 말씀에서 "주의 영께서 기드온에게 임하"셨습니다. 그에게 주의 영이 임하신 후 그가 나팔을 불었을 때, 아비에셀 사람들이 기드온을 따라 모였습니다.

35절을 보면 므낫세 전역의 사람들도 모였으며, 스불론과 납달리 사람들도 모였습니다. 수많은 사람들이 기드온에게 모였습니다. 그 이유는 그가 나팔을 불었기 때문이 아니었습니다. 그에게 그 많은 사람들이 모인 까닭은 주의 영께서 그에게 임하셨기 때문입니다. 그 일은 주의 영께서 하신 일이었습니다.

기드온에게 주의 영께서 임하신 것으로 미디안 족속을 이기는 것이 충분한 것이었습니다. 저와 여러분에게 주께서 말씀하시는 것은 우리 각자 안에는 성령님께서 계신다는 것입니다. 우리에게 그분으로 충분합니다.

그분께서 저와 여러분의 힘이 되시고, 그분이 우리가 가야 할 길을 보이시고, 그분이 우리를 보내시며, 그분께서 모든 일을 하십니다. 기드온이 나팔을 불자 수많은 사람들이 모였습니다. 그것은 주의 영께서 하신 일이었습니다.

지금 저와 여러분 안에 계시는 성령님께서 저와 여러분의 모든 것을 하시는 분이십니다. 바로 그것을 더 분명하게 보여 주시는 것이 바로 다음 장입니다.

사사기 9장 1절을 보시면 "그때에 여룹바알 곧 기드온과 그와 함께한 온 백성이 일찍 일어나 하롯의 샘 옆에 진을 치니 이에 미디안 족속의 군대는 그들의 북쪽에, 모레의 산 옆 골짜기에 있게 되었더라"

이 말씀에서 해변의 모래 같이 많은 미디안 족속이 이스라엘 땅 안에 들어와 있었습니다. 그리고 그들과 싸우기 위해 기드온과 함께 백성들이 모여 있었습니다.

그런데, 2절을 보시면 다음과 같이 기록되어 있습니다.

"주께서 기드온에게 이르시되, 너와 함께하는 백성이 너무 많으므로 내가 그들의 손에 미디안 족속을 내주지 아니하리니 이스라엘이 나를 대적하여 자기를 치켜세우며 말하기를, 내 손이 나를 구원하였다, 할까 염려하노라" 이 말씀에서 주께서는 "너와 함께하는 백성이 너무 많"다 하십니다. 그것은 무엇을 보여 주시려고 하시는 것입니까? 지금 미디안 족속과 싸울 때 승리는 주님이 주시는 것이라는 것을 보여 주시려는 것입니다. 그들이 지금 숫자로 싸울 때, 그들이 자기들이 승리한 것이라고 생각할 것이라는 것입니다. 그래서 주께서 7절에서 다음과 같이 말씀하셨습니다. "주께서 기드온에게 이르시되, 내가 물을 핥은 삼백 명으로 너희를 구원하고 미디안 족속을 네 손에 넘겨주리니 다른 모든 백성은 각각 자기 처소로 갈 것이니라, 하시니" 이 말씀에서 주께서 300명으로 이스라엘을 구원하시겠다 하십니다.

지금 미디안 족속은 해변의 모래같이 많았습니다. 그들을 상대하는 사람은 300명이었습니다. 그것은 주께서 모든 것을 하시는 것이라는 것을 보여 주시는 것입니다.

저와 여러분이 오늘 이 시간 기억할 것은 지금 저와 여러분에게 필요한 유일한 분은 성령님이십니다. 그분이 저와 여러분 각자 안에 거하시며 그분으로 충분합니다.

그분이 우리의 힘이시며, 그분이 우리를 인도하십니다. 그분이 모든 일들을 하십니다. 저와 여러분이 어떤 문제를 대할 때, 어떤 사건을 대할 때, 어떤 사람을 대할 때, 필요하다고 생각하는 것들이 있을 수 있습니다. 그러나 저와 여러분에게 필요한 것은 오직 성령님이십니다. 본문의 말씀에서 해변의 모래 같이 많은 미디안 족속을 이기기 위해서 필요한 것은 그들보다 많은 사람들이 아닙니다. 그들보다 더 나은 무기들이 아닙니다. 그들보다 더 싸움 기술이나 강한 체력이 아닙니다.

그들을 이기기 위해서 필요한 유일한 한 가지는 바로 주님이십니다.

12절을 보시면 지금 기드온이 상대해야 하는 사람들을 볼 수 있습니다.

"미디안 족속과 아말렉 족속과 모든 동쪽 자손들이 메뚜기처럼 골짜기를 따라 많은 수가 누워 있었으며 그들의 낙타들도 수없이 많아 마치 해변의 모래같이 많더라"

이렇게 수많은 사람들을 보면서 기드온은 그들에게 압도될 수 있었습니다. 그들은 7년간 이스라엘을 이겼던 사람들입니다. 기드온은 그들에 의해서 압도될 수 있었고 두려움에 빠질 수 있었습니다. 그러나 그에게 필요한 한 분은 주님이십니다.

19절과 20절을 보시면 "이에 기드온과 또 그와 함께한 백 명이 중간 경점이 시작되는 때에 그 진영의 외곽에 다다랐는데 저들이 막 새로 파수꾼들을 세웠으므로 그들이 나팔을 불고 손에 있는 항아리들을 부수니라. 세 무리가 나팔을 불고 항아리들을 부수며 왼손에 등불을, 오른손에 나팔을 들고 그것을 불면서 외치되, 주의 칼이라, 기드온의 칼이라, 한 뒤" 이 말씀에서 기드온과 함께 300명의 사람들이 있습니다. 그들은 주님의 인도하심을 따라 움직이고 있었습니다.

그들이 한 것은 "나팔을 불고 항아리들을 부수며 왼손에 등불을, 오른손에 나팔을 들고 그것을 불며" 이렇게 외치는 것입니다.

"주의 칼이라, 기드온의 칼이라"

이 말씀은 주의 칼이 곧 기드온의 칼이라는 뜻입니다. 저와 여러분 안에 성령님께서 계시는 것은 그분이 우리 각자의 생명으로 계십니다. 성령님이 우리의 생명이시라는 것은 우리의 말과 행동이 곧 성령님의 말과 행동이라는 뜻입니다.

우리가 우리 자신을 주와 함께 십자가에 못 박혀 죽은 자들로 여길 때, 성령님께서 저와 여러분의 모든 것이 되십니다. 우리의 말과 행동이 그분의 것이 되게 하십니다. 벧전 4장 11절을 보시면 "누구든지 말하려거든 하나님의 말씀들을 말하는 것같이 하고 누구든지 섬기려거든 하나님께서 주시는 능력으로 하는 것같이 그 일을 하라. 이것은 하나님께서 예수 그리스도를 통해 모든 일에 영광을 받으시게 하려 함이니 그분께 찬양과 통치가 영원무궁토록 있기를 원하노라. 아멘"

주께서는 저와 여러분이 말할 때, 하나님의 말씀들을 말하는 것같이 하라 하십니다. 저와 여러분이 섬길 때, 하나님께서 주시는 능력으로 하는 것같이 하라 하십니다. 저와 여러분의 말과 행동이 주님의 것입니다. 우리가 성령님으로 말하고, 성령님으로 행하기를 원합니다. 그럴 때, 승리가 저와 여러분의 것이 되는 것입니다.

다시 본문으로 돌아가서 사사기 7장 21절과 22절을 보시면 "그들이 각각 진영 사방에서 자기 자리에 서매 그 온 군대가 달려가고 부르짖으며 도망하더라.

삼백 명이 나팔을 불 때에 주께서 두루 그 온 군대에서 각 사람의 칼이 그의 동료를 치게 하시므로 그 군대가 도망하여 스레랏의 벧싯다에 이르렀고 아벨므홀라의 경계와 답밧에 이르렀으며" 이 말씀에서 "주께서" 하셨다고 기록되어 있습니다.

22절에서 "주께서 두루 그 온 군대에서 각 사람의 칼이 그의 동료를 치게 하"셨다고 기록되어 있습니다. 승리가 기드온의 것이 되었습니다.

그것은 주께서 기드온에게 승리를 주셨기 때문입니다. 지금 저와 여러분 안에는 동일한 주님이 계십니다. 그분은 어제나 오늘이나 영원토록 동일하십니다.

주님은 지금도 저와 여러분의 삶 가운데 역사하셔서 승리를 우리에게 주시는 분이십니다. 우리가 할 일은 그분을 믿는 것입니다. 그분을 의지하는 것입니다.

저와 여러분의 어떠함을 보지 말고 성령님을 보는 것입니다.

우리 자신을 주와 함께 십자가에 못 박혀 죽은 자들로 여기고 성령님의 인도하심을 따르는 것입니다. 그럴 때, 성령님께서 우리의 말과 행동 가운데 역사하시고, 우리의 삶 가운데 역사하시며 모든 일들을 그분이 이루십니다.

이 말씀은 저와 여러분의 개인의 문제들에 대한 것이며, 우리 교회의 모든 문제들에 대한 것입니다. 또한, 우리가 가야 할 길에 관한 것입니다.

마태복음 28장 18절에서 20절까지의 말씀을 보시면 "예수님께서 그들에게 오셔서 말씀하여 이르시되, 하늘과 땅에 있는 모든 권능이 내게 주어졌으니 그러므로 너희는 가서 모든 민족들을 가르치고 아버지와 아들과 성령의 이름으로 그들에게 침례를 주며 무엇이든지 내가 너희에게 명령한 모든 것을 그들에게 가르쳐 지키게 하라. 보라, 내가 세상의 끝까지 항상 너희와 함께 있느니라, 하시니라" 아멘.

저와 여러분이 가야 할 길이 있습니다. 그것은 모든 민족들 입니다.

주께서 우리에게 "너희는 가서 모든 민족들을 가르치고"라고 말씀하셨기 때문입니다. 우리가 이 길을 가도록 주께서 우리를 보내셨습니다.

우리가 의지할 힘은 지금 우리 각자 안에 거하시는 성령님이십니다.

우리가 주와 함께 십자가에 못 박혀 죽은 자들로 여길 때, 성령님께서 우리 안에서 강력하게 일하실 것입니다. 하늘과 땅에 있는 모든 권능으로 일하실 것입니다.

우리에게 필요한 모든 것을 그분이 주시고, 그분이 그 일을 하게 하시며, 그분이 승리를 저와 여러분에게 주실 것입니다. 우리가 저와 여러분 안에 계시는 성령님, 우리 교회 안에 계시는 성령님을 더욱 따르기를 원합니다.

우리의 기도

사랑하는 성도 여러분 저와 여러분들은 하나님을 만난 사람들입니다. 엄청난 일을 경험했습니다. 복음을 통하여 예수 그리스도를 만나서 구원받았고 이제 우리의 삶은 성령님에 의해서 인도 되어지는 그러한 삶을 우리가 살아가고 있습니다.

우리에게 어떠한 어려움과 고통이 있을지라도 우리는 의지할 분이 계시는데 그분이 바로 성령이십니다. 그분이 나의 힘이심을 나의 생명이심을 고백하는 시간이 되시기를 바라고 기드온처럼 우리 자신을 주님과 함께 죽은 자로 살아 있는 희생물로 하나님께 드려서 주님이 원하시는 대로 인도해 주시길 바라고 기도합니다. 아멘.

10. 말씀의 능력

엘리야가 온 백성에게 가서 이르되, 너희가 어느 때까지 두 의견 사이에서 머뭇거리려 하느냐? 만일 주께서 하나님이면 그분을 따르라. 그러나 만일 바알이 하나님이면 그를 따르라. 하였으나 백성이 그에게 한마디도 응답하지 아니하므로

그때에 엘리야가 백성에게 이르되, 주의 대언자로는 나 곧 나만 홀로 남았으나 바알의 대언자들은 사백오십 명이니라. - 열왕기상18:21~22 -

오늘 본문의 말씀에서 우리는 엘리야를 볼 수 있습니다.

엘리야는 이스라엘의 대언자였고, 하나님께서 역사하시는 사람이었습니다.

그런데, 이 당시 북 왕국 이스라엘은 영적으로 어두웠습니다.

그들은 하나님을 떠나 바알에게로 갔습니다. 바알은 이방인들이 섬기는 우상이었습니다. 그림으로 그 형상을 그려 놓고 경배하고 섬기고 있었습니다. 그가 자기들에게 풍요를 가져다 줄 것이라고 생각했습니다. 이스라엘 백성은 바알을 따르고 있었습니다. 그러나 하나님께서는 그들의 마음을 하나님 자신께로 돌이키기를 원하셨습니다. 그래서 그들에게 엘리야를 보내셨던 것입니다. 하나님께서 엘리야를 통해서 말씀하시는 것입니다. 21절에서 다음과 같이 기록되어 있습니다.

"엘리야가 온 백성에게 가서 이르되, 너희가 어느 때까지 두 의견 사이에서 머뭇거리려 하느냐? 만일 주께서 하나님이면 그분을 따르라. 그러나 만일 바알이 하나님이면 그를 따르라, 하였으나 백성이 그에게 한 마디도 응답하지 아니하므로"

이 말씀에서 엘리야가 이스라엘 백성에게 말합니다.

"너희가 어느 때까지 두 의견 사이에서 머뭇거리려 하느냐?"

이스라엘 백성은 하나님과 바알 사이에서 머뭇거리고 있었습니다.

하나님을 섬길까, 바알을 섬길까 하는 것입니다. 주께서는 엘리야를 통해서 그들에게 말씀하시기를 "너희가 어느 때까지 두 의견 사이에서 머뭇거리려 하느냐?" 하신 것입니다.

"만일 주께서 하나님이면 그분을 따르라. 그러나 만일 바알이 하나님이면 그를 따르라" 하신 것입니다. 주께서 엘리야를 통해서 이스라엘 백성에게 말씀하신 것입니다. 오늘날 사람들에게 필요한 것은 하나님을 아는 것입니다.

구원을 받지 못한 사람들에게 온 세상을 창조하신 분이 누구이신지를 아는 것입니다. 우리가 살아가고 숨 쉬며 살아가는 우리가 어디로부터 왔는지를 아는 것입니다.

누가 역사를 주관하고 계시는지를 아는 것입니다.

그분은 하나님이십니다. 그분을 아는 것이 중요한 것입니다.

그것은 하나님을 알지 못하는 사람들이 이 세상에 너무나도 많이 있기 때문입니다.

이 세상 사람들이 하나님을 아는 길은 복음을 통해서입니다.

주 예수 그리스도께서 십자가에서 모든 사람들을 위해서 죽으시고 부활하셨다는 것이 복음입니다. 누구든지 그분을 믿으면 모든 죄가 용서되고 하나님의 아들로 태어난다는 것이 복음입니다. 주 예수님의 피로 모든 죄들이 씻겨졌다는 것이 복음입니다. 이 복음을 통해서만 하나님을 알 수 있습니다.

그것은 이 복음을 믿고 주 예수 그리스도를 마음에 영접한 사람에게 주 예수님이 들어가시기 때문입니다. 그분은 하나님이십니다.

그래서 그 하나님을 복음을 통해서 만나서 영존하는 생명을 얻는 것이 하나님께서 모든 사람들에게 원하시는 것입니다.

요한복음 3:16~17절에서 주 예수님께서 말씀하십니다.

"하나님께서 세상을 이처럼 사랑하사 자신의 독생자를 주셨으니 이것은 누구든지 그를 믿는 자는 멸망하지 아니하고 영존하는 생명을 얻게 하려 하심이라.

하나님께서 자신의 아들을 세상에 보내신 것은 세상을 정죄하려 하심이 아니요, 그를 통해 세상을 구원하려 하심이라"

주 예수 그리스도께서 이 땅에 오신 것은 모든 사람들을 사랑하시는 하나님의 사랑을 보여 주시는 것이며, 그분을 통해 세상을 구원하시려는 것입니다.

오늘날 누구든지 주 예수 그리스도를 마음으로 믿으면 구원을 받습니다. 하나님을 만납니다. 영존하는 생명을 얻습니다.

오늘날 우리가 읽었던 본문의 말씀에서와 같이 두 의견 사이에서 머뭇거리고 있는 분들이 많이 있습니다. 하나님인지 바알인지 두 의견 사이에서 머뭇거리고 있는 것입니다. 여기서 바알은 사탄을 의미합니다. 이 세상의 신으로 군림하고 있는 사탄이 있습니다. 그는 믿지 않는 사람들 속에서 역사하고 있습니다.

고후 4:3~4절에서 다음과 같이 말씀하십니다.

"만일 우리의 복음이 가려졌다면 그것은 잃어버린 자들에게 가려졌느니라. 그들 속에서 이 세상의 신이 믿지 않는 자들의 마음을 어둡게 하여 하나님의 형상이신 그리스도의 영광스러운 복음의 빛이 그들에게 비치지 못하게 하였느니라"

여기서 "이 세상의 신"이라는 자가 있음을 보고 있습니다.

그는 사탄입니다. 오늘날 사람들은 그를 따르고 있습니다.

하나님인지 사탄인지 두 의견 사이에서 머뭇거리고 있습니다. 그래서 여전히 구원을 받지 못하고 있는 것입니다.

오늘 본문의 말씀에서 하나님께서 엘리야를 통해서 말씀하셨습니다.

오늘날 하나님께서 저와 여러분을 통해서 말씀하십니다. 그분은 지금 저와 여러분 속에 거하고 계십니다. 우리 안에서 강력하게 역사하시는 분이십니다.

골로새서 1장 28절과 29절에서 다음과 같이 말씀하십니다.

"우리가 그분을 선포하며 각 사람에게 경고하고 모든 지혜로 각 사람을 가르치나니 이것은 우리가 각 사람을 그리스도 예수님 안에서 완전한 자로 드리려 함이니라.

이 일을 위해 나도 내 속에서 강력하게 일하시는 그분의 활동에 따라 싸우며 수고하노라"

사도 바울의 일은 예수님을 선포하는 것입니다. 저와 여러분의 일은 예수님을 선포하는 것입니다. 바울은 "이 일을 위해 나도 내 속에서 강력하게 일하시는 그분의 활동에 따라 싸우며 수고하노라" 하였습니다.

저와 여러분 또한 우리 각자 속에서 강력하게 일하시는 그분이 계십니다. 그분은 하나님이신 예수 그리스도이십니다.

그분의 활동에 따라 싸우며 우리는 수고하는 것입니다.

저와 여러분은 우리 속에 계시는 분을 따라 말씀을 사람들에게 전하는 것입니다.

그 말씀은 복음입니다. 오늘날 하나님은 저와 여러분을 통해서 사람들에게 말씀하십니다. 그것은 사람들이 지옥으로 가고 있기 때문입니다.

죄의 삯은 사망입니다. 사람이 죽은 뒤에는 심판이 있습니다. 그 심판은 불타는 지옥입니다. 누구도 피해 갈 수 없습니다. 오직 복음만이 그 지옥에서 사람을 구원합니다. 저와 여러분을 통해서 하나님께서 사람들에게 말씀하십니다.

우리가 그분으로 충만하게 되기를 원합니다.

우리가 복음을 위해 우리 자신을 하나님께 드릴 때, 그분께서 우리를 성령님으로 충만하게 하실 것입니다.

성령님께서 저와 여러분을 통해서 역사하시는 삶은 매우 효과적입니다.

본문의 말씀으로 돌아가서 왕상 18장 22절을 보시겠습니다.

"그때에 엘리야가 백성에게 이르되, 주의 대언자로는 나 곧 나만 홀로 남았으나 바알의 대언자는 사백오십 명이니라"

지금 엘리야는 주님의 대언자였고, 바알의 대언자는 450명이었습니다.

그러나 엘리야가 이겼습니다.

23절과 24절을 보시겠습니다.

"그러므로 그들이 수소 두 마리를 우리에게 주게 하고 자기들을 위해 수소 하나를 택한 뒤 그것을 여러 조각으로 잘라 나무 위에 놓되 그 밑에 불은 붙이지 말게 하라. 나는 다른 수소를 다듬어 나무 위에 놓고 그 밑에 불은 붙이지 아니하리라.

또 너희는 너희 신들의 이름을 부르라. 나는 주의 이름을 부르리니 불로 응답하는 신 곧 그분이 하나님이시니라, 하매 온 백성이 응답하여 이르기를, 잘 말씀하셨나이다, 하니라." 이 말씀에서 엘리야는 사람들에게 제안합니다.

"불로 응답하는 신 곧 그분이 하나님이"라고 받아들이자는 것입니다.

그랬을 때, 먼저 바알의 대언자들이 행했습니다.

26절을 보시면 "그들이 자기들에게 주어진 수소를 취해 다듬고 아침부터 정오까지 바알의 이름을 불러 이르되, 오 바알이여, 우리 말을 들으소서, 하였으나 아무 소리도 없고 응답하는 자도 없으므로 그들이 그 만들어 놓은 제단 위에서 껑충껑충 뛰더라" 먼저 바알의 대언자들이 행했는데, 아무 소리도 없었습니다.

응답하는 자도 없었습니다. 그들은 자기들이 만들어 놓은 제단 위에서 껑충껑충 뛰었습니다. 28절을 보시면 다음과 같이 기록되어 있습니다.

"그들이 큰 소리로 부르고 자기들 관례에 따라 자기들 몸 위로 피가 솟아오를 때까지 칼과 창으로 자기 몸을 찢었더라"

그들은 바알을 움직이고자 자해를 행했습니다. 자기 몸을 칼과 창으로 찢어 피가 분출하게 했습니다. 그러나 결과는 무엇입니까?

29절 "한낮이 지나고 저녁 희생물을 드릴 때까지 그들이 대언하였으나 아무 음성도 없고 응답하는 자나 주목하는 자가 아무도 없더라"

그들은 헛된 일을 하는 것입니다.

바알은 우상입니다. 돌멩이고 나무 조각이고 그림일 뿐입니다.

오늘날 사람들이 신들이라고 생각하는 바로 그것들이 돌입니다.

금속입니다. 나무 조각이고 그림입니다. 그것들은 아무것도 할 수 없습니다.

사람들이 신들이라 생각하는 해와 달과 별들도 기도에 응답할 수 없습니다.

그것들은 신들이 아니기 때문입니다.

사람들이 상상으로 신들이라고 만든 것들일 뿐입니다. 그것들은 모두 헛된 것들이며, 오늘날 수많은 사람들이 그 헛된 것들에 절하고 경배하고 있습니다.

로마서 1:22~23절에서 다음과 같이 하나님께서 다음과 같이 말씀하십니다.

"그들은 스스로 지혜롭다고 선언하나 어리석은 자가 되어 썩지 아니할 하나님의 영광을 썩을 사람이나 새나 네발 달린 짐승들이나 기는 것들과 같은 형상으로 바꾸었느니라"

오늘날 우상 숭배하는 사람들은 어리석은 자가 된 것입니다.

하나님께서는 사람들이 그것들에서 돌아서서 하나님이신 예수님을 만나기를 원하고 계십니다. 그분이 하나님이시며 창조자이시기 때문이며,

모든 사람들의 구원자이시기 때문입니다.

저와 여러분이 바로 그분을 전하는 일에 드려지기를 원합니다.

그럴 때, 그분께서 우리 안에서 효과적으로 역사하십니다.

그것은 그분 자신을 우리를 통해서 사람들에게 드러내시기 때문입니다.

본문의 말씀으로 돌아가서 열왕기상 18장 30절을 보시면 "엘리야가 온 백성에게 이르되, 내게 가까이 오라, 하니 온 백성이 그에게 가까이 오매 그가 무너진 주의 제단을 보수하고" 엘리야는 온 백성에게 말합니다. 그것은 하나님께서 엘리야를 통해서 말씀하시는 것입니다. "내게 가까이 오라"

주께서 엘리야를 통해서 그분 자신을 백성들에게 보이시려고 하십니다.

35절을 보시면 "물이 제단 주위에 돌아가며 흐르더라. 그가 도랑에도 물을 가득 채웠더라" 하였습니다.

이 말씀에서 엘리야는 제단을 보수하고 하나님께 수소를 여러 조각으로 잘라 나무 위에 올려놓고 물을 부은 것입니다. 그리고 36절에서 다음과 같이 기도했습니다.

"저녁 희생물을 드릴 때에 대언자 엘리야가 가까이 가서 이르되, 주 곧 아브라함과 이삭과 이스라엘의 하나님이여, 주께서 이스라엘 안에서 하나님이신 것과 내가 주의 종인 것과 내가 주의 말씀대로 이 모든 일을 행한 것을 이날 저들이 알게 하소서" 엘리야는 하나님께 기도했습니다.

하나님은 "아브라함과 이삭과 이스라엘의 하나님"이십니다.

사람의 하나님이십니다. 저와 여러분의 하나님이십니다.

37절에서 "오 주여, 내 말을 들으소서. 내 말을 들으사 주께서 주 하나님이신 것과 주께서 그들의 마음을 다시 돌이키신 것을 이 백성이 알게 하소서, 하매"라고 기도했습니다. 엘리야는 하나님을 이 백성이 알게 해 달라고 기도했습니다.

하나님께서 그들의 마음을 바알로부터 다시 돌이키신 것을 그들이 알게 해 달라고 기도했습니다. 저와 여러분이 사람들에게 복음을 전할 때, 그들이 하나님이 살아 계시다는 것을 알게 해 달라고 기도하기를 원합니다.

하나님께서 그들을 부르고 계신다는 것을 알게 해 달라고 기도하기를 원합니다.

38절에서 "이에 주의 불이 내려와 태우는 희생물과 나무와 돌들과 흙을 태워 버리고 도랑의 물을 핥으므로" 하나님께서 엘리야의 기도를 들으셨습니다.

성경에서 "이에"라고 기록되어 있습니다. "주의 불이 내려"왔다고 기록되어 있습니다. 그리고 "태우는 희생물과 나무와 돌들과 흙을 태워 버리고 도랑의 물을 핥"았다고 기록되어 있습니다.

하나님께서 엘리야를 통해서 하나님 자신을 백성에게 보이신 것입니다.

오늘날 하나님께서는 불이 내려 주시지는 않으십니다. 그러나 하나님께서는 저와 여러분이 전하는 말씀이 불같이 사람들에게 역사하게 하십니다.

사도행전 18:9~11절을 보시면 "그때에 주께서 밤에 환상으로 바울에게 말씀하시되, 두려워하지 말고 말하라. 침묵하지 말라. 내가 너와 함께 있으므로 아무도 너를 공격하여 해치지 못하리니 내게는 이 도시에 많은 백성이 있느니라, 하시더라"

주 예수 그리스도께서 바울에게 말씀하셨습니다.

"두려워하지 말고 말하라" 하십니다. 바울은 지금 고린도라는 도시에 있었습니다.

그 도시 사람들에게 바울이 "말하라" 하시는 것입니다. 그러면서 "내가 너와 함께 있으므로 아무도 너를 공격하여 해치지 못"할 것이라고 하셨습니다.

그리고 바울이 그들에게 말했을 때, 고린도인들이 주 예수 그리스도께로 돌아왔습니다. 그것은 바울로부터 전해는 말씀이 불같이 그들에게 역사했던 것입니다.

그래서 그들이 하나님을 알게 되었고 교회가 세워졌습니다.

또한, 사도행전 19장 10절에서는 다음과 같이 기록되어 있습니다.

"이 일이 두 해 동안 계속해서 이루어졌으므로 아시아에 거하는 모든 자들은 유대인이나 그리스인이나 다 주 예수님의 말씀을 들었더라"

바울이 아시아에서 말씀을 전한 것입니다. 그랬을 때, 아시아에 거하는 모든 자들이 다 주 예수님의 말씀을 들었습니다.

17절에서는 에베소라는 도시에서 어떤 일이 일어났는지를 알려 주십니다.

"이 일이 에베소에 거하는 모든 유대인들과 그리스인들에게도 알려지니 두려움이 그들 모두를 덮쳤고 주 예수님의 이름이 크게 높여졌으며"

바울이 말씀을 에베소에도 전했는데, 주께서 일으키신 놀라운 기적들을 통해서 그 도시에 있는 사람들이 두려워하게 되었고 주 예수님의 이름이 크게 높임을 받으셨습니다. 18절과 19절에서는 다음과 같이 기록되어 있습니다.

"이미 믿은 많은 사람들이 와서 자백하고 자기 행위들을 알렸으며 또 신기한 술수를 사용하는 자들 중의 많은 자들도 자기 책들을 다 가지고 와서 모든 사람들 앞에서 태웠는데 그들이 그것들의 값을 계산하고는 그 값이 은화로 오만 개임을 알아내니라"

이 말씀에서 에베소라는 도시에서 놀라운 일이 일어났습니다. 그동안 마법을 사용했던 자들이 회개한 것입니다. 성경은 "신기한 술수를 사용하는 자들"이라 하였습니다. 그들은 모두 마법사들이었습니다. 그들이 자기 책들을 다 가지고 왔습니다. 그 책들은 마법책들 이었습니다. 그것들을 다 불태웠습니다.

은화로 오만 개나 되는 책들이었고 그들이 그 책들로 마법들을 행했던 것입니다.

그것들을 모든 사람들 앞에서 불태웠다는 것은 그들이 그것들로부터 돌아서서 주 예수 그리스도를 믿었음을 의미하는 것입니다.

사람들이 이와 같이 된 것은 바울을 통해서 전해지는 주 예수 그리스도의 말씀이 불같이 그들에게 역사하였기 때문입니다. 그 불같은 말씀이 그들을 사로잡으셨습니다. 그 말씀이 그들의 눈을 열어 주셨습니다. 하나님을 알게 해 주셨습니다. 그들이 사용하던 술수들은 모두 거짓이며 사탄에게 속한 것임을 알게 해 주셨습니다.

사탄은 그들을 속이는 자임을 알게 해 주셨습니다.

이것이 바로 말씀의 능력입니다. 저와 여러분이 이 말씀의 능력을 소유한 자들입니다. 그것은 성령님께서 저와 여러분 안에 거하고 계시기 때문입니다.

성령님께서 우리 한 사람 한 사람을 능력 있게 하시는 분이십니다.

바로 그 일을 위해서 우리 또한 엘리야와 같이 하나님께 기도하기를 원합니다.

우리를 통해서 사람들이 하나님을 알게 해 달라고 기도하기를 원합니다.

전 세계의 모든 사람들의 마음을 주께로 돌이키고자 하신다는 것을 알게 해 달라고 하나님께 기도하기를 원합니다.

그럴 때, 주께서 저와 여러분의 기도를 들으십니다.

우리가 전하는 말씀들이 주의 불같이 사람들에게 역사하게 하실 것입니다.

20절에서는 다음과 같이 말씀하셨습니다.

"이렇게 하나님의 말씀이 강력하게 자라고 세력을 얻으니라"

하나님의 말씀이 강력한 것입니다. 하나님의 말씀이 세력을 얻는 것입니다.

말씀을 듣는 자들을 사로잡고 그들 속에서 역사하시고 퍼지는 것입니다.

이것은 주의 말씀이 그와 같이 역사했다는 뜻입니다.

바울은 단지 주님의 인도하심을 따라 사람들에게 말씀을 전했습니다.

그랬을 때, 그 말씀이 스스로 역사하였습니다.

저와 여러분이 복음을 위해 우리 자신을 드릴 때, 주께서는 그 말씀이 이와 같게 역사하신다는 것을 경험하게 하실 것입니다.

말씀이 강력하다는 것을, 말씀이 세력을 얻는다는 것을 경험하게 하실 것입니다.

다시 본문으로 돌아가서 열왕기하 18:39절을 보시면 "온 백성이 그것을 보고는 얼굴을 땅에 대고 엎드려 이르되, 주 그분은 하나님이시니라. 주 그분은 하나님이시니라, 하니" 이 말씀에서 엘리야가 기도한 뒤에 하나님 께서 주의 불을 그 제단 위에 내리셨을 때, 온 백성은 그것을 보았습니다. 그리고 얼굴을 땅에 대고 엎드렸습니다. 그리고 "주 그분은 하나님이시 니라. 주 그분은 하나님이시니라"고 고백했습니다. 저와 여러분 안에 거 하고 계시는 분이 바로 그들이 고백한 바로 그 주님이십니다. 주 예수 그 리스도이십니다. 모든 사람들이 경배해야 할 분이십니다.

모든 사람들이 알아야 하고, 믿어야 하고, 그분께 마음을 돌이켜야 하 는 그분이십니다. 오늘날 하나님께서는 불을 내려 주시는 일을 하시지 않으십니다.

그 대신 그리스도인들이 전하는 말씀을 불과 같게 하십니다.

사람들에게 하나님이 살아 계심을 알게 하십니다. 주 예수 그리스도께 서 십자가에 자기들을 위해 못 박혀 죽으셨고 부활하셨음을 알게 하십 니다.

그분의 피가 흘려졌다는 것 그분의 피로 하나님께서 우리 모두의 죄들 을 단번에 영원히 씻으셨음을 알게 하십니다. 사도행전 2:36~37을 보시 면 "그러므로 이스라엘 온 집은 이것을 확실히 알지니 곧 너희가 십자가 에 못 박은 그 동일한 예수님을 하나님께서 주와 그리스도로 삼으셨느니 라, 하니라.

이때에 그들이 이 말을 듣고 마음이 찔려 베드로와 나머지 사도들에게 이르되, 사람들아 형제들아, 우리가 어찌할까? 하므로"

베드로가 주의 말씀을 온 백성에게 말하였습니다. 그랬을 때, 그 말씀을 들은 자들의 마음이 찔림을 받았습니다. 말씀이 불같이 그들에게 역사한 것입니다.

그랬을 때, 그들은 "사람들아 형제들아, 우리가 어찌할까?" 했습니다.

그랬을 때, 38절에서 "그때에 베드로가 그들에게 이르되, 회개하고 너희 각 사람이 예수 그리스도의 이름으로 침례를 받아 죄들의 사면을 얻으라. 그러면 너희가 성령님을 선물로 받으리니"

베드로가 주 예수 그리스도의 이름을 믿으라는 말씀을 선포했을 때, 그 말씀이 사람들이 사로잡았고 그들이 믿었을 때, 그들은 구원을 받았습니다.

말씀이 그들을 정복했던 것입니다. 오늘날 불이 내려오는 기적이 아니라 전해지는 말씀을 통해서 사람들이 주님을 알게 하시는 것입니다. 이것이 말씀의 능력입니다.

저와 여러분이 이 일에 우리 자신을 드리기를 원합니다.

그럴 때, 주께서 우리를 통해서 그와 같이 역사하실 것입니다.

우리의 기도

사랑하는 성도 여러분 오늘 구원받은 저와 여러분들이 하나님의 복음의 말씀을 통하여 구원받았고 하나님께서는 저와 여러분들 속에서 강력하게 일하시는 분이시라는 것을 살펴보면서 엘리아가 주의 불이 제단 위에 내려오도록 기도하였을 때 하나님께서는 응답하셨고 사람들이 하나님을 알게 했던 것처럼 오늘날 불은 내려 주시지는 않지만 저와 여러분들의 입술에서 나오는 하나님의 말씀 복음이 불같이 역사하셔서 믿지 않는 자들에게 하나님이 살아 계시다는 사실을 알게 해 주시고 예수님이 바로 자기 자신을 위해서 죽으셨다가 부활하셨다는 사실을 알게 해 주신다는 말씀을 들었습니다. 우리가 할 일은 바로 그 하나님께 그렇게 역사하시도록 우리 자신을 드리길 원합니다. 아멘.

11. 믿는 자가 되라

그 뒤 같은 날 곧 주의 첫날 저녁때에 제자들이 유대인들을 두려워하여 모인
곳에서 문들을 닫았는데 예수님께서 오사 한가운데 서서 그들에게 이르시되,
너희에게 화평이 있을지어다, 하시고
이렇게 친히 말씀하신 뒤 자기 손들과 자기 옆구리를 그들에게 보이시니 그때
에 제자들이 주를 보고 반가워하매
그때에 예수님께서 다시 그들에게 이르시되, 너희에게 화평이 있을지어다. 내
아버지께서 나를 보내신 것같이 그렇게 나도 너희를 보내노라, 하시니라. - 요
한복음 20:19~21 -

우리는 주 예수 그리스도를 볼 수 있습니다. 주님은 저와 여러분 그리
고 모든 인류를 위해 십자가에 못 박혀 죽으셨으나 그분은 살아나셨습니
다. 부활하신 주님께서 지금 제자들에게 오셨습니다.

19절 말씀을 보시면 "그 뒤 같은 날 곧 주의 첫날 저녁때에 제자들이 유
대인들을 두려워하여 모인 곳에서 문들을 닫았는데 예수님께서 오사 한
가운데 서서 그들에게 이르시되, 너희에게 화평이 있을지어다, 하시고"
이 말씀에서 주님께서 제자들 한가운데 오셨습니다. 주께서 그들 모두에
게 하신 말씀은 "너희에게 화평이 있을지어다"라 하셨습니다. 이것은 오
늘날을 살아가는 우리에게 주님의 은혜를 기억하게 하십니다. 그것은 두

려움 가운데 죄 가운데 살아갔던 저와 여러분 마음속에 주 예수 그리스도께서 들어오셨기 때문입니다.

우리는 죄인들이었고, 우리의 죄들 때문에 지옥에 가야 했습니다. 그것은 죄의 삯은 사망이라고 하시는 주님의 율법에 따른 것입니다. 그러나 주 예수 그리스도께서 저와 여러분을 사랑하셨습니다. 그분은 살아 계신 하나님이십니다.

그분은 만물의 창조자이시며, 저와 여러분의 창조자이십니다.

그분께서 사람이 되셔서 이 땅에 오셔서 십자가에 못 박혀 죽으심으로 우리의 모든 죄들을 제거하셨습니다. 그리고 주께서는 부활하셨습니다.

저와 여러분은 이 복음을 들었고, 우리는 그분의 피가 나의 모든 죄들을 씻었음을 믿고 주 예수님을 마음속에 영접했습니다. 그랬을 때, 주께서 우리의 마음에 들어오셨습니다.

어둠으로 가득했던 우리의 마음에 빛이신 예수님이 들어오셨습니다.

그분은 십자가에서 나를 위해 죽으셨으나 부활하신 하나님이시며, 영광의 하나님이십니다. 그분이 지금 저와 여러분 속에 거하고 계십니다. 주께서 우리의 마음에 들어오셨을 때, 우리의 마음에 임한 것은 화평이었습니다. 주 예수님께서 "너희에게 화평이 있을지어다"라고 말씀하신 바와 같습니다. 그날이 우리가 구원을 받은 날이었습니다.

이제 우리가 살아가는 것은 내가 아니라 그리스도께서 내 안에 사시는 것입니다.

갈라디아서 2장 20절 말씀을 보시면 "내가 그리스도와 함께 십자가에 못 박혀 있으나 그럼에도 불구하고 사노라. 그러나 내가 아니요 그리스도께서 내 안에 사시느니라. 나는 지금 내가 육체 안에서 사는 삶을, 나를 사랑하사 나를 위해 자신을 주신 하나님의 아들의 믿음으로 사노라"

저와 여러분은 주 예수 그리스도와 함께 십자가에 못 박혀 죽었습니다. 이제는 내가 아니라 그리스도께서 내 안에 사십니다. 우리는 "나를 사랑하사 나를 위해 자신을 주신 하나님의 아들의 믿음으로" 삽니다. 이것이 저와 여러분의 삶이며, 이것이 화평한 삶입니다. 우리의 마음속에 복음을 통해 찾아오신 주 예수 그리스도를 찬양합니다. 주님을 높이기를 원하고, 그분을 위해 살아가기를 원합니다.

고후 5장 15절 말씀을 보시면 "그분께서 모든 사람을 대신하여 죽으신 것은 살아 있는 자들이 이제부터는 자기 자신을 위해 살지 아니하고 자신들을 대신하여 죽었다가 다시 일어나신 분을 위해 살게 하려 하심이니라"

저와 여러분은 우리 자신을 위해 살지 아니하고, 우리를 대신하여 죽으셨다가 다시 일어나신 분 예수 그리스도를 위해 살아갑니다. 그분이 내 안에 사시는 것이 그분을 위해 사는 것입니다. 그래서 주님의 뜻이 저와 여러분의 삶 가운데 이루어지는 것입니다. 그분의 뜻은 무엇입니까?

오늘 본문의 말씀으로 돌아가서 요한복음 20장 20절과 21절의 말씀을 보시면 "이렇게 친히 말씀하신 뒤 자기 손들과 자기 옆구리를 그들에게 보이시니 그때에 제자들이 주를 보고 반가워하매 그때에 예수님께서 다시 그들에게 이르시되, 너희에게 화평이 있을지어다. 내 아버지께서 나를 보내신 것같이 그렇게 나도 너희를 보내노라, 하시니라"

주 예수님께서는 그분 자신이시라는 것을 제자들에게 보이시기 위해서 "자기 손들과 자기 옆구리를 그들에게 보이"셨습니다.

그것은 주님의 두 손들에는 못 자국들이 있었고, 그분의 옆구리에는 창에 찔린 자국이 있었습니다. 그것을 통해서 주님은 자신이 십자가에 못 박혀 죽으신 바로 그분이시라는 것을 제자들에게 보이신 것입니다. 그때에 제자들이 자기들 앞에 서 계신 분이 주 예수 그리스도시라는 것을 깨달은 것입니다.

주님은 자신의 부활에 대해서 제자들에게 분명하게 보이신 뒤에 그들에게 또다시 말씀하시기를 "너희에게 화평이 있을지어다"라고 하셨습니다.

이 말씀은 저와 여러분에게도 놀라운 의미를 주고 있습니다.

지금 저와 여러분이 살아가는 삶은 우리 안에 계신 그리스도, 죽으셨으나 부활하셔서 지금도 저와 여러분 안에서 역사하시는 살아 계신 주님으로 말미암아 살아가는 것입니다. 주 예수 그리스도께서는 다른 누구의 주님이 아니라 바로 나의 주님이시며, 그분은 과거의 주님이 아니라 바로 현재 지금 저와 여러분 안에 거하시는 주님이십니다. 그분을 인식하기를 원합니다. 그럴 때, 우리의 마음에 화평이 넘치는 것입니다.

지금 우리에게 당면한 어떤 문제들이 있을지라도 주님이 해결해 주실 것을 알게 되는 것입니다. 저와 여러분이 홀로 있을지라도 홀로 있는 것이 아니라 주님이 함께 계신다는 것을 알게 되는 것입니다.

우리의 앞길이 어떤 길인지 알지 못할지라도 주님이 내 안에 거하셔서 나를 인도하고 계신다는 것을 알게 되는 것입니다. 그래서 우리에게 어떤 문제가 있어도, 어떤 산과 바다가 놓여 있어도 주님이 주시는 화평으로 삶을 살아가는 것입니다.

골로새서 1장 27절 말씀에서는 "하나님께서는 이방인들 가운데서 이 신비의 영광의 풍성함이 무엇인지 자신의 성도들에게 알리려 하시는데 이 신비는 너희 안에 계신 그리스도 곧 영광의 소망이시니라" 이 말씀에서 "너희 안에 계신 그리스도"라 하셨습니다. 주님이 저와 여러분 안에 계십니다. 그분을 알기를 원하고 그분께 더욱 이끌림을 받기를 원합니다.

29절 말씀에서는 "이 일을 위해 나도 내 속에서 강력하게 일하시는 그분의 활동에 따라 싸우며 수고하노라" 바울은 "나도 내 속에서 강력하게 일하시는 그분의 활동"이라 하였습니다.

바울은 자기 안에 거하시는 살아계신 주님을 인지했습니다. 그분은 바울 속에서 강력하게 일하셨습니다. 동일한 주님이 지금 저와 여러분 속에 강력하게 일하고 계십니다. 그분의 활동에 따라 저와 여러분이 살아가는 것입니다.

우리의 문제들이 그분의 손안에 있고, 우리의 길이 그분의 인도하심 가운데 있습니다. 저와 여러분이 주 예수 그리스도 바로 내 안에 계시는 주님을 더욱 알기를 원하고, 그분을 인지하며, 그분을 따라 걷기를 원합니다.

그럴 때, 우리의 모든 문제들이 그분의 손에서 해결되고, 우리의 길이 그분의 인도하심 가운데 가는 것을 보게 될 것입니다.

그런데, 주 예수님께서는 부활하셔서 자신의 제자들에게 나타나셨을 때, 그들 모두에게 자신의 뜻을 말씀하셨습니다.

다시 본문으로 돌아가서 요한복음 20장 21절 끝을 보시면 "내 아버지께서 나를 보내신 것같이 그렇게 나도 너희를 보내노라" 하셨습니다.

주님의 뜻은 제자들을 보내시는 것입니다. 어디로 보내십니까? 전 세계로 보내시는 것입니다. 그것은 주 예수 그리스도의 복음을 위한 것입니다.

지금 저와 여러분 안에 거하시는 주 예수님의 뜻도 변하지 않았습니다.

주님은 지금도 저와 여러분을 보내시는 분이십니다. 전 세계로 보내시는 분이십니다. 그것은 주께서 우리를 통해서 이루시고자 하실 일이 있기 때문입니다.

그것은 주께서 십자가에 못 박혀 죽으시고 부활하신 것에는 목적이 있기 때문입니다. 모든 사람들이 그분을 믿고 구원을 받는 것입니다. 저와 여러분을 전 세계로 보내시는 것은 바로 그 복음을 사람들에게 전하게 하시려는 것입니다.

바로 이 일을 위해서 저와 여러분이 우리 자신이 주와 함께 십자가에 못 박혀 죽었고 이제는 내가 아니라 그리스도께서 내 안에 사신다고 고백하기를 원합니다.

그럴 때, 전 세계 사람들을 향한 주님의 마음이 저와 여러분의 마음이 될 것입니다. 그들을 향한 주님의 생각이 저와 여러분의 생각이 될 것입니다.

마태복음 28장 18절에서 20절까지의 말씀을 보시면 "예수님께서 그들에게 오셔서 말씀하여 이르시되, 하늘과 땅에 있는 모든 권능이 내게 주어졌으니 그러므로 너희는 가서 모든 민족들을 가르치고 아버지와 아들과 성령의 이름으로 그들에게 침례를 주며 무엇이든지 내가 너희에게 명령한 모든 것을 그들에게 가르쳐 지키게 하라. 보라, 내가 세상의 끝까지 항상 너희와 함께 있느니라, 하시니라. 아멘"

주 예수 그리스도께서 저와 여러분을 전 세계에 보내십니다. 주께서는 "모든 민족들"에게 가라고 하셨기 때문입니다.

이 말씀에서 우리가 주목할 것은 우리가 모든 민족들에게 보내어졌다는 것을 아는 것이며, 그것을 할 수 있는 능력이 주 예수님께 있다는 것입니다.

주께서는 18절에서 "하늘과 땅에 있는 모든 권능이 내게 주어졌으니"라고 하셨습니다. 이 말씀은 우리가 세계 선교에 대해서 쉽게 해 주시는 말씀입니다.

세계 선교는 쉬운 것입니다. 그것은 지금 저와 여러분 안에 거하시는 주 예수 그리스도께서는 "하늘과 땅에 있는 모든 권능"을 가지신 하나님이시기 때문입니다.

주님 앞에 설 자가 없습니다. 주님의 뜻을 거스를 자가 없습니다.

사탄도 주님 앞에 무릎을 꿇습니다.

주 예수 그리스도께서 말씀하시기를 "보라, 내가 세상의 끝까지 항상 너희와 함께 있느니라" 하셨습니다. 그러므로 사랑하는 성도 여러분, 저와 여러분 안에 계시는 예수님만 보기를 원합니다. 주님이 내 안에서 이 말씀대로 하시게 하기를 원합니다. 그럴 때, 주님의 뜻이 저와 여러분을 통해서 이루어질 것입니다.

그것은 놀라운 삶이며, 기쁨이 넘치는 삶입니다. 그것은 주께서 우리 안에 기쁨으로 역사하시기 때문입니다. 그것은 달콤한 삶입니다. 주님의 사랑이 우리의 마음에 가득하기 때문입니다. 주님의 기적들을 볼 수 있는 삶입니다.

그것은 주께서 우리의 삶 가운데 모든 필요 들을 채우시는 것을 경험하기 때문입니다. 그러므로 주께서 우리 안에서 자신의 뜻을 이루시도록 하기를 원합니다.

사도행전 2장 14절 말씀을 보시면 "그러나 베드로가 열한 사도와 함께 서서 소리를 높여 그들에게 이르되, 유대 사람들과 예루살렘에 거하는 모든 자들아, 이것을 너희에게 알려 주리니 너희는 내 말들에 귀를 기울이라"

지금 베드로가 사람들 가운데 일어섰습니다. 그것은 그 안에 거하시는 그리스도께서 그를 일으키신 것입니다. 베드로는 강하고 담대하게 사람들에게 외쳤습니다.

"유대 사람들과 예루살렘에 거하는 모든 자들아, 이것을 너희에게 알려 주리니 너희는 내 말에 귀를 기울이라" 그가 이 말씀에서 예수 그리스도를 선포합니다.

그분의 죽으심과 부활과 영광을 선포합니다.

36절에서 "그러므로 이스라엘 온 집은 이것을 확실히 알지니 곧 너희가 십자가에 못 박은 그 동일한 예수님을 하나님께서 그리스도로 삼으셨느니라, 하니라"

베드로 안에 거하시는 주님이 베드로로 하여금 말하게 하셨을 때, 그것은 모든 것을 쉽게 했습니다. 그날 삼천 명이 구원을 받았습니다. 베드로가 예수님을 증거했을 때, 그의 마음에는 기쁨이 가득했습니다. 강한 힘이 생겼습니다. 달콤했습니다.

전에 없었던 담대함이 생기는 기적이 일어났습니다. 베드로는 과거에 예수님을 모른다고 세 번 부인한 사람입니다.

그가 지금 예수님을 담대하게 증거하고 있습니다. 이것이 주님의 기적입니다.

저와 여러분이 하려고 하면 힘들지만, 내가 주와 함께 십자가에 못 박혀 죽었고 그리스도께서 내 안에 사심을 믿을 때, 그 일은 쉬운 일이 됩니다.

그러므로 지금 저와 여러분 안에 거하셔서 역사하시는 주 예수 그리스도를 의지하기를 원하고 그분이 하시게 하기를 원합니다. 그럴 때, 모든 일들에 대해서 화평을 얻을 것입니다.

다시 본문으로 돌아가서 요한복음 20장 24절 말씀을 보시면 "그러나 열두 제자 중 하나인 디두모라 하는 도마는 예수님께서 오셨을 때에 그들과 함께 있지 아니하였으므로" 여기서 우리는 도마라는 사람을 볼 수 있습니다. 그도 예수님의 제자였습니다. 그런데, 부활하신 주 예수님께서 제자들 한가운데 나타나신 그날 도마는 그 자리에 있지 않았습니다. 그런데, 25절 상반절을 보시면 "다른 제자들이 그에게 이르기를, 우리가 주를 보았노라" 하였습니다. 도마는 다른 제자들이 "우리가 주를 보았"다라고 하는 말을 들었습니다. 그 소식은 놀라운 소식입니다.

분명히 예수님은 십자가에 못 박혀 죽으셨고 돌무덤에 묻히셨는데, 다른 제자들이 "우리가 주를 보았"다 하는 것입니다. 그것도 여럿이 함께 있는 곳에서 부활하신 예수님을 보았다고 말하는 것입니다. 그때에 도마는 그 소식을 믿을 수가 없었습니다.

25절 하반절을 보시면 "그가 그들에게 이르되, 내가 그분 손들의 못 자국을 보고 내 손가락을 그 못 자국에 넣으며 내 손을 그분 옆구리에 넣지 않고는 믿지 아니하리라, 하였더라" 도마는 직접 확인해야 믿겠다고 말하는 것입니다.

다른 제자들은 도마에게 자기들이 예수님의 두 손에 난 못 자국을 보았고, 그분의 옆구리에 있는 창 자국을 보았다 했습니다.

그런데, 그 말에 도마는 "내가 그분 손들의 못 자국을 보고 내 손가락을 그 못 자국에 넣으며 내 손을 그분 옆구리에 넣지 않고는 믿지 아니하리라" 한 것입니다.

보는 것뿐만 아니라 만져 보아야 믿겠다는 것입니다.

우리 또한 도마와 같을 수 있습니다. 무엇인지 확인이 필요하다는 것입니다.

주님께서 우리에게 하신 약속의 말씀들을 대할 때, 우리는 그 말씀들에 대해서 곧바로 믿는 것 대신에 무엇인지 확인이 되어야 믿겠다는 생각을 가집니다.

주님께서 내 기도를 들으신다는 말씀을 대할 때, 그 말씀이 이루어지는 어떤 과정들을 보고 싶어 하는 것입니다.

출애굽기 14장 10절을 보시면 "파라오가 가까이 왔을 때에 이스라엘 자손이 눈을 드니, 보라, 이집트 사람들이 자기들의 뒤를 따라 행진하고 있으므로 그들이 심히 두려워하였고 이스라엘 자손이 주께 부르짖었으며"

이 말씀에서 이집트의 노예 생활을 하였다가 하나님의 역사로 모세를 따라 이집트로부터 나온 이스라엘 백성을 볼 수 있습니다.

그런데, 그들 위에는 파라오의 군대들이 몰려오고 있는 것입니다. 그들은 이스라엘 백성을 모두 사로잡는 것이며 죽이는 것입니다. 그리고 그들 앞에는 지금 홍해 바다가 가로막혀 있습니다. 그들은 모두 이집트에서 하나님의 놀라운 기적을 보았습니다. 처음에 모세를 통해서 하나님께서 그들을 이집트로부터 구출하시겠다고 말씀하셨을 때, 믿지 않다가 주님의 놀라운 기적들을 통해서 나오게 되었음을 경험한 것입니다. 그리고 그들에게 하신 주님의 말씀은 그들을 가나안 땅으로 인도하시겠다는 것입니다. 그런데, 지금 상황이 매우 좋지 않습니다.

파라오의 군대가 따라오고 있었고, 앞에는 홍해 바다가 가로막혀 있습니다.

그럴 때, 그들을 가나안 땅으로 인도해 주시겠다는 주님의 말씀에 대해서 불신에 빠지게 되었습니다.

11절 말씀을 보시면 "또 그들이 모세에게 이르되, 이집트에 무덤이 없어서 당신이 우리를 데리고 나와 광야에서 죽게 하느냐? 어찌하여 당신이 우리를 이집트에서 끌고 나와 이같이 우리를 대하느냐?" 이 말씀에서 그들은 "광야에서 죽게 하느냐?"라고 말하고 있습니다. 그들은 지금 죽게 되었다고 생각하는 것입니다.

그들에게 주께서 주신 말씀 가나안으로 인도해 주시겠다고 하신 말씀은 그들에게 의미가 없는 말씀이 되었습니다. 지금 눈에 보이는 상황, 그들이 지금 느껴지는 것들, 현실적으로 불가능한 상황으로 인해 불신에 빠진 것입니다.

우리 또한 하나님의 말씀을 대할 때, 이럴 때가 있습니다. 말씀이 읽혀지고 들려지는데, 그 말씀에 대해서 나의 현실적인 상황과 맞지 않으니 그 말씀에 대해서 불신이 생기는 것입니다. 무엇인가 보여지는 것이 있어야 하고, 느껴지는 것이 있어야 하며, 무엇인지 손에 잡히는 것이 있어야 한다고 생각하는 것입니다.

그것은 우리가 아까 보았던 도마와 같다는 것입니다. 손에 잡히는 것이 있어야 믿겠다는 것입니다. 왜냐하면 예수님이 살아계신다고 다른 제자들이 말했을 때, 그것을 환영과 같이 생각되어졌기 때문입니다. 그래서 만져 보겠다고 하는 것입니다.

우리 또한 주의 말씀을 대할 때, 손에 잡히는 것이 있어야 믿을 것 같습니다.

그러나 믿음은 보지 않고 믿는 것이며, 손에 잡히는 것이 없어도 믿는 것입니다.

출애굽기 14장 13절 말씀에서는 "모세가 백성에게 이르되, 너희는 두려워하지 말고 가만히 서서 오늘 주께서 너희에게 보여 주실 그분의 구원을 보라. 너희가 이후로는 오늘 본 이집트 사람들을 영원히 다시 보지 아니하리라"

모세는 믿음으로 말하고 있습니다.

"너희가 이후로는 오늘 본 이집트 사람들을 영원히 다시 보지 아니하리라"고 말합니다. 지금 눈앞에 이집트 군대가 쫓아오고 있는데, 모세는 그 말하는 것은 모세는 주의 말씀을 믿었기 때문입니다. 눈에 보이지 않아도 손에 잡히는 것이 없어도 모세는 주의 말씀을 믿었습니다. 그랬을 때, 그 믿음대로 되었습니다.

30절 "그날 주께서 이같이 이스라엘을 이집트 사람들의 손에서 구원하시니 이스라엘이 바닷가에 죽어 있는 이집트 사람들을 보았더라"

주께서 홍해 바다를 여셔서 이스라엘 백성이 건너가게 하셨고, 이집트 사람들을 홍해의 바닷물로 잠기게 하셨습니다. 모세가 믿은 대로 되어진 것입니다.

요한복음 20장 26절과 27절 말씀을 보시면 "여드레가 지나서 다시 그분의 제자들이 안에 있을 때에 도마도 그들과 함께 있더라. 그때에 문들이 닫혔는데 예수님께서 오셔서 한가운데 서서 이르시되, 너희에게 화평이 있을지어다, 하시고 그 뒤에 도마에게 이르시되, 네 손가락을 이리 내밀어 내 손들을 보고 네 손을 이리 내밀어 내 옆구리에 넣으라. 그리고 믿음 없는 자가 되지 말고 믿는 자가 되라, 하시니"

주 예수님께서 도마가 있는 자리에 나타나셨습니다.

주님은 도마를 알고 계셨습니다. 그리고 그에게 말씀하셔서 그의 손가락을 내밀어서 주님의 손을 만져 보라 하시고, 그의 손으로 주님의 옆구리에 넣으라 하셨습니다. 그리고 말씀하시기를 "믿음 없는 자가 되지 말고 믿는 자가 되라" 하셨습니다.

주님은 도마가 믿는 자가 되기를 원하셨습니다. 그가 원하는 것 손에 잡히는 것을 주셨습니다.

그리고 28절과 29절 말씀에서는 "도마가 그분께 응답하여 이르되, 나의 주시며 나의 하나님이시니이다, 하매 예수님께서 그에게 이르시되, 도마야, 너는 나를 보았으므로 믿었으나 보지 않고도 믿은 자들이 복이 있도다, 하시니라"

주님께서는 "보지 않고도 믿은 자들이 복이 있도다" 하셨습니다. 주님은 믿음이란 보지 않고도 믿는 것임을 알려 주신 것입니다.

이처럼 저와 여러분이 보지 않고도 믿는 자들이 되기를 원합니다. 그것은 우리가 대하는 모든 말씀들을 믿는 것입니다. 어떤 과정이 없어도, 어떤 손에 잡히는 것이 없어도 말씀을 믿기를 바랍니다. 그럴 때, 복이 있을 것입니다.

끝으로 사도행전 1장 8절의 말씀을 주님의 믿음으로 믿으며 이 말씀을 읽고 마치겠습니다. "오직 성령님께서 너희에게 오신 뒤에 너희가 권능을 받고 예루살렘과 온 유대와 사마리아와 땅의 맨 끝 지역까지 이르러 나를 위한 증인들이 되리라, 하시니라"

우리의 기도

주님은 우리 안에 거하고 계십니다. 그분을 매 순간 인지하길 원합니다.

그럴 때 하나님의 화평이 우리 마음에 임하고 또 우리의 모든 일들이 쉽게 된다라는 것을 깨닫게 됩니다. 왜냐하면, 내가 아니라 그리스도께서 내 안에 사시는 것이기 때문입니다. 그래서 오늘도 갈라디아서 2:20절의 말씀으로 고백을 하며, 나는 그리스도와 함께 십자가에 못 박혀 죽었고 이제는 내가 아니라 그리스도께서 내 안에 사신다라고 고백하고, 또한 믿는 자가 되라고 말씀하셨던 것처럼 어떤 과정이 있어야, 눈에 보여야, 손에 잡혀야 믿는 것이 아니라 하나님이 말씀하셨기 때문에 믿는 믿음 가운데 굳건하게 서기를 원합니다. 그 믿음이 복이 있습니다. 아멘.

12. 그들의 믿음

그분께서 배에 오르사 건너가 자기 도시로 들어가셨는데

보라, 그들이 마비 병으로 자리에 누운 사람을 그분께 데려오므로 예수님께서

그들의 믿음을 보시고 마비 병 환자에게 이르시되, 아들아, 기운을 내고 네 죄

들을 용서받을지어다, 하시니

보라, 서기관들 중의 어떤 자들이 속으로 이르되, 이 사람이 신성모독 하는도

다, 하매 예수님께서 그들의 생각을 아시고 이르시되, 너희가 어찌하여 마음속

으로 악을 생각하느냐? 네 죄들을 용서받을지어다, 하고 말하는 것과, 일어나

걸어가라, 하고 말하는 것 중에 어느 것이 더 쉬우냐? 그러나 이것은 사람의

아들이 땅에서 죄들을 용서하는 권능을 가지고 있음을 너희가 알게 하려 함이

니라, 하시고 (그때에 마비 병 환자에게 이르시되,) 일어나 네 자리를 들고 네

집으로 가라, 하시니 그가 일어나 자기 집으로 떠났으나

무리들은 그것을 보고 놀라며 이러한 권능을 사람들에게 주신 [하나님]께 영

광을 돌리니라. - 마태복음 9:1~8 -

우리는 말씀에서 주 예수님을 볼 수 있습니다. 주 예수님께서는 1절에서 자기 도시로 가셨다고 하셨는데, 그곳은 바로 가버나움이었습니다.

마태복음 4장 12절에서 17절까지의 말씀을 보시면 "그런데 예수님께서 요한이 감옥에 갇혔다는 것을 들으시고 갈릴리로 떠나셨다가 나사렛을

떠나 스블론과 납달리 경계의 해안에 있는 가버나움에 와서 거하셨으니

이것은 주께서 대언자 이사야를 통해 말씀하신 것이 성취되게 하려 함이더라. 그가 이르되, 스불론 땅과 납달리 땅과 요르단 건너편 바닷길 옆 이방인들의 갈릴리여,

어둠 속에 앉아 있는 백성이 큰 빛을 보았고 사망의 지역과 그늘에 앉아 있는 자들에게 빛이 솟아올랐도다, 하였느니라.

그때부터 예수님께서 선포하기 시작하여 이르시되, 회개하라. 하늘의 왕국이 가까이 왔느니라, 하시더라"

이 말씀에서 주 예수님께서 "스불론과 납달리 경계의 해안에 있는 가버나움에 거하"셨다고 기록되어 있습니다. 그리고 주께서 그곳에 거하신 것은 성경의 예언의 성취였습니다. 그것은 바로 그곳에서 "어둠 속에 앉아 있는 백성이 큰 빛을 보았"다고 말씀하셨습니다.

"사망의 지역과 그늘에 앉아 있는 자들에게 빛이 솟아올랐도다"라고 말씀하셨습니다. 이사야 대언자가 말한 그 빛은 바로 예수님이셨습니다.

예수님께서 가버나움에 거하셨을 때, 그분은 그곳에 있는 어둠에 있는 자들 사망에 있는 자들 그늘에 있는 자들에게 빛 이셨습니다.

그리고 17절에서 "그때부터 예수님께서 선포하기 시작하여 이르시되, 회개하라. 하늘의 왕국이 가까이 왔느니라, 하시더라"고 기록되어 있습니다.

주님의 그 선포가 시작된 곳이 바로 가버나움이었습니다. 그리고 오늘 본문의 말씀에서는 그 가버나움을 "자기 도시"라고 말씀하고 계십니다.

이와 같이 어둠과 사망과 그늘의 땅인 가버나움에 거했던 사람들과 같

이 저와 여러분들은 어둠과 사망과 그늘에 거하고 있었습니다.

그것은 우리의 죄 때문이었습니다. 우리의 죄들은 어둠입니다. 사망을 만들어 냅니다. 우리의 삶을 그늘지게 합니다. 그 죄 때문에 우리는 지옥에 가는 것입니다.

그러나 그런 저와 여러분에게 주 예수 그리스도께서 복음을 통해 찾아오셨습니다.

그때 복음을 통해서 우리에게 하나님께서 빛을 비추셨는데, 그 빛은 예수님이십니다.

그분이 저와 여러분을 위해 십자가에 못 박혀 죽으셨고 부활하셨다는 소식을 들었고, 우리가 그 복음을 마음으로 믿고 예수님을 영접했을 때, 우리는 구원을 받았습니다. 어둠으로 가득한 저와 여러분의 마음에 빛이 들어왔습니다.

지금도 그 빛은 저와 여러분 속에 있습니다. 바로 예수님이 계신 것입니다.

그분을 만난 것이 저와 여러분의 전 인생에서 가장 중요한 일이었습니다.

그것은 우리가 사망에서 생명으로 옮겨진 날이기 때문입니다.

그리고 우리의 삶에서 예수님보다 더 중요한 분은 없습니다.

그분이 저와 여러분 개인의 구원자일 뿐 아니라 우리의 목자이시기 때문입니다.

벧전 2장 24절과 25절의 말씀을 보시면 "친히 나무에 달려 자신의 몸으로 우리 죄들을 지셨으니 이것은 죄들을 향해 죽은 우리가 의를 향해 살

게 하려 하심이라. 그분께서 채찍에 맞음으로 너희가 고침을 받았나니

너희가 전에는 길 잃은 양 같았으나 지금은 너희 혼의 목자요 감독이신 분께 돌아왔느니라”

이 말씀에서 저와 여러분은 우리 “혼의 목자”께로 돌아왔음을 말씀하십니다.

그 목자는 바로 주 예수 그리스도이십니다. 그분은 지금 저와 여러분 각자 안에 거하십니다. 우리의 삶은 그분이 인도하시는 것입니다. 그분이 저와 여러분의 삶에서 가장 중요한 분이십니다. 그분의 인도를 따라갈 때, 우리가 안전합니다.

그분의 말씀이 우리의 영의 양식입니다. 그분과의 교제가 우리의 기쁨입니다.

그분의 사랑이 우리의 만족입니다.

주 예수 그리스도께서 우리에게 생수를 주서서 늘 새롭게 하시고, 힘을 내게 하십니다. 주 예수 그리스도께서 저와 여러분의 삶 속에 가장 중요한 분이십니다.

그것은 그분이 우리의 목자이시기 때문입니다. 그러므로 주 예수 그리스도만을 따르기를 원합니다.

그것은 우리가 주 예수님과 함께 십자가에 못 박혀 죽은 자들로 여기고, 내 안에 사시는 그리스도를 의지하는 것입니다.

그럴 때, 주께서 우리로 하여금 주의 뜻을 원하게도 하시고 행하게도 하십니다.

이제 다시 본문으로 돌아가서 마태복음 9장 2절을 보시겠습니다.

"보라, 그들이 마비 병으로 자리에 누운 사람을 그분께 데려오므로 예수님께서 그들의 믿음을 보시고 마비 병 환자에게 이르시되, 아들아, 기운을 내고 네 죄들을 용서받을지어다, 하시니"

이 말씀에서 우리는 "마비 병으로 자리에 누운 사람"을 볼 수 있습니다.

그는 마비 병에 걸려서 온몸을 움직일 수 없었습니다. 그래서 자리에 누워 있을 수밖에 없는 것입니다. 그는 스스로 아무것도 할 수 없습니다.

걸어 다닐 수 없고, 물건을 집을 수도 없습니다. 온 몸이 마비되어 있기 때문입니다.

그런데, 그런 그를 예수님께로 데려온 사람들이 있었습니다.

여기서 "보라, 그들이 마비 병으로 자리에 누운 사람을 그분께 데려오므로"라고 기록되어 있습니다. 그 마비 병 걸린 사람을 사랑하는 사람들이 있었던 것입니다.

그들은 그를 예수님께 데려가면 그가 고침을 받을 수 있을 것 이라고 믿었습니다.

같은 사건을 기록한 마가복음 2장 1절에서 3절의 말씀에서는,

"며칠 뒤에 그분께서 다시 가버나움으로 들어가시니 그분께서 집에 계신다는 소문이 들리므로 즉시 많은 사람들이 함께 모이매 심지어 문 근처에도 그들을 받을 자리가 전혀 없더라. 그분께서 그들에게 말씀을 선포하실 때에 그들이 한 마비 병 환자를 데리고 그분께 오는데 네 사람이 그를 들고 왔으나 밀려드는 무리로 인해 그들이 그분께 가까이 갈 수 없어 그분께서 계신 곳의 지붕을 벗기고 부순 뒤 마비 병 환자가 누운 자리를 달아 내리므로"

이 말씀에서 우리는 그 마비 병 환자를 사랑하는 사람들이 네 사람이었다는 것을 알 수 있고, 그들이 예수님께로 데려왔는데, 무리가 예수님이 계신 집으로 밀려들어서 들어갈 수 없었다는 것을 알 수 있습니다. 그런데, 그들은 포기하지 않았습니다. 그것은 예수님만이 그 마비 병 환자를 고치실 수 있다고 믿었기 때문입니다.

그래서 그들은 그 집의 지붕으로 올라갔습니다. 그리고 예수님이 계신 곳의 지붕을 벗겼습니다. 그리고 부수었습니다. 그들이 부수는 소리가 그 집 전체에 가득했습니다. 그것은 그 마비 병 환자가 누워 있는 자리만큼 지붕을 뜯고 부수어야 하기 때문입니다. 그리고 그 네 사람이 땀을 흘리면서 그 자리를 예수님께 달아 내렸습니다. 그것은 오직 한 가지 때문입니다.

그들이 오직 예수님만이 그 마비 병 환자를 고치실 수 있다고 믿었기 때문입니다.

다시 본문으로 돌아가서 마태복음 9장 2절의 말씀에서는 "보라, 그들이 마비 병으로 자리에 누운 사람을 그분께 데려오므로 예수님께서 그들의 믿음을 보시고 마비 병 환자에게 이르시되, 아들아, 기운을 내고 네 죄들을 용서받을지어다, 하시니"

이 말씀에서 우리는 예수님께서 "그들의 믿음"이라고 말씀하셨습니다.

예수님께서 그 마비 병 환자를 달아 내리고 있는 "그들의 믿음"을 보신 것입니다.

이와 같이 주님은 저와 여러분의 믿음을 보십니다. 우리에게도 그 마비 병 환자와 같은 사람이 있습니다.

그것은 구원을 받지 못한 사람을 의미하기도 하고 큰 어려움에 빠진 사람을 의미하기도 합니다. 사탄에 의해서 공격을 당하고 있는 사람을 의미하기도 합니다.

그 사람을 저와 여러분이 대할 때, 마음이 괴롭고 힘들 것입니다.

그 사람이 우리의 가족이라면 더욱 그러할 것입니다. 그럴 때, 저와 여러분이 가야 할 분은 누구이십니까? 바로 예수님이십니다.

본문의 말씀에서 "보라, 그들이 마비 병으로 자리에 누운 사람을 그분께 데려오므로"라고 기록되어 있습니다. 저와 여러분이 가야 할 분은 오직 예수님이십니다.

그때 우리는 믿음으로 그분께 가기를 원합니다. 그것은 우리가 그 사람을 위해서 믿음으로 주님께 기도하는 것입니다. 한 사람이 기도할 수 있고, 본문에 나오듯이 여러 사람이 합심하여 기도할 수 있습니다.

본문의 말씀에서 그 마비 병 환자를 예수님께 데려가려고 했는데, 예수님이 계신 집 안으로 들어갈 수 없었던 것처럼, 우리의 눈에 보여지는 것이 상황이 더 어려울 수 있습니다. 그 사람의 상태가 더 나빠질 수 있습니다.

그러나 본문의 말씀에서 그들이 포기하지 않았던 것처럼, 저와 여러분이 기도할 때, 포기하지 않기를 원합니다. 그것은 오직 주님만이 하실 수 있고, 주님께서 하시기 때문입니다.

마태복음 7장 7절에서 12절까지 "구하라. 그러면 그분께서 너희에게 주실 것이요, 찾으라. 그러면 너희가 찾을 것이요, 두드리라. 그러면 너희에게 열릴 것이니

구하는 자마다 받고 찾는 자는 찾으며 두드리는 자에게 열릴 것이니라.

너희 중에 누가 자기 아들이 빵을 구하면 그에게 돌을 주겠느냐?

혹은 그가 생선을 구하면 그에게 뱀을 주겠느냐?

그런즉 너희가 악할지라도 너희 자식들에게 좋은 선물들을 줄 줄 알거든 하늘에 계신 너희 아버지께서 자기에게 구하는 자들에게 좋은 것들을 얼마나 더 많이 주시겠느냐?

그러므로 무엇이든지 사람들이 너희에게 해 주기를 바라는 모든 것을 너희도 그들에게 그대로 하라. 이것이 율법이요, 대언자들이니라"

이 말씀에서 우리는 두 가지를 볼 수 있습니다. 첫째는 주께서는 구하는 자에게 주신다는 것입니다. 찾는 자에게 찾게 하시고, 두드리는 자에게 열리게 하신다는 것입니다. 이것은 저와 여러분이 주님께 기도해야 한다는 것을 보여 주십니다.

우리가 구하지 않으면 받을 수 없습니다. 주님께 찾지 않으면 찾아질 수 없습니다.

주님께 두드리지 아니하면 주님이 열어 주시지 않으십니다.

사랑하는 여러분, 주님께 기도하기를 원합니다. 우리의 사랑하는 사람을 위해 주님께 기도하기를 원합니다. 주님께 찾고, 주님께 두드리기를 원합니다.

저와 여러분의 마음속에 모든 일들은 주님께 기도하는 것에 달려 있다고 생각하시기 바랍니다. 그것이 주님의 말씀이기 때문입니다.

"구하는 자마다 받고 찾는 자는 찾으며 두드리는 자에게 열릴 것이니라" 말씀하셨습니다.

두 번째 주께서 우리에게 알려 주시는 것은 주님은 우리의 기도를 기쁘게 응답하신다는 것입니다. 9절에서 "너희 중에 누가 자기 아들이 빵을 구하면 그에게 돌을 주겠느냐?" 하십니다.

10절에서 "혹은 그가 생선을 구하면 그에게 뱀을 주겠느냐?" 하십니다.

하나님은 저와 여러분의 아버지이십니다.

우리가 아버지께 아들로서 구할 때, 하나님께서는 돌을 주시지 아니하십니다. 뱀을 주시지 않으십니다. 좋은 것들을 주십니다.

11절에서 "그런즉 너희가 악할지라도 너희 자식들에게 좋은 선물들을 줄 줄 알거든 하늘에 계신 너희 아버지께서 자기에게 구하는 자들에게 좋은 것들을 얼마나 더 많이 주시겠느냐?" 하십니다. 하나님은 주시는 분이십니다. 구하는 자에게 주십니다.

찾는 자에게 찾게 하십니다. 두드리는 자에게 열어 주십니다.

12절의 말씀을 보시면 "그러므로 무엇이든지 사람들이 너희에게 해 주기를 바라는 모든 것을 너희도 그들에게 그대로 하라. 이것이 율법이요, 대언자들이니라"

주께서 이 말씀을 하시는 것은 하나님께서 저와 여러분이 기도하는 대로 해 주시는 것처럼, 우리 또한 사람들이 우리에게 해 주기를 바라는 모든 것을 그들에게 하라고 하시는 것입니다.

이 말씀은 하나님은 저와 여러분의 기도를 들으시고 주신다는 말씀을 하시는 것입니다. 이 말씀을 믿는 것이 믿음입니다. 우리가 하나님께 우리의 사랑하는 사람을 위해 믿음으로 구하기를 원합니다. 주께서는 우리의 믿음을 보십니다.

본문에 말씀에서 그 마비 병 환자를 들고 왔던 네 사람은 사람들이 몰려들어서 집 안으로 들어갈 수 없게 되었을 때, 지붕 위로 올라갔습니다.

그리고 예수님이 계신 곳의 지붕을 뜯어내었습니다. 그리고 부수었습니다. 자리의 넓이만큼 부수었습니다. 큰 소리가 났습니다. 예수님께서 사람들에게 말씀하시는 가운데 그 소리가 매우 크게 들렸습니다. 그리고 네 사람은 그 자리를 줄에 달아 예수님께 내렸습니다. 그들은 온 힘을 그것에 쏟았습니다.

여기서 우리가 볼 수 있는 것은 무엇입니까? 포기하지 않는다는 것과 반드시라는 것입니다. 반드시 그 마비 병 환자를 예수님께 데려가야 한다는 것입니다.

저와 여러분의 기도가 포기하지 않는 기도와 함께 반드시의 기도를 드리기를 원합니다. 반드시 는 비록 어렵고 험난한 과정을 겪는다 할지라도 예수님께로 달아내리는 것입니다. 반드시는 사람들이 불편하게 느낄지라도 예수님께로 달아내리는 것입니다. 반드시는 온 힘을 그 자리를 예수님께 줄에 달아 내리는 것입니다.

반드시 그 마비 병 환자를 예수님께로 데려가서 낫게 하겠다는 것입니다. 저와 여러분이 기도가 그러하기를 원합니다. 함께 어떤 사람을 위해 기도할 때, 그 과정에서 어렵고 험난한 일들이 일어날 수 있습니다. 사람들과의 불편한 일들이 일어날 수 있습니다. 기도하는데, 너무도 힘들고 지칠 수도 있습니다.

그러나 반드시 그 일이 이루어져야 한다는 믿음으로 기도하기를 원합니다.

그 네 사람은 반드시 그 마비 병 환자가 예수님께 가야 한다고 믿었습니다. 반드시 나아야 한다고 믿었습니다.

저와 여러분의 사랑하는 사람을 위한 기도가 그러하기를 원합니다.

포기하지 말고 반드시 하나님의 응답을 받아야 한다고 믿기를 원합니다.

창세기 32장 24절의 말씀을 보시면 "야곱이 홀로 남았는데 어떤 남자가 날이 새도록 그와 씨름하다가" 이 말씀에서 야곱을 볼 수 있습니다.

그는 지금 큰 위기를 겪고 있습니다. 자기 형 에서를 만나야 하기 때문입니다.

형 에서는 과거에 자기를 죽이려고 했었습니다. 야곱 자기가 형을 속이고 이삭을 속였기 때문입니다. 그 형을 만나야 하는데, 너무나 두렵습니다.

어떻게 해야 할지 모르겠습니다. 형을 위해 선물들을 많이 준비하긴 했는데, 그래도 염려가 됩니다. 자기가 형에 의해서 죽임을 당하고 자기의 가족들이 죽을 것 같습니다.

그는 홀로 남았는데, 어떤 남자와 씨름했습니다. 여기서 "어떤 남자"는 바로 주님이셨습니다.

30절의 말씀에서는 "야곱이 그곳의 이름을 브니엘이라 하였으니 이는 야곱이 이르기를, 내가 얼굴을 마주 대하여 하나님을 보았으나 내 생명이 보존되었다, 하였기 때문이더라" 야곱은 하나님을 보았습니다.

그리고 그는 하나님과 씨름했습니다. 그것은 기도로 적용할 수 있습니다.

저와 여러분이 하나님께 드리는 기도는 하나님과 씨름하는 것과 같습니다.

그때 하나님께서 우리에게 보시는 것은 반드시의 기도입니다.

25절과 26절 말씀을 보시면 "자기가 그를 이기지 못함을 보고는 그의 넓적다리의 우묵한 곳에 손을 대매 야곱의 넓적다리의 우묵한 곳이 그와 씨름할 때에 위골되었더라.

그가 이르되, 날이 새려 하니 나를 가게 하라, 하매 야곱이 이르되, 당신이 나를 축복하지 아니하면 내가 당신을 가게 하지 아니하겠나이다, 하니"

이 말씀에서 야곱은 "당신이 나를 축복하지 아니하면 내가 당신을 가게 하지 아니하겠나이다" 하였습니다. 이것이 반드시의 기도입니다.

저와 여러분이 어떠한 어려움이 있어도, 반드시 응답을 받겠다는 기도를 드리기를 원합니다. 여기서 하나님께서는 야곱의 넓적다리의 우묵한 곳에 손을 대셨고 그곳이 위골 되었습니다. 이것은 우리가 하나님께 기도할 때, 우리가 주와 함께 십자가에 못 박혀 죽었음을 받아들일 것을 의미합니다.

우리가 하나님께 기도할 때, 하나님께서 우리에게 원하시는 것은 우리가 우리 자신을 부인하는 것, 우리가 주와 함께 십자가에 못 박혀 죽었음을 믿는 것입니다.

그래서 주님이 내 안에 사시는 것입니다.

이와 같이 하나님께 기도드리기를 원합니다. 그것이 믿음입니다.

다시 본문으로 돌아가서 마태복음 9장 2절을 보시면 "보라, 그들이 마비 병으로 자리에 누운 사람을 그분께 데려오므로 예수님께서 그들의 믿음을 보시고 마비 병 환자에게 이르시되, 아들아, 기운을 내고 네 죄들을 용서받을지어다, 하시니"

주 예수님께서는 그들의 믿음을 보시고 마비 병 환자에게 말씀하셨습니다.

이처럼 주님은 저와 여러분의 믿음을 보시고 우리가 사랑하는 그 사람에게 역사하십니다. 그리고 주께서 그에게 다음과 같이 말씀하셨습니다.

"아들아, 기운을 내고 네 죄들을 용서받을지어다"

주님은 그의 병이 나았다는 말씀보다 "네 죄들을 용서받을지어다"라고 하셨습니다.

그것은 예수님이 하나님이심을 보여 주시고자 하시는 것입니다.

3절에서 "보라, 서기관들 중의 어떤 자들이 속으로 이르되, 이 사람이 신성모독 하는도다, 하매" 이들이 예수님에 대해서 "신성모독" 한다고 생각한 이유는 예수님께서 "네 죄들을 용서받을지어다" 하셨기 때문입니다. 오직 하나님만 죄들을 용서하실 수 있습니다. 그래서 그들은 예수님을 신성모독 한다고 생각한 것입니다.

그들은 예수님이 어떤 분이신지 알지 못했습니다.

4절 "예수님께서 그들의 생각을 아시고 이르시되, 너희가 어찌하여 마음속으로 악을 생각하느냐?"

5절 "네 죄들을 용서받을지어다, 하고 말하는 것과, 일어나 걸어가라, 하고 말하는 것 중에 어느 것이 더 쉬우냐?"

주님은 그들이 예수님이 하나님이심을 믿기에 어느 것이 더 쉬우냐 하신 것입니다.

그때, 6절과 7절에서 "그러나 이것은 사람의 아들이 땅에서 죄들을 용서하는 권능을 가지고 있음을 너희가 알게 하려 함이니라, 하시고 (그때에 마비 병 환자에게 이르시되,) 일어나 네 자리를 들고 네 집으로 가라, 하시니 그가 일어나 자기 집으로 떠났으나"

주 예수님께서는 "사람의 아들이 땅에서 죄들을 용서하는 권능을 가지고 있음을 너희가 알게 하려 함이니라" 하셨습니다. 그리고 그 마비 병 환자에게 "일어나 네 자리를 들고 네 집으로 가라" 하셨습니다. 그때 그가 일어나서 자기 집으로 떠났습니다. 이 말씀은 예수님이 죄들을 용서하는 권능을 가지신 하나님이심을 보여 주신 것입니다. 지금 저와 여러분 안에 거하시는 예수님은 하나님이십니다.

그분이 우리의 모든 죄들을 자신의 피로 용서하셨습니다. 우리의 모든 죄들이 씻김을 받았습니다.

지금 그분이 저와 여러분 안에 거하셔서 우리 각자 안에서 강력하게 역사하십니다.

하나님으로 역사하십니다. 저와 여러분이 믿는 것은 예수님은 하나님이시라는 것입니다.

요한일서 5장 20절 말씀을 보시면 "또 하나님의 아들께서 오셔서 우리에게 깨달음을 주사 우리가 진실하신 분을 알게 하셨음을 우리가 알고 또 우리가 진실하신 분 곧 그분의 아들 예수 그리스도 안에 있음을 아노니 이분은 참 하나님이시요 영원한 생명이시니라" 저와 여러분은 하나님이신 예수님을 모시고 있습니다.

그분께는 불가능한 일이 없습니다. 또한, 우리는 그분의 믿음으로 살아갑니다.

저와 여러분이 오늘 주 예수님과 함께 십자가에 못 박혀 죽었음을 받아들이고, 내 안에 사시는 예수님의 믿음으로 살아가기를 원합니다.

끝으로 갈라디아서 2장 20절의 말씀을 읽어 보시겠습니다.

"내가 그리스도와 함께 십자가에 못 박혀 있으나 그럼에도 불구하고 사노라. 그러나 내가 아니요 그리스도께서 내 안에 사시느니라. 나는 지금 내가 육체 안에서 사는 삶을, 나를 사랑하사 나를 위해 자신을 주신 하나님의 아들의 믿음으로 사노라"

우리의 기도

하나님 아버지, 저와 모든 성도님들을 사랑하고 계심을 감사합니다.

우리의 아버지께 기도할 때, 하나님께서는 우리의 기도에 귀를 기울이시고, 우리의 사랑하는 사람을 위한 기도, 혼자 기도할 때나, 합심하여 기도할 때나 우리의 기도에 귀를 기울이시는 분이심으로 인하여 감사합니다.

저희들이 하나님께서 믿음을 보신다는 것처럼, 우리가 포기하지 않고 계속해서 기도하게 하시고, 반드시 하나님으로부터 응답을 받아야 되겠다라는 믿음으로 하나님께 간구하는 저희들이 더욱더 되어질 수 있도록 인도해 주시옵소서.

저희들의 믿음이 연약하여 힘들 때가 많이 있습니다. 그럴 때, 우리의 마음을 붙잡아 주시고, 우리가 예수 그리스도와 함께 십자가에 못 박혀 죽은 자들로 여기고, 이제는 그리스도께서 내 안에 사시며 우리가 하나님의 아들의 믿음으로 산다라는 고백으로 주님의 믿음으로 하나님께 더욱더 굳건하게 기도할 수 있도록 아버지께서 역사해 주시옵소서.

우리의 기도가 풍성하게 열매 맺는 삶을 더욱더 살아갈 수 있도록 역사해 주시옵소서. 우리의 하나님이신 주 예수 그리스도의 이름을 찬양합니다. 감사드리며, 주 예수 그리스도의 이름으로 기도합니다. 아멘.

13. 아이성에서의 승리

주께서 여호수아에게 이르시되, 두려워하지 말라. 너는 놀라지 말라. 전쟁할 수 있는 온 백성을 거느리고 일어나 아이로 올라가라. 보라, 내가 아이의 왕과 그의 백성과 그의 도시와 그의 땅을 네 손에 주었나니

너는 여리고와 그곳의 왕에게 행한 것같이 아이와 그곳의 왕에게 행하되 다만 거기서 얻을 노략물과 가축은 너희를 위해 탈취물로 취하라. 너는 그 도시를 얻기 위해 그곳 뒤에 복병들을 둘지니라, 하시니

이에 여호수아와 또 전쟁할 수 있는 온 백성이 아이를 대적하러 올라가려고 일어났으며 여호수아가 강한 용사 삼만 명을 뽑아 밤에 보내며

그들에게 명령하여 이르되, 보라, 너희는 그 도시 뒤로 가서 도시를 마주 보고 매복하되 도시에서 너무 멀리 가지 말며 모두 예비하고 있으라.

나와 또 나와 함께하는 온 백성이 그 도시로 다가가리니 그러면 그들이 처음과 같이 우리를 대적하려고 나오리라. 그때에 우리가 그들 앞에서 도망하고 (그들이 우리를 따라 나올 것이므로) 마침내 우리가 그들을 도시에서 끌어내리니 이는 그들이 말하기를, 저들이 처음과 같이 우리 앞에서 도망한다, 할 것이기 때문이라. 그러므로 우리가 그들 앞에서 도망하리니

그때에 너희는 매복한 곳에서 일어나 그 도시를 점령하라. 주 너희 하나님께서 그곳을 너희 손에 넘겨주시리라. - 여호수아기 8:1~7 -

말씀에서 우리는 여호수아를 볼 수 있습니다. 여호수아는 이스라엘을 인도하는 인도자였습니다. 그러나 실제적인 인도자는 주님이셨습니다.

1절의 말씀을 보시면 "주께서 여호수아에게 이르시되, 두려워하지 말라. 너는 놀라지 말라. 전쟁할 수 있는 온 백성을 거느리고 일어나 아이로 올라가라. 보라, 내가 아이의 왕과 그의 백성과 그의 도시와 그의 땅을 네 손에 주었나니"

이 말씀에서 주께서 여호수아에게 말씀하셨습니다. 주님께서 여호수아에게 주신 말씀은 "두려워하지 말라. 너는 놀라지 말라"는 것입니다.

이것은 여호수아가 싸워야 할 싸움은 치열하고 위험한 것이었기 때문입니다.

더욱이 아이성에서 첫 번째 싸움에서 이스라엘이 패배했습니다.

여리고 성에서의 싸움에서 큰 승리를 했던 이스라엘 백성이 아이성에서 싸움에서 패배하자 두려움이 몰려왔습니다. 또 실패할 것이라는 두려움이 있는 것입니다.

그래서 주께서 여호수아에게 말씀하시기를 "두려워하지 말라" 하시고, "너는 놀라지 말라"고 말씀하셨던 것입니다. 저와 여러분의 삶 가운데서 아이성과 같은 문제를 대하면서 우리는 두려움에 사로잡힐 때가 있습니다. 이것은 과거의 실패로 인한 두려움일 수 있습니다. 매번 시도했는데 안 되었던 것입니다.

해결하려고 노력했는데, 여전히 해결되지 않고 있는 것입니다. 또다시 실패할까 봐 두려워하고 있는 것입니다. 이것이 아이성을 대했던 여호수아의 두려움이었으며, 저와 여러분 또한 그와 같은 두려움이 있을 수 있습니다.

그러나. 지금 저와 여러분 안에 계시는 주님은 우리 각자에게 말씀하시기를 "두려워하지 말라. 너는 놀라지 말라"고 말씀하십니다. 지금 이 시간 주님을 바라보기를 원합니다. 우리의 실제적인 인도자는 주님이십니다.

또한, 주께서 여호수아에게 말씀하시는 것은 아이성에서의 싸움에서 어떻게 싸워야 하는가입니다. 1절 하반절을 보시면 "전쟁할 수 있는 온 백성을 거느리고 일어나 아이로 올라가라. 보라, 내가 아이의 왕과 그의 백성과 그의 도시와 그의 땅을 네 손에 주었나니"라고 하셨습니다. 이 말씀은 사람의 생각과 다른 것입니다.

여호수아기 7장 2절과 3절을 보시면 처음 아이성과 싸울 때, 사람들은 다음과 같이 생각했습니다. "여호수아가 여리고에서 벧엘 동쪽에 있는 벧아웬 옆의 아이로 사람들을 보내며 그들에게 말하여 이르되, 올라가 그 지역을 엿보라, 하매 그 사람들이 올라가 아이성을 엿보고 여호수아에게 돌아와 그에게 이르되, 온 백성을 올라가게 하지 마시고 이삼천 명만 올라가 아이를 치게 하소서. 그들은 수가 적으니 온 백성이 거기서 수고하게 하지 마소서, 하므로" 이 말씀에서 사람들의 생각은 아이성의 수가 적기 때문에 "온 백성을 올라가게 하시지 마시고 이삼천 명만 올라가 아이를 치게 하"라는 것입니다.

그러나 주님의 말씀은 "전쟁할 수 있는 온 백성을 거느리고 일어나 아이로 올라가라" 하셨습니다.

이것은 사람의 생각과 주님의 생각이 다르다는 것을 보여 주십니다.

저와 여러분이 주님께 물어야 하는 이유가 이것입니다. 주님의 인도하심을 받아야 하는 이유가 이것입니다. 우리가 생각하기에, 우리가 보기에 이렇게 하면 될 것 같다고 생각합니다. 그러나 그것은 승리의 길이 아닙니다. 오히려 패배하게 되는 길입니다. 아이성을 보면서 사람들이 생각할 때, 여호수아도 생각할 때, 이삼천 명이면 충분히 아이성을 함락할 수 있을 것 같았습니다. 그러나 결과는 패배였습니다.

이처럼 저와 여러분의 생각으로 길을 가면 패배합니다.

저와 여러분이 가야 할 길은 주님의 인도하심입니다. 주께서는 지금 저와 여러분 각자 안에 거하고 계십니다. 그분은 우리를 인도하신다고 기록되어 있습니다.

로마서 8장 15절의 말씀을 보시면 "하나님의 영에 의해 인도받는 자들은 다 하나님의 아들들이니" 이 말씀에서 "인도받는 자들"을 볼 수 있습니다.

하나님의 영, 즉 저와 여러분 각자 안에 계시는 성령님은 우리를 인도하시는 분이시라고 말씀하십니다.

지금 저와 여러분 각자에게는 성령님의 인도하심이 있다는 사실을 기억하시기 바랍니다. 주님은 기꺼이 저와 여러분을 인도하시고자 하십니다. 그것은 주께서 그것을 성경에 기록하셨기 때문입니다. 그러므로 우리 또한 주님의 인도하심을 받고자 하기를 원합니다. 그러기 위해서는 우리의 생각을 부인하기를 원합니다.

우리가 주와 함께 십자가에 못 박혀 죽은 것으로 여기기를 원합니다.

그리고 우리 각자 안에 거하시는 성령님의 인도하심을 구하기를 원합니다.

그럴 때, 성령님께서 반드시 우리를 말씀하신 대로 인도해 주실 것입니다.

본문에서 주님의 인도하심은 무엇입니까? 다시 본문으로 돌아가서 여호수아기 8장 1절 하반절을 보시겠습니다. "전쟁할 수 있는 온 백성을 거느리고 일어나 아이로 올라가라. 보라, 내가 아이의 왕과 그의 백성과 그의 도시와 그의 땅을 네 손에 주었나니"

주님의 인도하심은 여호수아가 전쟁할 수 있는 온 백성을 거느리고 일어나서 아이성으로 올라가는 것입니다. 주께서 아이성의 왕과 그의 백성과 그의 도시와 그의 땅을 다 주었다고 말씀하셨습니다. 그리고 주님의 인도하심은 구체적이었습니다.

2절에서 "너는 여리고와 그곳의 왕에게 행한 것같이 아이와 그곳의 왕에게 행하되 다만 거기서 얻을 노략물과 가축은 너희를 위해 탈취물로 취하라. 너는 그 도시를 얻기 위해 그곳 뒤에 복병을 둘지니라, 하시니"

주께서 이 싸움에서 여호수아가 어떻게 싸워야 할지 구체적으로 말씀하셨습니다.

"너는 도시를 얻기 위해 그곳 뒤에 복병을 둘지니라"

주님의 인도하심은 구체적이었습니다.

전쟁할 수 있는 온 백성이 일어나 가라 하시고, 그 도시 뒤에 복병을 두라 하십니다. 저와 여러분에게 주님께서 인도하실 때, 구체적으로 인도하시는 분이심을 보여 주십니다. 주님의 인도하심은 막연하지 않습니다. 구체적입니다.

우리가 무엇을 해야 할지, 어떻게 해야 할지 주님께서 인도해 주십니다.

저와 여러분이 이 진리를 믿으면 그렇게 됩니다.

빌립보서 2장 13절에서 주님의 인도하심이 오늘날 어떻게 이루어지는지 볼 수 있습니다. "자신의 선한 기쁨에 따라 너희 안에서 일하사 원하게도 하시고 행하게도 하시는 분은 하나님이시니라"

지금 하나님은 저와 여러분 속에 거하고 계십니다. 주께서 우리를 인도하실 때, 그분은 "너희 안에서 일하사 원하게도 하시고 행하게도 하"신다고 말씀하십니다.

이 말씀은 주님의 원하심이 저와 여러분의 원함이 된다는 뜻입니다.

주님의 행하심이 저와 여러분의 행함이 된다는 뜻입니다.

이 말씀은 주님이 저와 여러분 속에서 우리 각자의 생명이 되셨기 때문입니다.

이 은혜를 체험하려면 우리 자신을 부인하기를 원합니다. 우리가 우리 육신의 생각을 붙들고 있을 때는 인도하심을 받을 수 없기 때문입니다.

그러나 주님이 우리를 인도하신다는 것을 믿고. 우리 자신을 그리스도와 함께 십자가에 못 박혀 죽은 것으로 여길 때, 우리 각자 안에 거하시는 그리스도께서 우리를 인도하시는 것을 체험하게 됩니다.

주님의 원하심이 나의 원하심이 될 때, 우리의 마음은 평안합니다.

우리의 마음에 힘이 생깁니다. 기쁨이 있습니다.

로마서 8장 5절과 6절에서의 말씀에서는 "육신을 따르는 자들은 육신의 일들을 생각하되 성령을 따르는 자들은 성령의 일들을 생각하나니 육신적으로 생각하는 것은 사망이요 영적으로 생각하는 것은 생명과 화평이니라"

이 말씀에서 우리 그리스도인들은 두 가지 생각을 할 수 있다는 것을 알 수 있습니다. 첫 번째는 "육신의 일들을 생각하"는 것이 있고, 두 번째는 "성령의 일들을 생각하"는 것이 있습니다.

우리가 육신을 따르면 즉 나 자신을 신뢰하여 따르면 육신의 일들을 생각하게 되고, 나를 부인하고 성령을 따르면 성령의 일들을 생각하는 것입니다. 그것은 성령님께서 지금 저와 여러분 속에 거하시기 때문입니다. 그때 성령의 생각은 생명과 화평입니다. 그러므로 사랑하는 성도 여러분, 성경을 믿기를 원합니다.

내 속에서 거하셔서 나를 인도하시는 주님을 신뢰하기를 원합니다.

주님의 생각이 나의 생각이 되게 하시고, 주님의 원하심이 나의 원함이 되게 하시고, 주님의 행동이 나의 행동이 되게 하신다는 말씀을 믿기를 원합니다.

그것을 위해서 나 자신을 그리스도와 함께 십자가에 못 박혀 죽은 것으로 여기기를 원합니다. 그럴 때, 주님의 인도하심을 받을 것입니다.

다시 본문으로 돌아가서 여호수아기 8장 3절과 4절의 말씀을 보시면,

"이에 여호수아와 또 전쟁할 수 있는 온 백성이 아이를 대적하러 올라가려고 일어났으며 여호수아가 강한 용사 삼만 명을 뽑아 밤에 보내며 그들에게 명령하여 이르되, 보라, 너희는 그 도시 뒤로 가서 도시를 마주 보고 매복하되 도시에서 너무 멀리 가지 말며 모두 예비하고 있으라"

이 말씀에서 여호수아는 주님의 말씀을 따르고 있습니다.

그의 생각을 모두 부인하고 주께서 자기에게 하신 말씀대로 움직였습니다.

저와 여러분 또한 말씀을 따르기를 원합니다. 그럴 때, 주님의 역사를 보게 되는 것입니다. 우리가 여호수아기 8장 21절에서 23절까지의 말씀을 보시면 주님께서 여호수아에게 승리를 주셨음을 알 수 있습니다.

"복병들이 이미 도시를 점령한 것과 도시의 연기가 올라가는 것을 여호수아와 온 이스라엘이 보고는 다시 돌아서서 아이 사람들을 죽였으며 다른 이들도 저들을 대적하려고 도시에서 나오매 이에 저들이 이스라엘의 한가운데 있게 되어 얼마는 이쪽에 얼마는 저쪽에 있었으므로 그들이 저들을 쳐서 저들 중 한 사람도 남거나 도망하지 못하게 하였고 아이 왕을 산 채로 사로잡아 여호수아에게 데려왔더라"

이 말씀을 보시면, 주께서 여호수아에게 말씀하신 대로 모든 일들이 이루어졌음을 알 수 있습니다. 주님의 말씀은 진리입니다.

우리가 성령님의 인도하심을 믿고, 그분의 인도를 받아 살아갈 때, 주께서 말씀하신 대로 모든 일들이 이루어집니다.

그러므로 사랑하는 성도 여러분, 성령님을 기억하시고, 그분의 인도하심을 받기를 원합니다. 우리의 가정, 교회, 직장, 진로의 모든 일들 가운데 성령님의 인도하심을 받기를 원합니다. 우리가 성경을 믿을 때, 성령님은 말씀하신 대로 우리 각자 속에서 역사하십니다. 이제 여호수아기 8장 30절에서 32절의 말씀을 보시면,

"그때에 여호수아가 주 이스라엘의 하나님께 에발 산에 한 제단을 쌓았는데 이것은 주의 종 모세가 이스라엘 자손에게 명령한 것과 모세의 율법 책에 기록된 대로 아무도 쇠를 대지 아니한 온전한 돌들로 만든 제단이더라. 그들이 주께 바치는 번제 헌물을 그 위에 드리고 화평 헌물을 희생물

로 바쳤더라.

그가 거기서 돌들 위에 모세의 율법 사본을 기록하되 이스라엘 자손들의 얼굴 앞에서 그것을 기록하매"

이 말씀은 모세가 여호수아에게 명령한 대로 에발산에서 행한 것입니다.

거기에 한 제단을 쌓고 주께 바치는 번제 헌물을 드리고 화평 헌물을 희생물로 주께 드렸습니다. 그리고 모세의 율법 사본을 돌들 위에 기록했습니다.

그런데, 우리가 이 말씀을 주목하면, 이것은 하나님께서 이스라엘과 맺으신 율법 언약이라는 사실입니다. 하나님께서 이스라엘에게 율법을 제정하시고, 이 율법을 지키면 복을 주시고 어기면 저주가 있을 것이라는 언약입니다.

이 말씀을 주목하면서 여호수아기 7장 10절과 11절을 보시겠습니다.

"주께서 여호수아에게 이르시되, 너는 일어나라. 네가 어찌하여 이같이 얼굴을 땅에 대고 엎드리느냐?

이스라엘이 죄를 지었으며 그들이 또한 내가 그들에게 명령한 내 언약을 범하였나니 그들이 참으로 저주받은 물건 중에서 얼마를 취하고 또한 도둑질하며 또한 감추고 심지어 그것을 자기들의 물건 가운데 두었느니라"

이 말씀은 아이성에서 첫 번째 싸움에서 패배한 원인을 하나님께서 여호수아에게 말씀해 주시는 것입니다. 그들이 왜 아이성에서 패배하였는가입니다.

그것은 이스라엘의 힘이 아이성 사람들보다 약해서가 아니었습니다.

주께서 여호수아에게 말씀하시기를 "내가 그들에게 명령한 내 언약을 범하였"다 하십니다. 이스라엘은 주님의 언약을 범했습니다. 주께서는 도둑질하지 말라는 십계명의 명령을 주셨습니다.

그리고 주께서는 여리고성의 어떤 물건도 취하지 말라 하셨는데, 어떤 사람이 그 물건을 취했습니다. 그것을 주님은 도둑질했다 하셨습니다.

11절 중간에 "참으로 저주받은 물건 중에서 얼마를 취하고 또한 도둑질하며"라고 하셨습니다. 이스라엘은 주님의 언약을 범했습니다. 그래서 그들이 패배했습니다.

12절을 보시면 분명하게 하나님께서 말씀하십니다.

"그러므로 이스라엘 자손이 저주를 받아 자기 원수들 앞에 설 수 없었고 자기 원수들 앞에서 자기 등을 돌렸나니 너희가 그 저주받은 것을 너희 가운데서 멸하지 아니하면 내가 다시는 너희와 함께하지 아니하리라"

이 말씀에서 하나님은 왜 첫 번째 아이성 싸움에서 그들과 함께하지 아니하셨는지 알 수 있습니다. 그들이 주님의 언약을 범했기 때문입니다.

그것이 그들의 패배한 원인이었습니다. 그들이 어긴 언약은 율법 언약입니다.

그러나 주님이 저와 여러분과 맺은 언약은 새 언약입니다.

율법 언약이 아니라 새 언약입니다.

히브리서 8장 8절 말씀에서 "그들에게서 흠을 발견하시고 그분께서 이르시되, 주가 말하노라. 보라, 날들이 오리니 그때에 내가 이스라엘 집과 유다 집과 새 언약을 맺으리라" 이 말씀에서 "새 언약"을 말씀하십니다.

그 새 언약은 어떤 것입니까? 9절에서 "그것은 내가 그들의 조상들의 손을 잡고 그들을 이집트 땅에서 이끌고 나오던 날에 그들과 맺은 언약에 따른 것이 아니라. 그들이 내 언약 안에 머물지 아니하였으므로 내가 그들을 중히 여기지 아니하였노라. 주가 말하노라" 이 말씀에서 새 언약은 옛 언약 즉 율법 언약과 관계없는 것이라고 하셨습니다. 지금 주님께서 저와 여러분과 맺으신 언약은 율법과는 상관없습니다. 그렇다면 새 언약은 무엇입니까?

10절에서 "그날들 이후에 내가 이스라엘 집과 맺을 언약은 이것이니 곧 내가 내 법들을 그들의 생각 속에 두고 그들의 마음속에 그것들을 기록하여 나는 그들에게 하나님이 되고 그들은 내게 한 백성이 되리라. 주가 말하노라"

이 말씀에서 새 언약은 "내가 내 법들을 그들의 생각 속에 두고 그들의 마음속에 그것들을 기록하"신다 하셨습니다. 이것은 성령님을 의미합니다.

성령님이 저와 여러분 속에 거하시는 생명의 법이십니다.

11절에서 "그들이 각각 자기 이웃과 각각 자기 형제를 가르쳐 이르기를, 주를 알라, 하지 아니하리니 이는 가장 작은 자부터 가장 큰 자까지 모두가 나를 알 것이기 때문이라"

저와 여러분 안에 거하시는 성령님을 통해 우리는 주님을 아는 자들입니다.

12절에서 "내가 그들의 불의에 대하여 긍휼을 베풀고 다시는 그들의 죄들과 그들의 불법들을 기억하지 아니하리라, 하시느니라"

이 말씀에서 새 언약은 저와 여러분의 죄들과 불법들을 다시는 기억하지 아니하시는 것입니다. 그것은 예수님의 피로 저와 여러분의 모든 죄들을 씻었기 때문입니다. 이것이 새 언약입니다. 저와 여러분이 기억할 언약은 새 언약입니다.

율법 언약이 아닙니다. 우리는 새 언약에 따라 예수님의 피로 죄 사함을 받았음을 기억하고, 성령님이 내 안에 거하심을 기억하기를 원합니다.

오늘 본문에서 이스라엘은 율법 언약을 어겼기 때문에 첫 번째 아이성의 싸움에서 패배했습니다. 저와 여러분이 날마다 승리하는 길은 새 언약을 기억하는 것입니다.

그것은 우리를 깨끗하게 하신 예수님의 피를 기억하는 것이며, 우리 각자 안에 거하시는 성령님을 기억하는 것입니다.

이 언약에 따라 우리는 영원한 구원을 받았을 뿐 아니라 우리의 삶 가운데 주님의 승리를 경험할 수 있습니다. 사람의 모든 의는 다 더러운 누더기입니다.

그러나 예수님의 피는 완전합니다. 우리의 육신을 따라 걸으면 사망입니다.

그러나 성령님을 따라 걸으면 생명과 화평입니다. 저와 여러분이 새 언약을 기억하기를 원합니다. 마태복음 26장 28절에서 다음과 같이 주 예수님께서 말씀하셨습니다. "이것은 죄들의 사면을 얻게 하려고 많은 사람을 위해 흘린 나의 피 곧 새 상속 언약의 피니라"

예수님의 피로 주님은 저와 여러분과 새 상속 언약 즉 새 언약을 맺으셨습니다.

우리가 나의 어떠함을 바라보지 말고 예수님의 피를 의지할 때, 승리하는 것입니다. 하나님께서 보시는 것은 저와 여러분의 어떠함이 아닙니다.

예수님의 피입니다. 그분의 피가 저와 여러분을 의롭게 했습니다.

그리고 예수님의 피로 말미암아 저와 여러분 안에 들어오신 성령님을 의지하기를 원합니다. 이제는 내가 사는 것이 아니라 내 안에 그리스도께서 사시는 것입니다.

이것이 새 언약입니다.

이 언약을 기억하고, 주님의 피를 의지하고, 성령님 안에 걸을 때, 우리는 날마다 승리하게 됩니다. 고후 2장 14절을 보시면 "항상 우리를 그리스도 안에서 승리하게 하시고 우리를 통해 모든 곳에서 그분을 아는 냄새를 풍기게 하시는 하나님께 이제 감사를 드리노라" 이 말씀에서 하나님께서 우리 모두에게 무엇이라고 말씀하십니까? "항상 우리를 그리스도 안에서 승리하게 하"신다고 하십니다.

하나님은 우리에게 승리를 말씀하셨습니다. 그 근거는 새 언약에 있습니다.

예수님의 피에 있습니다. 성령님께 있습니다. 우리의 어떠함에 있지 않습니다.

새 언약에 있습니다. 새 언약은 율법 언약과 같이 조건적인 언약이 아닙니다.

율법 언약은 율법을 지키면 복이고 어기면 저주였습니다.

그러나 새 언약은 무조건적입니다. 예수님의 피로 저와 여러분을 완전하다 보십니다. 성령 안에 걷게 하시고 그분이 우리를 인도하십니다. 원하게도 하시고 행하게도 하십니다. 그러므로 새 언약을 믿으시기를 바랍니다.

사탄은 그러므로 새 언약을 공격합니다. 예수님의 피 외에 우리의 행실을 바라보게 합니다. 그래서 시험에 빠져서 넘어지게 하는 것입니다. 그러나 예수님의 피를 의지하면 우리는 승리합니다. 또한, 사탄은 육신을 신뢰하게 합니다.

성령님이 아니라 나 자신을 신뢰하게 합니다. 그래서 실패하게 합니다.

그러나 성령님을 의지하면 우리는 승리합니다. 그러므로 나 자신을 주와 함께 십자가에 못 박혀 죽은 것으로 여기고 내 안에 거하시는 성령님을 따르기를 원합니다.

우리의 기도

우리는 각자의 실제적인 인도자는 예수님이십니다.

우리를 인도하시는 그분을 바라보시고, 성경에 그분이 우리를 인도하신다고 말씀을 하셨기 때문에 인도하심을 받고자 하면 받을 수가 있는 것입니다.

오늘 이 시간 어떤 문제이든지, 가정, 학교, 어떤 문제든지, 주님의 인도하심이 있습니다. 하나님께 기도를 드림으로서 인도하심을 받으시기 바라고, 우리와 하나님과 맺은 언약은, 약속은 옛 언약, 율법 언약이 아니고, 새 언약입니다.

주님의 피로 이미 우리는 완전하게 됐습니다. 우리 안에 거하셔서 원하게도 하시고, 행하게도 하시는 성령의 역사가 있습니다.

이 시간 하나님의 은혜를 구하고 원합니다. 아멘.

14. 나는 곧 스스로 있는 자니라

한편 모세는 자기 장인 곧 미디안 제사장 이드로의 양 떼를 지켰는데 그가 그

떼를 사막 뒤쪽으로 인도하여 하나님의 산 곧 호렙으로 갔더니

주의 천사가 떨기나무 한가운데로부터 나오는 불꽃 속에서 그에게 나타나니

라. 그가 보았는데, 보라, 그 떨기나무에 불이 붙었으나 떨기나무가 타서 없어

지지 아니하였으므로

모세가 이르되, 이제 내가 옆으로 돌아서 어찌하여 떨기나무가 타지 아니하는

지 이 큰 광경을 보리라, 하였더라.

그가 보려고 옆으로 도는 것을 주께서 보시고 하나님께서 그 떨기나무 한가운

데서 그를 불러 이르시되, 모세야, 모세야, 하시니 그가 이르되, 내가 여기 있나

이다, 하매

그분께서 이르시되, 여기로 가까이 오지 말라. 네가 서 있는 곳은 거룩한 땅이

니 네 발에서 신을 벗으라, 하시고

또 이르시되, 나는 네 아버지의 하나님 곧 아브라함의 하나님, 이삭의 하나님,

야곱의 하나님이니라, 하시니 모세가 하나님 뵙기를 두려워하였으므로 자기

얼굴을 숨기니라. - 출애굽기 3:1~6 -

1절을 보시면 모세에 대해서 다음과 같이 기록되어 있습니다.

"한편 모세는 자기 장인 곧 미디안 제사장 이드로의 양 떼를 지켰는데

그가 그 떼를 사막 뒤쪽으로 인도하여 하나님의 산 곧 호렙으로 갔더니"

이 말씀에서 모세는 나이가 들었고, 자기의 장인이었던 이드로의 양 떼를 지키고 있었습니다. 그는 그렇게 그의 삶을 살다가 끝날 것이라고 생각했습니다.

그런데, 그가 그 양 떼를 사막 뒤쪽으로 인도해서 하나님의 산 곧 호렙으로 간 그날 그는 삶의 큰 전환점을 맞이하게 되었습니다. 그것은 그가 하나님을 만난 것입니다. 2절을 보시면 "주의 천사가 떨기나무 한가운데로부터 나오는 불꽃 속에서 그에게 나타나니라. 그가 보았는데, 보라, 그 떨기나무에 불이 붙었으나 떨기나무가 타서 없어지지 아니하였으므로"라고 기록되어 있습니다.

모세가 놀라운 광경을 보았습니다. 그것은 떨기나무가 있었는데, 그 나무에 불이 붙었습니다. 그런데, 그 나무가 타서 없어지지 않고 있는 것입니다.

그것은 하나님께서 그렇게 하신 것입니다.

3절에서 "모세가 이르되, 이제 내가 옆으로 돌아서 어찌하여 떨기나무가 타지 아니하는지 이 큰 광경을 보리라, 하였더라"

모세는 그 떨기나무에 불이 붙었으나 타지 않는 이 큰 광경을 보려고 그곳으로 가까이 갔습니다. 그런데, 4절에서 "그가 보려고 옆으로 도는 것을 주께서 보시고 하나님께서 그 떨기나무 한가운데서 그를 불러 이르시되, 모세야, 모세야, 하시니 그가 이르되, 내가 여기 있나이다, 하매" 이 말씀에서 하나님께서 모세를 보셨습니다.

그리고 성경이 기록하기를 "하나님께서 그 떨기나무 한가운데서 그를" 부르셨다고 하였습니다. "모세야, 모세야"라고 부르셨습니다. 이 음성은 모세가 생애 최초로 들은 하나님의 음성이었습니다. 그것도 자신의 이름을 부르시는 하나님의 음성이었습니다. 그때, 모세는 주님의 부르심에 대해서 응답하기를 "내가 여기 있나이다"라고 하였습니다. 이것이 그가 하나님을 만난 것입니다.

이와 같이 저와 여러분이 생애 최초로 하나님을 만난 날이 있습니다.

온 세상 만물을 창조하시고, 사람을 창조하신 바로 그 하나님을 만난 날이 있습니다. 그것은 주 예수 그리스도의 복음을 통해서였습니다.

그 복음은 하나님이신 예수님께서 바로 저와 여러분을 위해 십자가에 못 박혀 죽으셨다가 부활하셨다는 것입니다. 그분께서 흘리신 피로 저와 여러분의 모든 죄들이 다 씻겨졌다는 것입니다.

그래서 누구든지 주 예수 그리스도를 믿으면 구원을 받는다는 것입니다.

저와 여러분은 그 복음을 들었고, 예수님을 영접했습니다. 그때, 우리는 구원을 받았습니다. 하나님을 만난 것입니다.

오늘 본문에서 하나님께서 모세를 개인적으로 만나셨던 것처럼, 저와 여러분 또한 복음을 통해서 하나님을 개인적으로 만났습니다.

그날이 우리가 구원을 받은 날이었으며, 하나님의 아들들로 태어났던 날이었습니다. 지금 하나님께서는 저와 여러분 각자 속에 거하고 계십니다.

오늘 이 시간 그분을 바라보시기를 원합니다. 그분을 바라보는 것이 저와 여러분이 날마다 가야 할 길입니다. 이사야서 26장 3절에서 하나님께서 우리 모두에게 다음과 같이 말씀하십니다.

"주께서 생각을 주께 고정한 자를 완전한 화평으로 지키시리니 이는 그가 주를 신뢰하기 때문이니이다" 하나님은 저와 여러분이 생각을 주께 고정하기를 원하십니다. 우리가 주께 생각을 고정할 때, 주께서는 우리를 완전한 화평으로 지키십니다.

저와 여러분이 여러 가지 어려움들과 문제들이 있으나 우리가 생각을 주께 고정하는 이유는 우리가 주님을 신뢰하기 때문입니다.

4절 말씀에서는 "너희는 영원토록 주를 신뢰하라. 주 여호와 안에 영존하는 능력이 있도다" 하나님은 우리 모두에게 말씀하시기를 "너희는 영원토록 주를 신뢰하라" 하십니다. 오늘 이 시간 저와 여러분이 주를 신뢰하기를 원합니다.

그 이유는 "주 여호와 안에 영존하는 능력이 있도다" 하신 것처럼, 주님께 영존하는 능력이 있기 때문입니다. 우리는 그분의 능력을 체험한 사람들입니다.

그것은 그분이 우리를 구원하신 능력입니다. 그분은 여전히 저와 여러분 각자 속에 거하고 계시며, 교회 한가운데 계십니다. 그분의 능력은 영존히는 능력입니다.

우리가 주님을 신뢰하기를 원합니다. 그리고 우리 각자의 생각을 주께 고정하기를 원합니다. 그럴 때, 주께서 우리를 완전한 화평으로 지키십니다.

빌립보서 4장 6절과 7절에서도 주께서 우리 모두에게 말씀하십니다.

"아무것도 염려하지 말고 오직 모든 일에 기도와 간구로 너희가 요청할 것들을 감사와 더불어 하나님께 알리라.

그러면 모든 이해를 뛰어넘는 하나님의 화평이 그리스도 예수님을 통해 너희 마음과 생각을 지키시리라"

주께서는 저와 여러분의 마음과 생각을 자신의 화평으로 지키시는 분이십니다.

우리가 염려하지 말고 하나님께 우리가 요청할 것들을 기도와 간구로 감사를 드리면서 알릴 때, 주께서는 우리가 그분을 신뢰하는 것으로 보십니다.

그래서 주께서는 우리의 마음과 생각을 그리스도 예수님을 통해 하나님의 화평으로 지키십니다. 주님을 바라보시고 그분께 알리기를 원합니다.

감사하면서 알리기를 원합니다. 이제 본문으로 돌아가서 출애굽기 3장 6절에서 다음과 같이 하나님께서 모세에게 말씀하셨습니다.

"또 이르시되, 나는 네 아버지의 하나님 곧 아브라함의 하나님, 이삭의 하나님, 야곱의 하나님이니라, 하시니 모세가 하나님 뵙기를 두려워하였으므로 자기 얼굴을 숨기니라" 하나님은 모세가 하나님 자신을 알기를 원하셨습니다.

하나님께서 모세에게 자신에 대해서 말씀하시기를 "나는 네 아버지의 하나님 곧 아브라함의 하나님, 이삭의 하나님, 야곱의 하나님이니라" 하셨습니다.

하나님께서 아브라함과 어떻게 함께하셨는지 모세는 알고 있습니다.

이삭과 함께하시고, 야곱과 함께하신 하나님을 모세는 알고 있습니다.

하나님은 그들 개개인들의 하나님이셨으며, 그들 각자에게 신실하셨습니다. 그들 각자에게 전능하셨습니다. 그들 각자에게 하신 약속을 이루셨습니다.

바로 그 하나님께서 모세의 하나님이심을 알려 주셨습니다.

저와 여러분이 성경을 보면서 하나님께서 자신을 우리에게 알리시는 것을 보고 있습니다. 하나님은 우리 각자가 하나님을 알기를 원하고 계십니다.

그분이 저와 여러분 개인 속으로 들어오셔서 우리 각자 안에서 역사하실 때, 변함없이 성경에 기록하신 대로 역사하시는 분이심을 알기를 원하고 계십니다.

신실하신 분이시라는 것, 전능하신 분이시라는 것, 개인의 하나님이시라는 것, 약속을 이루시는 하나님이시라는 것을 알기를 원하고 계십니다. 오늘 본문을 통해서 하나님께서는 교회에게 말씀하시고 우리 각자에게 말씀하십니다.

우리가 보고 있는 이 성경기록에 나오는 그 하나님이 지금 나의 하나님이시기 때문입니다. 저와 여러분을 구원하시고 지금 내 속에 거하시는 바로 그 하나님이시기 때문입니다. 아브라함이 하나님과 걸었습니다. 이삭도 하나님과 걸었습니다.

야곱도 하나님과 걸었습니다. 그리고 모세도 오늘 본문에서 하나님과 걷기 시작했습니다. 저와 여러분 또한 날마다 하나님과 걷기를 원합니다.

이제 출애굽기 3장 7절 말씀을 보시면 "주께서 이르시되, 내가 이집트에 있는 내 백성의 고난을 보았고 그들이 그들의 작업 감독들로 인해 부르짖는 것을 들었나니 내가 그들의 고통을 아노라"

이 말씀에서 하나님께서는 모세를 어디로 보내시는지를 알려 주십니다. 그것은 주께서 "이집트에 있는 내 백성"이라 하셨습니다. 하나님을 모세를 그곳으로 보내시고자 하십니다. 그 이유는 그들이 고통을 받고 있었기 때문입니다.

그리고 하나님께서 모세의 조상들에게 약속하신 대로 그들을 이집트로부터 구출하시고 가나안 땅으로 옮겨 주시기 위해서였습니다.

8절 "내가 그들을 이집트 사람들의 손에서 구출하고 그들을 그 땅에서 빼내어 좋고 광대한 땅, 젖과 꿀이 흐르는 땅 곧 가나안 족속과 헷 족속과 아모리 족속과 브리스 족속과 히위 족속과 여부스 족속의 처소로 데리고 올라가기 위해 내려왔노라"

주님의 계획은 분명합니다.

이집트에 있는 이스라엘 백성을 이집트의 압제로부터 구출하시고 그들을 젖과 꿀이 흐르는 땅으로 데리고 올라가시는 것입니다. 바로 그 일을 위해 하나님께서 모세를 이집트로 보내시는 것입니다. 10절에서 주께서 모세에게 말씀하십니다.

"그러므로 이제 오라. 내가 너를 파라오에게 보내리니 이로써 네가 내 백성 곧 이스라엘 자손을 이집트에서 데리고 나오리라, 하시니라"

주님께서 모세를 이집트로 보내십니다. 모세가 주님께 쓰임을 받는 것입니다.

사랑하는 성도 여러분, 저와 여러분은 이미 하나님을 만난 사람들이며, 그분이 나 개인의 하나님이심을 보았습니다. 이제 그분은 나를 쓰시는 분으로 알기를 원합니다. 주님은 저와 여러분의 삶을 통해서 그분의 일을 하시려고 하십니다.

우리가 하나님의 일을 한다는 것은 무엇보다 가치 있는 일이며, 영광스러운 일입니다. 주께서 다음과 같이 저와 여러분에게 말씀하셨습니다.

마태복음 28장 18절에서 20절까지 다음과 같이 주님께서 우리 모두에게 말씀하십니다. "예수님께서 그들에게 오셔서 말씀하여 이르시되, 하늘과 땅에 있는 모든 권능이 내게 주어졌으니 그러므로 너희는 가서 모든 민족들을 가르치고 아버지와 아들과 성령의 이름으로 그들에게 침례를 주며 무엇이든지 내가 너희에게 명령한 모든 것을 그들에게 가르쳐 지키게 하라. 보라, 내가 세상의 끝까지 항상 너희와 함께 있느니라, 하시니라. 아멘"

이 말씀에서 우리는 주님께 계획이 있음을 보고 있습니다. 그것은 모든 민족들에게 복음을 전하시는 것입니다. 그래서 그들이 지옥에서 구출되어 하늘로 옮기기를 원하십니다. 그들이 구원을 받기를 원하고 계십니다. 그것은 그들의 고통을 주께서 들으셨기 때문입니다. 수많은 사람들이 이 세상에서 고통을 당하고 있습니다.

그들이 소망 없이 지옥으로 들어가고 있습니다. 이것이 지금 우리가 살아가고 있는 세상의 현실입니다.

살인과 강도와 속임과 온갖 종류의 범죄와 이단과 악한 일들 속에서 수많은 사람들이 유린당하고 있습니다. 주께서는 그들의 고통을 아십니다.

그래서 주 예수 그리스도께서 십자가에서 모든 사람들을 위해 죽으셨습니다.

그분의 피는 모든 사람들을 위해 흘려지셨습니다. 그분의 피로 누구든지 죄 사함을 받고 영원한 생명을 얻게 하셨습니다. 주께서는 죽으셨으나 부활하셨습니다.

그리고 주께서는 말씀하신 대로 하늘과 땅에 있는 모든 권능을 소유하셨습니다.

주님의 계획은 모든 사람들에게 복음을 전하시는 것입니다.

그래서 믿는 자들을 구원하시는 것입니다. 바로 그들에게 주께서 저와 여러분을 보내십니다. "그러므로 너희는 가서 모든 민족들을 가르치고 아버지와 아들과 성령의 이름으로 그들에게 침례를 주며 무엇이든지 내가 너희에게 명령한 모든 것을 그들에게 가르쳐 지키게 하라" 하셨습니다.

저와 여러분이 바로 이 일에 주님께 쓰임을 받기를 원합니다. 그 일은 모든 것보다 가치 있고 영광스러운 일입니다. 다시 본문으로 가시면 출애굽기 3장 11절 말씀을 보시면 "모세가 하나님께 이르되, 내가 누구이기에 파라오에게 가며 이스라엘 자손을 이집트에서 데리고 나오리이까? 하매"

모세는 하나님의 부르심을 받았을 때, 자기 자신을 보았습니다. 주께서 파라오에게 모세를 보내신다고 하셨을 때, 모세는 "내가 누구이기에 파라오에게 가"느냐고 물었습니다.

"내가 누구이기에. 이스라엘 자손을 이집트에서 데리고 나오리이까?" 하였습니다.

파라오는 모세가 두려워하는 자입니다. 그가 지금 미디안 땅으로 도망한 이유는 파라오가 자기를 죽일까 두려워서였습니다. 모세에게 있어서 파라오는 두려움의 존재이고, 엄청난 존재입니다. 거대한 산과 같은 존재입니다.

그리고 이스라엘 자손을 이집트에서 데리고 나온다는 것은 모세의 과거의 실패를 기억하게 하는 것입니다.

과거 모세가 이집트에 파라오의 딸의 아들이라 불리웠을 때, 그것을 시도했었습니다. 그런데, 사람들이 그를 따르지 않고 오히려 거절하였습니다.

이스라엘 자손을 생각할 때마다 모세는 과거의 실패를 기억하게 되는 것입니다.

저와 여러분에게 주님의 부르심을 생각할 때, 그것이 무엇보다 가치 있고 영광스러운 것이라고 생각되어질지라도 그 일을 하고자 할 때, 우리 자신을 보게 됩니다.

"내가 누구이기에"라고 말씀드리는 것입니다. 파라오 같은 사탄을 상대해야 하는 일이기 때문입니다. 우리가 복음을 전했어도 믿지 않고 사람들이 예수님을 거절했었던 수많은 기억들 때문에 주님의 부르심에 대해서 어렵게 느껴지는 것입니다.

우리가 모세와 같이 과거에 머물러 있을 수 있습니다. 과거의 나는 어떠했고, 과거의 나의 삶은 어떠했다는 것에 머물러 있는 것입니다. 그것으로 현재와 미래를 생각하는 것입니다. 그래서 우리는 두려워지는 것입니다. 또다시 실패할 것 같은 것입니다. 그러나 저와 여러분이 바라보아야 하는 것은 우리 자신이 아닙니다.

주님이십니다. 또한, 저와 여러분이 생각할 것은 과거가 아닙니다.

지금 나와 함께 계시며, 나를 지금 인도하시는 주님을 생각하기를 원합니다.

본문의 말씀에서 하나님은 모세가 자기 자신이 아니라 주님을 바라보기를 원하셨습니다. 12절에서 "그분께서 이르시되, 내가 반드시 너와 함께 하리라. 네가 백성을 이집트에서 데리고 나온 뒤에 너희가 이 산에서 하나님을 섬기리니 이것이 너에게 증표 즉 내가 너를 보내었다는 증표가 되리라, 하시므로"

이 말씀에서 "내가 누구이기에"라고 물었던 모세에게 하나님께서는 "내가 반드시 너와 함께 하리라" 하셨습니다.

사랑하는 성도 여러분, 우리 자신을 보지 말고, 주님을 보시기 바랍니다.

마태복음 28장 20절에서 주께서 다음과 같이 우리 모두에게 말씀하십니다.

"무엇이든지 내가 너희에게 명령한 모든 것을 그들에게 가르쳐 지키게 하라. 보라, 내가 세상의 끝까지 항상 너희와 함께 있느니라, 하시니라. 아멘"

주께서 저와 여러분에게 모든 민족들에게 가라고 하시고 난 뒤에 주께서 우리 모두에게 말씀하시는 것은 "보라, 내가 세상의 끝까지 항상 너희와 함께 있느니라" 하셨습니다. 저와 여러분이 바라보아야 할 분은 우리 자신이 아니라 우리 각자 안에 계시는 예수 그리스도이십니다. 그분이 하십니다. 그분이 저와 여러분의 능력이십니다. 그분이 우리 각자를 인도해 주셔서 모든 것을 하십니다.

저와 여러분의 삶은 우리가 아니라 그리스도께서 내 안에 사시는 것입니다. 저와 여러분은 주와 함께 십자가에 못 박혀 죽었습니다. 지금 저와 여러분 안에 사시는 분은 그리스도이십니다. 그분이 하십니다.

그러므로 우리 자신을 보지 말고, 오직 내 안에 계시는 예수님을 보시기 바랍니다.

히브리서 12장 1절과 2절의 말씀을 보시면 "그러므로 이렇게 큰 구름 같은 증인들이 또한 우리를 둘러싸고 있으니 우리가 모든 무거운 것과 너무 쉽게 우리를 얽어매는 죄를 떨쳐 버리고 인내로 우리 앞에 놓인 경주 길을 달려가며 우리 믿음의 창시자요 또 완성자이신 예수님을 바라보자. 그분께서는 자기 앞에 놓인 기쁨으로 인해 수치를 멸시하시며 십자가를 견디셨고 하나님의 왕좌 오른쪽에 앉혀지셨느니라"

하나님은 저와 여러분에게 "우리 믿음의 창시자요 또 완성자이신 예수님을 바라보자"라고 말씀하십니다. 저와 여러분을 보지 마시기 바랍니다. 우리는 주와 함께 십자가에 못 박혀 죽었습니다. 우리가 보아야 할 분은 오직 예수님이십니다.

"보라, 내가 세상의 끝까지 항상 너희와 함께 있느니라" 하신 그분을 바라보기를 원합니다. 또한, 우리는 과거에 얽매이지 말아야 한다는 것을 보았습니다.

과거의 모세, 과거의 모세의 경험은 그로 하여금 주저앉아버리게 합니다.

실패했기 때문에 또다시 실패할 것이라는 것입니다. 모세에게 중요한 것은 지금입니다. 본문의 말씀 출애굽기 3장 13절과 14절을 보시면 "모세가 하나님께 이르되, 보소서, 내가 이스라엘 자손에게 가서 그들에게 말하기를, 너희 조상들의 하나님께서 나를 너희에게 보내셨느니라, 하면 그들이 내게 말하기를, 그분의 이름이 무엇이냐? 하리니 내가 그들에게 무

엇이라 말하리이까? 하매

하나님께서 모세에게 이르시되, 나는 곧 스스로 있는 자니라, 하시고 또 이르시되, 너는 이스라엘 자손에게 이같이 말하기를, 스스로 계신 분께서 나를 너희에게 보내셨느니라, 하라, 하시니라" 이 말씀에서 하나님께서는 모세에게 자신의 이름을 말씀하십니다. "나는 곧 스스로 있는 자"라 하셨습니다.

즉 하나님은 스스로 존재하시는 분으로서 피조물과는 구별되시는 분이시라는 의미입니다. 그리고 그분의 이름을 영어로 보면 "I AM THAT I AM…"입니다.

"스스로 있는…" 즉, 현재형입니다. 하나님은 현재의 하나님이십니다.

지금 저와 여러분 안에 계시는 주 예수 그리스도께서는 현재의 하나님이십니다.

저와 여러분이 지금 주님 안에서 새롭게 되기를 원합니다. 과거에서 벗어나서 현재 바로 지금 내 안에서 나를 부르시고, 나를 인도하시는 주님을 바라보기를 원합니다. 모세는 과거는 실패했지만, 지금 본문에서 모세가 하나님을 만난 뒤에는 하나님께서 말씀하신 대로 그가 파라오에게 갔고, 말씀하신 대로 이스라엘 자손을 이집트로부터 구출했습니다. 불가능한 일을 하였습니다. 만일 그가 과거에 매여 있었다면 현재 그를 부르시는 주님을 따르지 못했을 것입니다.

그러나 그가 현재 그를 부르시는 주님을 따랐기 때문에 주님의 놀라운 역사를 경험할 수 있었습니다. 그러므로 사랑하는 성도 여러분, 과거에 매이지 말고 현재 주님을 바라보기를 원합니다. 지금 주님을 바라보기를 원합니다.

현재의 하나님. 그리스도께서 내 안에 사시느니라고 하신 그분을 따르기를 원합니다. 그럴 때, 우리의 마음이 새롭게 되고 주님의 놀라운 역사를 경험할 수 있을 것입니다.

우리의 기도

우리는 하나님을 만난 사람들입니다. 그래서 우리는 내 안에 거하시는 하나님과 교제할 수 있고, 그분이 저와 여러분들 각자를 지금도 인도하고 계십니다.

어려움과 문제들은 여전히 있지만, 하나님이 원하시는 것은 나를 보는 것이 아니고, 예수님을 바라보는 것이고, 과거에 나의 어떠함을 보는 것이 아니라, 현재 나와 함께하시는, 나를 부르시고 인도하시는 하나님을 바라보기를 원하고 계십니다.

이 시간 이러한 말씀들을 기억하면서 현재의 하나님, 나는 곧 스스로 있는 자라고 말씀하신 그 하나님께 기도로서 믿음의 기도를 드리기를 원합니다. 아멘.

15. 삼손의 힘

이에 블레셋 사람들이 올라와 유다에 진을 치고 레히에 퍼지매

유다 사람들이 이르되, 너희가 어찌하여 우리를 대적하러 올라왔느냐? 하니

그들이 대답하되, 우리가 올라온 것은 삼손을 결박하여 그가 우리에게 행한 대

로 그에게 행하려 함이라, 하므로

이에 유다 사람 삼천 명이 에담 반석 꼭대기로 가서 삼손에게 이르되, 블레셋

사람들이 우리를 다스리는 줄 네가 알지 못하느냐? 네가 우리에게 행한 이 일

이 무엇이냐? 하니 그가 그들에게 이르되, 저들이 내게 행한 대로 그렇게 나도

저들에게 행하였노라, 하므로

그들이 그에게 이르되, 우리가 너를 결박하여 블레셋 사람들의 손에 넘겨주려

고 내려왔노라, 하니 삼손이 그들에게 이르되, 너희가 직접 나를 덮치지 않겠

다고 내게 맹세하라, 하매

그들이 그에게 말하여 이르되, 그리하지 아니하리라. 다만 우리가 너를 단단히

결박하여 저들의 손에 넘겨줄 것이며 우리가 결코 너를 죽이지 아니하리라, 하

고 새 줄 두 개로 그를 결박한 뒤 반석에서 그를 데리고 올라가니라.

그가 레히에 다다랐을 때에 블레셋 사람들이 그를 향해 소리를 질렀는데 이때

에 주의 영께서 강력히 그에게 임하시매 그의 팔 위의 줄들이 불탄 아마같이

되어 그를 결박한 것들이 그의 손에서 떨어지므로

그가 나귀의 새 턱뼈를 발견하고 자기 손을 내밀어 그것을 취한 뒤 그것으로

천 명을 죽이고는

이르되, 나귀의 턱뼈로 더미 위에 더미를 쌓았나니 나귀의 턱으로 내가 천 명을 죽였도다, 하니라.

그가 말하기를 마친 뒤 그 턱뼈를 자기 손에서 내던지고 그곳을 라맛레히라 부르니라.

그가 심히 목말라 주를 부르며 이르되, 주께서 주의 종의 손에 이 큰 구출을 주셨는데 내가 이제 목말라 죽어서 할례받지 않은 자들의 손에 떨어져야 하리이까? 하였으나

하나님께서 그 턱의 우묵한 곳을 쪼개시니 거기서 물이 나오더라. 그가 마시매 그의 정신이 돌아와 그가 회복되었으므로 그가 그곳의 이름을 엔학고레라 하였는데 그곳이 이날까지 레히에 있느니라.

블레셋 사람들의 시대에 그가 이십 년 동안 이스라엘을 재판하니라. - 사사기 15:9~20 -

오늘 본문의 말씀에서 우리는 삼손을 볼 수 있습니다. 삼손은 이스라엘의 재판관이었습니다. 그런데, 그에게는 놀라운 능력이 있었습니다. 그 것은 그의 힘이 강력한 것입니다. 그에 관하여 사사기 13장 3절에서 5절까지 다음과 같이 기록되어 있습니다. "주의 천사가 그 여인에게 나타나 그녀에게 이르되, 이제 보라, 네가 수태하지 못하므로 낳지 못하나 네가 수태하여 아들을 낳으리라.

그러므로 이제 원하건대 주의하여 포도즙이나 독주를 마시지 말고 어떤 부정한 것도 먹지 말라. 보라, 네가 수태하여 아들을 낳으리라. 그의

머리에 삭도를 대지 말지니 그 아이는 태에서부터 하나님께 바친 나사르 사람이 되리라. 그가 블레셋 사람들의 손에서 이스라엘을 구출하기 시작하리라, 하니라"

이 말씀에서 하나님께서 삼손을 이스라엘을 구출할 사람으로 태어나기 전부터 말씀하셨음을 알 수 있습니다. 또한, 그는 "태에서부터 하나님께 바친 나사르 사람이 되리" 하셨습니다. 나사르 사람이란 "하나님께 바친"이라는 의미의 히브리말입니다. 그리고 삼손은 태에서부터 하나님께 바쳐진 사람이었습니다.

그래서 그의 머리에 삭도를 대지 말라 하셨기 때문에 그의 머리는 계속 길었으며, 포도즙이나 독주를 마시지 말고 부정한 것도 먹지 말아야 했습니다. 그것은 그가 하나님께 바쳐진 사람이었기 때문입니다. 이 말씀을 통해서 우리가 알 수 있는 것은 그의 힘은 하나님이십니다. 하나님께서 그의 힘이 되셨습니다.

그래서 그는 이스라엘을 블레셋 사람들의 손에서 구출할 수 있었습니다.

사사기 13장 24절과 25절의 말씀을 보시면 "그 여인이 아들을 낳고 그의 이름을 삼손이라 하니라. 그 아이가 자라매 주께서 그에게 복을 주셨으며 소라와 에스다올 사이에 있는 단의 진영에서 주의 영께서 때때로 그를 움직이기 시작하셨더라"

이 말씀에서 하나님께서 삼손에게 복을 주셨습니다.

그리고 주의 영께서 때때로 그를 움직이셔서 그가 주님의 일을 하도록 하셨습니다. 이처럼 저와 여러분은 성령님에게서 태어난 자들입니다. 우리는 다시 태어났습니다. 다시 태어난 것이 구원을 받은 것입니다.

요한복음 3장 3절에서 주 예수님께서 말씀하셨습니다. "예수님께서 그에게 응답하여 이르시되, 진실로 진실로 내가 네게 이르노니, 사람이 다시 태어나지 아니하면 하나님의 왕국을 볼 수 없느니라, 하시므로" 주 예수님은 "사람이 다시 태어나지 아니하면"이라 하셨습니다. 사람이 다시 태어나야만 구원을 받는 것입니다.

그것은 5절에서 "예수님께서 대답하시되, 진실로 진실로 내가 네게 이르노니 사람이 물과 성령에게서 태어나지 아니하면 하나님의 왕국에 들어갈 수 없느니라"

이 말씀에서 주님은 다시 태어난다는 것은 성령에게서 태어나는 것을 의미하십니다. 그리고 6절에서 "육에서 태어난 것은 육이요 성령에게서 태어난 것은 영이니"라고 하셨던 것처럼 "성령에게서 태어난" 영이 바로 다시 태어난 것입니다.

저와 여러분이 복음을 듣고 예수님을 믿었을 때, 우리는 성령에게서 태어난 영을 가진 것입니다. 이것이 다시 태어난 것입니다.

저와 여러분은 성령에게서 태어났을 때, 하나님께 바쳐졌습니다.

히브리서 10장 10절에서의 말씀에서는 "바로 이 뜻에 의해 예수 그리스도의 몸이 한 번 영원히 드려짐을 통해 우리가 거룩히 구별되었노라"

이 말씀에서 하나님께서는 저와 여러분에게 "우리가 거룩히 구별되었노라" 하셨습니다. 이것은 예수님의 몸이 한 번 영원히 드려짐을 통한 것입니다.

예수님이 십자가에 못 박혀 죽으셨을 때, 그것은 그분의 몸이 한 번 영원히 드러지신 것입니다. 그때, 우리 또한 하나님께 드려졌습니다. 그래서 "우리가 거룩히 구별되"어진 것입니다. 이와 같이 저와 여러분이 성령에게서 태어났을 때, 우리는 하나님께 구별되어진 사람들 즉 하나님께 바쳐진 사람들이 되었습니다.

그렇다고 해서 우리가 삼손처럼 머리를 깎지 않는다는 것은 아닙니다.

삼손의 긴 머리는 그가 하나님께 바쳐졌음을 보여 주는 표시였습니다. 그러나 저와 여러분은 성령님을 우리 안에 모시고 있습니다. 우리에게는 하나님에게서 태어난 영이 있습니다. 그것이 우리가 하나님께 바쳐졌음을 보여 주는 것입니다.

본문에서 삼손에게는 "주의 영께서 때때로 그를 움직이기 시작하셨더라" 하셨는데, 지금 저와 여러분 안에는 성령님이 계십니다. 그분께서는 항상 우리 각자 속에서 우리를 움직이십니다. 우리는 성령님으로 생각하고, 성령님으로 말하고 행하는 것입니다. 그래서 우리가 성령님을 통해서 자유함을 누리고, 성령님을 통해서 힘을 얻는 것입니다. 성령님이 저와 여러분의 힘이십니다.

누가복음 24장 49절 말씀을 보시면 "보라, 내가 내 아버지께서 약속하신 것을 너희에게 보내노라. 그러나 너희는 높은 곳으로부터 오는 권능을 입을 때까지 예루살렘 시에 머물라, 하시니라"

이 말씀에서 주 예수님께서 십자가에서 죽으시고 부활하신 뒤에 제자들과 함께 계실 때, 하신 말씀입니다. 주님은 제자들에게 "너희는 높은 곳으로부터 오는 권능을 입을 때까지 예루살렘 시에 머물라" 하셨습니다.

그분은 바로 성령님이십니다. 제자들에게 성령님이 들어오신다는 뜻입니다.

그것은 예수님께서 하늘로 올라가신 뒤에 그분이 그분을 예수님을 믿는 자들에게 보내시는 것입니다. 그런데, 성령님을 예수님께서는 "높은 곳으로부터 오는 권능"이라고 부르셨습니다. 여기서 권능은 영어로 "Power"입니다. 모든 전자기기는 Power로 돌아갑니다. 저와 여러분의 Power는 성령님이십니다.

그분은 "높은 곳으로부터 오는 권능"이라 하신 분이십니다. 그분이 저와 여러분의 힘이십니다. 그러므로 사랑하는 성도 여러분 성령님을 의지하기를 원합니다.

우리가 삶을 살아가면서 힘을 잃을 일들을 많이 경험합니다.

여러 가지 사건들을 볼 때, 여러 가지 해결되지 않는 문제들을 볼 때, 마음의 힘을 잃습니다. 낙심합니다. 그러나 성령님이 저와 여러분의 힘이십니다.

디모데후서 1장 7절 말씀에서는 "이는 하나님께서 우리에게 두려움의 영을 주지 아니하시고 권능과 사랑과 건전한 생각의 영을 주셨기 때문이라"

이 말씀에서도 하나님은 우리에게 성령님을 주셨는데, 그분은 권능과 사랑과 건전한 생각의 영이십니다. 성령님은 우리의 힘이십니다.

그래서 우리가 주와 함께 십자가에 못 박혀 죽은 자로 여기고 내 안에 거하시는 성령님을 의지하기를 원합니다. 그럴 때, 우리는 즉시로 힘을 얻을 것입니다.

갈라디아서 5장 16절에서는 다음과 같이 기록되어 있습니다.

"그런즉 내가 이것을 말하노니 곧 성령 안에서 걸으라. 그러면 너희가 육신의 욕심을 이루지 아니하리라"

주께서 우리 그리스도인들에게 원하시는 것은 무엇입니까? 그것은 "성령 안에서" 걷는 것입니다. 지금 저와 여러분 안에 계시는 그분 안에서 걸으라 하십니다.

그분이 우리의 힘이 시기 때문입니다. 우리로 하여금 삶의 의욕을 주시는 분이십니다. 그분이 하나님께서 원하시는 것을 우리로 원하게도 하시고 행하게도 하시는 분이십니다. 그분은 전능하신 분이십니다. 그분은 하나님이십니다.

그분께는 불가능한 것이 없습니다. 주께서는 저와 여러분에게 "성령 안에서" 걸으라 하십니다. 18절에서는 "그러나 너희가 성령의 인도를 받으면 율법 아래 있지 아니하리라" 하셨습니다.

주님은 이 말씀에서 "너희가 성령의 인도를 받으면"이라 하셨습니다.

저와 여러분 안에 거하시는 성령님께서 우리를 인도하십니다. 그분이 인도하실 때, 우리는 힘이 생깁니다. 그래서 주님이 원하시는 일들이 일어납니다.

사랑하는 성도 여러분, 성령 안에서 걷기를 원합니다.

오늘 본문에서는 지금 저와 여러분 안에 거하시는 성령님이 얼마나 강력하신 분이신지를 보여 주십니다. 사사기 15장 9절을 보시면 "이에 블레셋 사람들이 올라와 유다에 진을 치고 레히에 퍼지매"

이 말씀에서 블레셋 사람들이 삼손을 잡기 위해서 레히라는 곳에 퍼져 있었습니다.

그들은 엄청난 숫자의 사람들이었습니다.

10절의 말씀에서 "유다 사람들이 이르되, 너희가 어찌하여 우리를 대적하러 올라왔느냐? 하니 그들이 대답하되, 우리가 올라온 것은 삼손을 결박하여 그가 우리에게 행한 대로 그에게 행하려 함이라, 하므로"

블레셋 사람들이 올라온 것은 삼손을 결박하여 죽이려 하는 것입니다.

11절을 보시면 "이에 유다 사람 삼천 명이 에담 반석 꼭대기로 가서 삼손에게 이르되, 블레셋 사람들이 우리를 다스리는 줄 네가 알지 못하느냐? 네가 우리에게 행한 이 일이 무엇이냐? 하니 그가 그들에게 이르되, 저들이 내게 행한 대로 그렇게 나도 저들에게 행하였노라, 하므로"

이 말씀에서 유다 사람들은 삼손에게 "블레셋 사람들이 우리를 다스리는 줄 네가 알지 못하느냐?" 하였습니다.

그들에게는 믿음이 없었습니다. 하나님이 그들을 다스리시는데, 그들은 생각하기를 "블레셋 사람들이 우리를 다스리는" 것이라 하였습니다.

그들은 이러한 상황 속에서 아무것도 할 수 없다고 생각하고 블레셋 사람들에게 복종해야 한다고 생각하는 것입니다.

12절을 보시면 "그들이 그에게 이르되, 우리가 너를 결박하여 블레셋 사람들의 손에 넘겨주려고 내려왔노라, 하니 삼손이 그들에게 이르되, 너희가 직접 나를 덮치지 않겠다고 내게 맹세하라, 하매"

이 말씀에서 유다 사람들은 삼손의 형제들이었습니다. 그들은 삼손을 결박하려고 합니다. 그래서 그를 블레셋 사람들의 손에 넘겨주려고 합니다.

그것은 그들 안에 믿음이 없었기 때문입니다. 거대한 블레셋 사람들의 군대 앞에서 그들은 아무것도 할 수 없다고 생각하는 것입니다.

13절의 말씀을 보시면 "그들이 그에게 말하여 이르되, 그리하지 아니하리라. 다만 우리가 너를 단단히 결박하여 저들의 손에 넘겨줄 것이며 우리가 결코 너를 죽이지 아니하리라, 하고 새 줄 두 개로 그를 결박한 뒤 반석에서 그를 데리고 올라가니라" 유다 사람들은 삼손을 새 줄 두 개로 결박했습니다. 그리고 그를 블레셋 사람들에게 넘겨주려고 하는 것입니다. 그때 14절에서 "그가 레히에 다다랐을 때에 블레셋 사람들이 그를 향해 소리를 질렀는데 이때에 주의 영께서 강력히 그에게 임하시매 그의 팔 위의 줄들이 불탄 아마같이 되어 그를 결박한 것들이 그의 손에서 떨어지므로" 이 말씀에서 레히에 있었던 블레셋 사람들이 삼손을 보고 그를 향해 소리를 질렀습니다. 삼손에 대한 증오심으로 불타오르는 것입니다. 삼손을 붙잡아 죽이려고 하는 것입니다. 그런데, 바로 그때 "주의 영께서 강력히 그에게 임하"셨습니다. 그랬을 때, 어떤 일이 일어났습니까?

"그의 팔 위의 줄들이 불탄 아마같이 되어 그를 결박한 것들이 그의 손에서 떨어"졌습니다. 그 강한 새 줄 두 개가 아무 힘없이 삼손의 손에서 풀린 것입니다.

그 이유는 주의 영께서 강력히 삼손에게 임하셨기 때문입니다.

이와 같이 저와 여러분을 결박하려고 하는 존재가 있습니다. 바로 사탄입니다.

사탄은 저와 여러분을 속박하려고 합니다. 강한 힘으로 우리를 묶어 버리려고 합니다. 그래서 우리가 움직이지 못하게 하고 주님의 일을 하지 못하게 합니다.

그러나 지금 저와 여러분 안에 거하시는 성령님은 우리를 풀어 주시는 분이십니다.

에베소서 6장 10절에서 다음과 같이 말씀하십니다.

"끝으로 내 형제들아, 주 안에서 마음을 강하게 하고 또 그분의 강력한 권능 안에서 그리하라" 이 말씀에서 "그분의 강력한 권능"은 성령님이십니다.

우리는 그분 안에서 강하게 되는 것입니다.

11절에서 다음과 같이 말씀하십니다. "너희가 마귀의 간계들을 대적하여 설 수 있도록 하나님의 전신갑주를 입으라" 이 말씀에서 우리는 "마귀의 간계들"이 있음을 알 수 있습니다. 마귀는 우리에 대한 간계들이 있습니다. 그것은 간교한 계략들입니다. 그것의 목적은 우리를 올무에 빠뜨리는 것입니다.

12절에서는 "우리는 살과 피에 맞붙어 싸우지 아니하고 권력들과 권능들과 이 세상 어둠의 치리자 들과 높은 처소들에 있는 영적 사악함과 맞붙어 싸우느니라"

하나님께서는 저와 여러분이 누구와 싸우는지 말씀하십니다.

"권력들과 권능들과 이 세상 어둠의 치리자들과 높은 처소들에 있는 영적 사악함"입니다. 그들은 모두 마귀들입니다. 보이지 않지만 실존하는 자들입니다.

저와 여러분을 속박하려고 하는 자들입니다. 움직이지 못하게 하려고 하는 자들입니다. 삼손을 묶었던 새 줄 두 개와 같이 우리를 속박하려고 하는 자들입니다.

그러나 본문의 말씀에서 "주의 영께서 강력히" 삼손에게 임하셨던 것처럼, 지금 저와 여러분 안에 성령님께서는 강력하신 분이십니다.

그리고 삼손의 팔 위의 줄들이 불탄 아마같이 되어 그를 결박한 것들이 그의 손에서 떨어졌던 것처럼, 성령님께서는 저와 여러분을 결박하려고 하는 마귀들을 모두 물리치시는 분이십니다. 성령님은 우리에게 자유를 주시는 분이십니다.

그분이 저와 여러분의 힘이십니다. 모든 결박을 풀어 자유하게 하십니다.

다시 본문을 보시면 사사기 15장 15절과 16절의 말씀에서 "그가 나귀의 새 턱뼈를 발견하고 자기 손을 내밀어 그것을 취한 뒤 그것으로 천 명을 죽이고는 이르되, 나귀의 턱뼈로 더미 위에 더미를 쌓았나니 나귀의 턱으로 내가 천 명을 죽였도다, 하니라" 삼손이 "나귀의 새 턱뼈를 발견"했다고 기록되어 있습니다. 그리고 그것을 가지고 블레셋 사람들 천 명을 죽였습니다.

이것은 사람의 힘으로는 불가능한 일입니다. 어떻게 한 사람이 천 명을 나귀의 턱뼈로 죽일 수 있습니까? 그러나 그것은 주님의 영께서 하신 일입니다.

주의 영께서 삼손의 힘이셨기 때문입니다.

여호수아기 23장 9절과 10절을 보시면 "주께서 크고 강한 민족들을 너희 앞에서 쫓아내셨으나 너희에 관하여는 이날까지 아무도 너희 앞에 설 수 없었느니라.

너희 가운데 한 사람이 천 명의 뒤를 쫓으리니 이는 주 너희 하나님께서 너희에게 약속하신 것같이 그분이 바로 너희를 위해 싸우시는 분이시기 때문이니라."

이 말씀에서 "너희 가운데 한 사람이 천 명의 뒤를 쫓"을 것이라 하셨습니다.

그 이유가 무엇입니까? "이는 주 너희 하나님께서 너희에게 약속하신 것같이 그분이 바로 너희를 위해 싸우시는 분이시기 때문이니라" 이 말씀은 이스라엘 백성이 가나안을 정복할 때의 말씀입니다.

주께서 이스라엘을 위해 싸우시는 분이시기 때문에 한 명이 천 명을 쫓게 하셨습니다. 오늘 한 명이 천 명을 죽인 일을 보았습니다. 그것은 주의 영이 삼손의 힘이 되셨기 때문입니다.

이와 같이 지금 저와 여러분 안에 거하시는 성령님께서는 우리 각자의 힘이십니다.

우리는 그분으로 인하여 사탄과의 싸움에서 항상 승리합니다. 그리고 수많은 사람들을 구원으로 인도할 수 있습니다.

그것은 예수님의 피는 모든 사람들을 위해서 흘려지셨기 때문이며, 저와 여러분 안에는 그 일을 할 수 있는 분이 계시기 때문입니다. 그분이 바로 성령님이십니다.

우리는 불가능한 것을 가능하게 하시는 분을 모시고 있습니다. 그분은 하나님이십니다. 그분은 전능자이십니다. 바로 우리 각자 안에 거하시는 성령님이십니다.

그러므로 그분을 의지하기를 원합니다.

다시 본문으로 돌아가서 사사기 15장 18절을 보시겠습니다.

"그가 심히 목말라 주를 부르며 이르되, 주께서 주의 종의 손에 이 큰 구출을 주셨는데 내가 이제 목말라 죽어서 할례받지 않은 자들의 손에 떨어져야 하리이까? 하였으나" 이 말씀에서 삼손이 심히 목이 말랐습니다.

나귀의 턱뼈로 천 명을 죽이느라 목이 마르게 된 것입니다. 여기서 "그가 심히 목말"랐다고 했습니다. 그러나 어디에도 물이 없었습니다. 그때 삼손은 "주를" 불렀습니다. 그는 하나님을 부르며 기도했습니다. "주께서 주의 종의 손에 이 큰 구출을 주셨는데 내가 이제 목말라 죽어서 할례받지 않은 자들의 손에 떨어져야 하리이까?" 하였습니다. 저와 여러분 또한 영적인 싸움 속에서 지칠 때가 있습니다.

그럴 때, 저와 여러분이 부를 수 있는 분이 계십니다. 그분은 하나님이십니다.

그분은 저와 여러분의 기도를 들으십니다. 우리가 처한 모든 상황 속에서 하나님을 부르며 기도하기를 원합니다. 그것이 어떠한 일이든지 하나님께 알리기를 원합니다. 하나님은 저와 여러분의 기도를 들으십니다.

특히 우리가 영적으로 지치게 되었을 때, 하나님을 부르기를 원합니다.

그분께서 저와 여러분의 기도를 들으십니다. 19절을 보시면 "하나님께서 그 턱의 우묵한 곳을 쪼개시니 거기서 물이 나오더라. 그가 마시매 그의 정신이 돌아와 그가 회복되었으므로 그가 그곳의 이름을 엔학고레라 하였는데 그곳이 이날까지 레히에 있느니라."

이 말씀에서 하나님께서 삼손의 부름에 응답하셨습니다. 그리고 삼손이 썼던 그 나귀 턱뼈의 우묵한 곳을 쪼개셨습니다. 삼손은 그 턱뼈를 내던졌는데, 주님은 그 턱의 우묵한 곳을 쪼개시고 거기서 물이 나오게 하셨습니다. 그리고 삼손이 그 물을 마셨습니다. 그리고 그의 정신이 돌아와서 회복되었습니다.

저와 여러분이 하나님께 기도할 때, 하나님은 우리의 기도를 들으십니다. 그리고 본문에서 "하나님께서 그 턱의 우묵한 곳을 쪼개시니 거기서 물이 나오더라" 하였던 것처럼, 저와 여러분의 속에 계시는 성령님께서 우리 속에서부터 물을 주십니다.

그것은 생수입니다.

요한복음 7장 37절과 38절의 말씀을 보시면 "마지막 날 곧 명절의 그 큰 날에 예수님께서 서서 외쳐 이르시되, 누구든지 목마르거든 내게로 와서 마시라.

나를 믿는 자는 성경기록이 말한 것 같이 그의 배에서 생수의 강들이 흘러나오리라, 하시니라" 주님은 "누구든지 목마르거든 내게로 와서 마시라" 하십니다. 주님은 우리에게 물을 주시는 분이십니다. 그분은 성령님이시며, 성령님께서 우리 속에서 생수를 주십니다. 그래서 우리의 목마름을 해소해 주십니다.

지친 우리의 마음을 회복시켜 주십니다. 우리의 마음이 힘을 내게 하시고 우리의 몸이 힘을 내게 하십니다. 그리고 주께서 "그의 배에서 생수의 강들이 흘러나오리라" 하셨던 것처럼, 저와 여러분의 배에서 생수의 강들이 흘러나와서 우리 주변의 사람들이 마시게 하십니다.

성령님은 저와 여러분 각자 속에 계시며, 그분이 우리의 힘이 십니다. 그래서 지친 우리를 회복시키십니다. 그래서 우리가 계속해서 믿음의 길을 가도록 하십니다.

모든 장애물들도 그분이 제거하시며, 주께서 우리를 위해 계획해 놓으신 모든 일들을 하게 하십니다.

지금 저와 여러분이 바라보아야 할 분은 오직 성령님이십니다. 지금 저와 여러분이 의지할 분은 오직 성령님이십니다. 그것은 바로 그분이 우리 각자의 힘이 시며, 우리 교회의 힘이 시기 때문입니다.

우리의 기도

오늘 삼손의 힘이라는 주제로 말씀을 선포했습니다. 그의 힘은 명백히 하나님이셨습니다. 저와 여러분들의 힘도 하나님이십니다. 성령이십니다. 그분은 우리 속에 거하고 계시고, 지쳤던 우리 마음을 회복시켜 주시며, 힘을 내게 하시고, 강력한 일들을 이루게 하시는 분이십니다.

이 시간 우리의 모든 염려를 하나님께 다 맡기고 주님을 부르십시오. 하나님께 맡기고 성령님을 의지하실 때 에 그분이 우리의 힘이 되신다라는 것을 경험하게 해 주실 것입니다. 하나님의 말씀에 따라 기도하길 원합니다. 아멘.

16. 그분의 구원을 보라

주께서 모세에게 말씀하여 이르시되,

이스라엘 자손에게 말하여 그들이 방향을 바꾸어서 믹돌과 바다 사이의 비하히롯 앞 곧 바알스본 맞은편에 진을 치게 하라. 너희가 그곳 앞에서 바닷가에 진을 칠지니

이는 파라오가 이스라엘 자손에 대하여 말하기를, 그들이 그 땅에서 얽히고 광야에 갇혔도다, 할 것이기 때문이라.

내가 파라오의 마음을 강퍅하게 할 것이므로 그가 그들의 뒤를 따르리니 내가 파라오와 그의 온 군대로 인해 영예를 얻고 내가 주인 줄을 이집트 사람들이 알게 하리라, 하시매 그들이 그대로 행하니라. - 출애굽기 14:1~4 -

말씀에서 우리는 모세를 볼 수 있습니다. 모세와 수많은 이스라엘 백성이 이집트로부터 나왔습니다. 그것은 그들이 어린양의 피로 나온 것입니다.

이집트에 있었던 마지막 재앙이 첫 번째 아들이 죽는 재앙이었는데, 그 재앙으로부터 이스라엘 백성은 구원을 받았고, 그것을 통해 그들이 이집트로부터 나온 것입니다. 여기서 보여 주는 "어린양의 피"는 예수님의 피를 보여 주고 있습니다.

저와 여러분은 죄 때문에 지옥에 가야 했습니다.

"한 번 죽는 것은 사람들에게 정해진 것이요, 이것 뒤에는 심판이 있"다고 말씀하셨습니다. 모든 사람은 한 번은 죽게 되어 있으며, 그 죽음 뒤에는 심판이 있는 것입니다. 죄에 대한 심판입니다. 그 결과 지옥으로 들어가는 것입니다.

그것은 영원한 형벌입니다. 그 지옥에서 구원을 받을 수 있는 유일한 길이 바로 예수님의 피입니다. 그것은 예수님께서 저와 여러분, 이 세상에 살아가고 있는 모든 사람들의 죄에 대한 값을 자신의 피로 지불하셨기 때문입니다.

그분의 피로 우리는 죄에서 자유하게 되었으며, 구원을 받은 것입니다. 지금도 누구든지 예수님의 피를 믿으면 구원을 받습니다. 본문에서 이스라엘 백성이 어린양의 피로 이집트로부터 나왔듯이 저와 여러분은 예수님의 피로 구원을 받았습니다.

본문 출애굽기 14장 1절과 2절을 보시면 "주께서 모세에게 말씀하여 이르시되, 이스라엘 자손에게 말하여 그들이 방향을 바꾸어서 믹돌과 바다 사이의 비하히롯 앞 곧 바알스본 맞은편에 진을 치게 하라. 너희가 그곳 앞에서 바닷가에 진을 칠지니"

주님께서 이스라엘 백성을 이집트로부터 인도하시고, 불기둥과 구름기둥으로 인도하셨습니다. 그런데, 지금 주께서 그들을 인도하신 곳은 "바다" 앞이었습니다.

홍해 바다 앞으로 인도하신 것입니다. 주께서 모세에게 말씀하신 것은 "너희가 그곳 앞에서 바닷가에 진을" 치라 하셨습니다.

그리고 3절과 4절을 보시면 "이는 파라오가 이스라엘 자손에 대하여 말하기를, 그들이 그 땅에서 얽히고 광야에 갇혔도다, 할 것이기 때문이라.

내가 파라오의 마음을 강퍅하게 할 것이므로 그가 그들의 뒤를 따르리니 내가 파라오와 그의 온 군대로 인해 영예를 얻고 내가 주인 줄을 이집트 사람들이 알게 하리라, 하시매 그들이 그대로 행하니라" 이 말씀에서 주께서는 파라오의 생각을 알고 계셨습니다. "파라오가 이스라엘 자손에 대하여 말하기를, 그들이 그 땅에서 얽히고 광야에 갇혔도다" 할 것이라는 것을 주께서 아셨습니다. 그것은 지금 이집트로부터 나온 이스라엘 자손이 홍해바다 앞에 있기 때문입니다. 그들은 앞으로 갈 수 없습니다. 그것을 파라오가 알았을 때, 그들이 꼼짝없이 갇혔다고 생각할 것이라는 것입니다. 파라오는 처음부터 이스라엘 백성을 이집트로부터 내보내고 싶지 않았습니다. 수백 년을 이스라엘 사람들을 노예로 부렸는데, 그를 순순히 놓아 보내고 싶지 않은 것입니다.

하나님께서 보내신 마지막 재앙 때문에 파라오가 이스라엘 백성을 보내긴 했지만, 여전히 그는 이스라엘 자손을 노예로 부리기를 원하고 있는 것입니다.

그래서 이스라엘 자손이 홍해 바다 앞에 이르러 앞으로 갈 수 없게 되어 있다는 깃을 알았을 때, 그기 이스라엘 백성을 뒤쫓아 오는 것입니다.

주께서 4절에서 "내가 파라오의 마음을 강퍅하게 할 것이므로 그가 그들의 뒤를 따"를 것이라 하셨습니다. 주님은 모든 것을 알고 계셨습니다.

이스라엘 백성을 홍해바다 앞으로 인도하셨을 때, 이집트 군대가 쫓아올 것이라는 것을 알고 계셨습니다. 그런데, 지금 이 시간 우리가 주목할 것은 주께서 그것을 허락하시는 데는 목적이 있다는 것입니다.

그 목적에 대해서 4절 하반절에 주께서 다음과 같이 말씀하십니다.

"내가 파라오와 그의 온 군대로 인해 영예를 얻고 내가 주인 줄을 이집트 사람들이 알게 하리라" 하셨습니다.

주께서 그러한 상황을 이스라엘 백성에게 허락하신 이유는 "파라오와 그의 온 군대로 인해 영예를 얻…"으시고자 하시는 것입니다.

그리고 "내가 주인 줄을 이집트 사람들이 알게 하리라" 하셨던 것처럼, 이스라엘 백성을 위해 역사하신 분이 계시며, 그분이 주님이시라는 것을 이집트 사람들이 알게 하시려는 것입니다. 이와 같이 저와 여러분의 삶 가운데서도 이스라엘 자손과 같은 상황이 있을 수 있습니다. 하나님께서는 저와 여러분을 인도하시는 분이십니다.

그분은 우리의 목자이시기 때문에 우리를 인도하실 때, 실수가 없으시며, 정확하게 인도하시고 신실하게 인도하십니다. 지금까지 저와 여러분을 인도하시는 분은 주님이십니다. 양들은 어리석기 때문에 자기의 길을 알지 못하므로 목자가 인도해야 하는 것이고 주 예수님께서 우리를 목자로서 인도하시는 것입니다. 지금까지 저와 여러분을 인도하시는 분은 주님이십니다. 그럴 때, 주님의 인도하심을 따라왔을 때, 우리는 홍해 바다와 같이 갇히는 상황을 경험할 수 있습니다.

3절 끝에 "광야에 갇혔도다" 하는 것처럼, 우리 또한 갇힌 상황이 될 수 있습니다.

그리고 이집트 군대가 이스라엘 백성을 쫓아오는 것처럼 우리로 하여금 두렵게 하고, 위험하게 하는 상황이 닥쳐올 수 있습니다. 그런데, 주님께서 허락하신 상황들은 목적이 있습니다. 그것은 주님이 영광을 받으시는 것입니다.

그리고 세상 사람들이 저와 여러분 안에 역사하시는 분을 알게 하시려는 것입니다. 바로 그분이 주 예수님이심을 알게 하시려는 것입니다.

그러므로 저와 여러분이 우리의 목자이신 예수님만을 바라보기를 원합니다.

히브리서 12장 1절과 2절을 보시면 "그러므로 이렇게 큰 구름 같은 증인들이 또한 우리를 둘러싸고 있으니 우리가 모든 무거운 것과 너무 쉽게 우리를 얽어매는 죄들을 떨쳐 버리고 인내로 우리 앞에 놓여 있는 경주 길을 달려가며 우리 믿음의 창시자요 또 완성자이신 예수님을 바라보자. 그분께서는 자기 앞에 놓인 기쁨으로 인해 수치를 멸시하시며 십자가를 견디셨고 하나님의 왕좌 오른쪽에 앉혀지셨느니라" 주님은 저와 여러분이 예수님을 바라보라고 말씀하십니다.

그분이 우리 믿음의 창시자요 또 완성자이십니다. 그럴 때, 우리는 용기를 얻을 수 있습니다. 그리고 그분이 우리의 목자이심을 깨닫게 됩니다.

그러므로 지금 우리가 어떤 일들을 겪고 있든지, 어떤 장애물들이 우리 앞에 놓여 있든지 그것들을 보지 말고 주 예수 그리스도를 바라보시길 원합니다.

그 모든 것들을 통해서 영광을 받으시는 그분, 우리 안에 거하시는 분이 그분이심을 모든 사람들이 알게 하시려는 그분을 바라보기를 원합니다.

다시 본문으로 돌아가서 출애굽기 14장 5절에서 7절까지의 말씀을 보시겠습니다.

"백성이 도망한 것을 사람들이 이집트 왕에게 고하매 파라오와 그의 신하들이 백성을 대적하려고 마음을 바꾼 뒤에 이르되, 우리가 어찌하여 이같이 함으로써 이스라엘이 우리를 섬기는 일을 그만두고 가게 하였는가? 하고는 그가 자기 병거를 준비시키고 자기 백성을 데려가되 선정된 병거 육백 대와 이집트의 모든 병거들과 그것들 각각을 거느릴 대장들을 데려 갔더라"

이 말씀에서 주께서 말씀하신 대로 파라오가 움직였습니다.

그는 광분하여 이집트의 모든 병거들을 거느리고 군대들과 함께 이스라엘을 쫓아오는 것입니다. 우리가 이러한 이집트 군대의 모습을 볼 때, 두려워할 만하고 염려할 만합니다. 그들을 상대하는 것이 불가능하게 느껴집니다. 세계 최고의 군대가 이스라엘을 뒤쫓고 있었기 때문입니다. 반면에 이스라엘 자손은 약하였습니다.

그러나 8절에서 다음과 같이 말씀하십니다. "주께서 이집트 왕 파라오의 마음을 강퍅하게 하셨으므로 그가 이스라엘 자손을 추격하였으나 이스라엘 자손은 높은 손과 함께 나갔더라" 이 말씀에서 우리가 주목할 말씀은 "이스라엘 자손은 높은 손과 함께 나갔더라"는 말씀입니다.

그들은 약하지만 높은 손이 그들과 함께 있었습니다. 여기서 높은 손은 하나님을 일컫는 말입니다. 그 손이 이스라엘 자손을 인도하고 계셨으며, 그 손이 그들을 보호하고 계셨고, 그 손이 그들의 손을 붙잡고 계셨습니다. 이와 같이 저와 여러분이 이 시간 기억할 것은 높은 손입니다. 저와 여러분이 구원을 받았을 때, 저와 여러분 안에는 예수님이 들어오셨습니다. 그분의 손이 저와 여러분을 붙잡고 계십니다.

그분의 손은 높은 손입니다. 주 예수님께서 저와 여러분을 돕는 분이심을 기억하시기 바랍니다. 그분의 손이 저와 여러분을 붙잡고 계십니다.

그분의 손이 저와 여러분을 인도하고 계시고, 그분의 손이 저와 여러분을 보호하고 계십니다.

히브리서 13장 5절과 6절의 말씀을 보시면 "너희의 행실을 탐욕이 없게 하고 너희가 가진 것들로 만족하라. 그분께서 이르시되, 내가 결코 너를 떠나지 아니하고 너를 버리지 아니하리라, 하셨느니라.

그러므로 우리가 담대히 말하되, 주는 나를 돕는 분이시니 사람이 내게 무엇을 행하든지 내가 두려워하지 아니하리라, 하노라"

주 예수 그리스도께서는 저와 여러분을 결코 떠나지 아니하시고 버리지 아니하십니다. 그분은 저와 여러분을 돕는 분이십니다. 그래서 우리는 사람이 저와 여러분에게 무엇을 행하든지 두려워하지 아니하는 것입니다. 저와 여러분이 기억할 것은 높은 손입니다. 바로 주 예수님의 손입니다.

그럴 때, 부모가 자기 손을 잡고 있음을 보고 아이가 안심하듯이 주님이 저와 여러분의 손을 붙잡고 계심을 볼 때 안심하게 되는 것입니다.

다시 본문으로 돌아가서 출애굽기 14장 10절을 보시겠습니다. "파라오가 기끼이 왔을 때에 이스라엘 자손이 눈을 드니, 보라, 이집트 사람들이 자기들의 뒤를 따라 행진하고 있으므로 그들이 심히 두려워하였고 이스라엘 자손이 주께 부르짖었으며"

이 말씀에서 이스라엘 백성이 이집트 군대를 보았습니다. 그랬을 때, 그들은 심히 두려워했습니다. 그것은 죽음이 가까이 왔다고 생각하는 것입니다.

그들은 주께 부르짖었습니다. 그러나 그들은 믿음이 없었습니다.

11절과 12절의 말씀에서는 "또 그들이 모세에게 이르되, 이집트에 무덤이 없어서 당신이 우리를 데리고 나와 광야에서 죽게 하느냐? 어찌하여 당신이 우리를 이집트에서 끌고 나와 이같이 우리를 대하느냐?

우리가 이집트에서 당신에게 고한 말이 이것이 아니냐? 이르기를, 우리를 내버려 두라. 우리가 이집트 사람들을 섬기리라, 하였노라. 우리가 이집트 사람들을 섬기는 것이 광야에서 죽는 것보다 우리에게 나았으리라, 하였더라"

이 말씀에서 이스라엘 백성이 두려워서 모세를 원망하는 말들을 하고 있습니다.

이것은 그들이 믿음이 없어서입니다. 믿음이 없는 가운데 하나님께 기도해도 여전히 두려워하게 되고, 원망과 불평이 나오는 것입니다. 모든 사람들이 이러한 연약함을 가지고 있습니다. 그러나 주 예수님께서 저와 여러분에게 자신의 믿음을 주셨습니다. 갈라디아서 2장 20절 말씀에서 "내가 그리스도와 함께 십자가에 못 박혀 있으나 그럼에도 불구하고 사노라. 그러나 내가 아니요 그리스도께서 내 안에 사시느니라. 나는 지금 내가 육체 안에서 사는 삶을, 나를 사랑하사 나를 위해 자신을 주신 하나님의 아들의 믿음으로 사노라"

저와 여러분은 주 예수님과 함께 십자가에 못 박혀 죽었고, 지금 저와 여러분 안에는 그리스도께서 사십니다. 우리는 그분의 믿음으로 삽니다. 이 믿음이 우리를 세웁니다. 이 믿음이 우리에게 평안을 누리게 합니다.

이 믿음이 우리로 담대하게 하고, 이 믿음이 우리로 승리를 경험하게 합니다.

오늘 이 시간 저와 여러분이 이 말씀을 고백하고, 주께서 우리 각자에게 하나님 아들의 믿음으로 더욱 살게 하시기를 원합니다.

우리 또한 막상 어려움을 겪게 되면, 하나님께 기도하면서도 여전히 두려울 수 있고, 여전히 원망이 나올 수 있습니다. 그것이 우리의 연약함입니다.

그래서 히브리서 4장 15절에서 다음과 같이 말씀하십니다.

"우리에게 계신 대제사장은 우리의 연약함의 감정을 느낄 수 없는 분이 아니요 모든 점에서 우리와 똑같이 시험을 받으셨으나 죄는 없으신 분이시니라"

이 말씀에서 "우리에게 계신 대제사장"은 예수님이십니다. 그분은 우리의 연약함의 감정을 느끼시는 분이십니다. 그래서 주님은 우리를 긍휼히 여기십니다.

16절에서 "그러므로 우리가 긍휼을 얻고 필요한 때에 도우시는 은혜를 얻기 위해 은혜의 왕좌로 담대히 갈 것이니라" 주님은 우리의 연약함에 대해서 긍휼히 여기시고 필요한 때에 도우시는 은혜를 주십니다. 그 은혜 가운데 하나님 아들의 믿음이 있습니다. 그 은혜를 구하시길 원합니다. 그래서 저와 여러분이 믿음으로 강하게 되기를 원합니다. 히브리서 11장 33절과 34절을 보시겠습니다.

"그들은 믿음을 통해 왕국들을 정복하기도 하고 의를 이루기도 하며 약속하신 것들을 얻기도 하고 사자들의 입을 막기도 하며 맹렬한 불을 끄기도 하고 칼날을 피하기도 하며 연약한 가운데서 강하게 되기도 하고 싸움에서 용맹하게 되어 외인들의 군대들과 싸워 물리치기도 하였으며" 이 말씀에서 믿음을 통해 얼마나 놀라운 일들을 이룰 수 있는가를 보여 주십니다. 저와 여러분이 믿음으로 서기를 원합니다.

다시 본문으로 돌아가서 출애굽기 14장 13절을 보시면 "모세가 백성에게 이르되, 너희는 두려워하지 말고 가만히 서서 오늘 주께서 너희에게 보여 주실 그분의 구원을 보라. 너희가 이후로는 오늘 본 이집트 사람들을 영원히 다시 보지 아니하리라" 이 말씀에서 믿음의 사람이었던 모세가 이스라엘 자손에게 말합니다.

"너희는 두려워하지 말"라 합니다. 그리고 말하기를 "가만히 서서 오늘 주께서 너희에게 보여 주실 그분의 구원을 보라" 하였습니다. 이 말씀에서 우리는 "가만히 서서"라는 말씀을 볼 수 있습니다. 이 말은 지금 그들이 처한 상황에 대해서 이집트 군대에게 행할 일이 없다는 뜻입니다. 군대가 밀려오고 있습니다.

그런데, 모세는 "가만히 서"라 합니다. 그리고 "오늘 주께서 너희에게 보여 주실 그분의 구원을 보라" 한 것은 주께서 이스라엘 자손을 이집트의 군대로부터 구원하시겠다는 것입니다. 그는 믿음으로 말하고 있습니다. 그는 믿음으로 보이지 아니하시는 하나님을 보고 있습니다. 그래서 그는 이스라엘 자손에게 담대하게 "그분의 구원을 보라"고 말할 수 있었습니다. 저와 여러분 또한 믿음으로 저와 여러분 각자 안에 거하시는 주 예수 그리스도를 보기를 원합니다. 그럴 때, 우리는 "그분의 구원을 보라"고 말할 수 있습니다. 우리의 모든 일들을 그분이 하시기 때문입니다.

모세는 이스라엘 자손에게 말하기를 "너희가 이후로는 오늘 본 이집트 사람들을 영원히 다시 보지 아니하리라" 하였습니다. 지금 수많은 이집트 군대가 이스라엘 자손의 눈앞에 있습니다. 그러나 모세는 "너희가 이 후로는 오늘 본 이집트 사람들을 영원히 다시 보지 아니"할 것이라 하였습니다. 이것은 사람의 힘으로는 불가능한 일입니다. 오늘 하나님만 하실 수 있으십니다. 그분의 기적으로만 가능합니다.

그런데, 그분이 하시겠다고 말씀하신 것입니다.

14절 "주께서 너희를 위해 싸우시리니 너희는 잠잠히 있을지니라, 하니라"

주님이 이스라엘 자손을 위해 이집트 군대와 싸우시겠다고 하셨습니다.

이처럼 저와 여러분이 바라보아야 할 분은 오직 예수님이십니다. 그분이 이 교회의 머리이시고 우리 각자의 주님이십니다. 그분이 마귀들을 물리치시고, 자신의 일들을 이루십니다. 그분이 선하게 자신의 뜻을 이루십니다. 모든 것을 행하시는 분은 오직 주 예수님이십니다. 주께서 우리를 기뻐하실 때는 우리가 그분을 믿을 때입니다. 히브리서 11장 6절을 보시면 "그러나 믿음이 없이는 하나님을 기쁘게 할 수 없나니 그분께 가는 자는 반드시 그분께서 계시다는 것과 또 그분께서 부지런히 자신을 찾는 자들에게 보상해 주시는 분이시라는 것을 믿어야 하느니라"

이 말씀에서 하나님을 기쁘게 할 수 있는 것이 바로 믿음이라 하셨습니다.

그래서 하나님께 나아가는 자는 "반드시 그분께서 계시다는 것"을 믿으라 하십니다. 그리고 "그분께서 부지런히 자신을 찾는 자들에게 보상해 주시는 분이시라는 것을 믿"으라 하십니다. 즉 주께서 우리의 기도에

응답하신다는 것을 믿으라는 뜻입니다. 그 믿음을 주께서 기뻐하십니다. 그러므로 사랑하는 성도 여러분, 주님을 믿기를 바랍니다. 홍해 바다가 앞에 있고, 뒤에는 이집트 군대가 쫓아오는 갇힌 상황, 위험한 상황 속에서 주님을 믿기를 바랍니다. 그분이 우리 교회 한가운데 계시다는 것을 믿기를 바랍니다. 구원받은 우리 각자 안에 계시다는 것을 믿기를 바랍니다. 그분이 우리의 기도를 들으셨고 응답하신다는 것을 믿기를 바랍니다.

그럴 때, 하나님께서 기뻐하십니다. 다시 본문으로 돌아가겠습니다.

출애굽기 14장 15절과 16절의 말씀을 보시면 "주께서 모세에게 이르시되, 네가 어찌하여 내게 부르짖느냐? 이스라엘 자손에게 말하여 그들이 앞으로 가게 하되

너는 네 막대기를 들고 네 손을 바다 위로 내밀어 바다를 나누라. 이스라엘 자손이 바다 한가운데를 지나 마른땅 위로 가리라"

이 말씀에서 주께서 행하심을 볼 수 있습니다. 주께서 바다를 나누셨습니다. 홍해 바다가 갈라지는 것입니다. 그것은 누구도 생각할 수 없었던 것이었습니다.

그래서 이스라엘 자손이 바다 한가운데를 지나 마른 땅 위로 걸어가는 것입니다.

19절과 20절을 보시겠습니다. "이스라엘 진영 앞에 가던 하나님의 천사가 이동하여 그들 뒤에서 가매 구름 기둥이 그들의 얼굴 앞에서 떠나간 뒤 그들의 뒤에 서서

이집트 사람들 진영과 이스라엘 진영 사이에 다다르니 그것이 저들에

게는 구름과 흑암이 되었고 이들에게는 밤에 빛을 주었으므로 밤새도록 한쪽이 다른 쪽으로 가까이 오지 못하였더라" 이 말씀에서 하나님이 이집 트 군대와 이스라엘 진영을 나누셨습니다. 그래서 이집트 군대가 이스라 엘 자손에게 오지 못하게 하셨습니다.

그리고 하나님은 홍해 바다를 나누셨습니다. 21절 "모세가 바다 위로 자기 손을 내밀매 주께서 강한 동풍으로 온밤 내내 바다를 뒤로 물러가게 하시고 바다를 마른땅이 되게 하시며 물들을 나누시니" 주님이 물들을 나 누셨습니다.

이것이 하나님의 기적입니다.

22절에서 "이스라엘 자손이 바다 한가운데로 들어가 마른 땅 위로 갔 고 물들은 그들의 오른쪽과 왼쪽에서 그들을 위해 벽이 되었더라" 하였 습니다.

그리고 이스라엘 자손이 무사히 건너편으로 건너갔으며, 이집트 군대 는 홍해 바다에서 멸망을 당했습니다. 그들은 하나님의 구원을 본 것입 니다.

오늘날을 살아가는 저와 여러분에게 하나님께서는 이 말씀들을 통해 서 은혜를 주십니다. 우리에게 동일하게 말씀하시기를 "그분의 구원을 보라" 하십니다.

우리가 처한 상황이 어떠하든지 주님의 구원을 보기를 원합니다.

그것은 우리를 이미 자신의 피로 구원하신 주님이 저와 여러분 안에 계 셔서 그분 홀로 역사하심으로 말미암은 것입니다. 그래서 그분이 홀로 높임을 받으시는 것입니다. 세상 사람들이 우리 안에 계시는 그분을 아는 것입니다. 그러므로 사랑하는 성도 여러분, 주 예수님을 보시고 그분의 구원을 보시기를 바랍니다.

우리의 기도

주의 말씀을 통하여 신실하신 하나님을 보았습니다. 우리의 발걸음을 인도하시는 하나님, 지금도 인도하고 계십니다.

위험한 상황, 어려운 상황, 갇힌 상황 하나님께서 허락한 이유는, 목적이 있다고 분명히 나와 있습니다. 하나님이 영광을 받으시려고, 또 하나님께서 그들 가운데 계신다라는 것을 알게 해 주시려고, 허락하셨다고 했습니다. 우리가 해야 할 일은 그분의 구원을 보는 것입니다. 예수 그리스도를 바라보는 것입니다.

이 시간 주님을 바라보시고, 하나님 아들의 믿음으로 저와 여러분들 모두가 굳건하게 서기를 바라고, 믿음을 통해서 약한 가운데 강하게 되는 것이 어떤 것인지, 믿음을 통해서 승리하는 것인지 어떤 것인지, 믿음을 통해서 하나님의 기적을 보고, 하나님의 역사를 보는 것이 어떤 것인지를 우리가 더욱더 경험하게 되기를 원합니다. 말씀에 따라 하나님께 반응하여 기도드립니다. 아멘.

17. 내게 있는 것을 네게 주노니

한편 아홉 시 기도 시간에 베드로와 요한이 함께 성전으로 올라갈 때에
사람들이 자기 어머니 태에서부터 걷지 못하는 어떤 사람을 들고 왔는데 그는
성전에 들어가는 자들에게 구제물을 요청하게 하려고 그들이 날마다 아름다
운 문이라 하는 성전 문에 두는 자더라.
그가 베드로와 요한이 성전에 들어가려 하는 것을 보고 구제물을 요청하므로
베드로가 요한과 함께 그를 눈여겨보며 이르되, 우리를 보라, 하니
그가 그들에게서 무엇을 받으려고 기대하며 그들에게 주의를 기울이므로
그때에 베드로가 이르되, 은과 금은 내게 없으나 내게 있는 것을 네게 주노니
나사렛 예수 그리스도의 이름으로 일어나 걸으라, 하고 - 사도행전 3:1~6 -

1절을 보시면 "한편 아홉 시 기도 시간에 베드로와 요한이 함께 성전으
로 올라갈 때에"라고 기록되어 있습니다. 베드로와 요한이 기도 시간이
되어 성전으로 올라가고 있었습니다. 그런데, 그들이 한 사람을 보게 되
었습니다.

2절을 보시면 "사람들이 자기 어머니 태에서부터 걷지 못하는 어떤 사
람을 들고 왔는데 그는 성전에 들어가는 자들에게 구제물을 요청하게 하
려고 그들이 날마다 아름다운 문이라 하는 성전 문에 두는 자더라"고 기
록되어 있습니다.

이 말씀에서 "자기 어머니 태에서부터 걷지 못하는 어떤 사람"을 볼 수 있습니다.

그는 불구였습니다. 그는 단 한 번도 걸은 적이 없었습니다.

그러기 때문에 그가 할 수 있는 일이란 사람들에게 구제물을 요청하는 것뿐이었습니다. 바로 그가 아름다운 문이라고 하는 성전 문에 앉아 있었습니다.

그리고 베드로와 요한은 바로 그 사람을 본 것입니다.

3절을 보시면 "그가 베드로와 요한이 성전에 들어가려 하는 것을 보고 구제물을 요청하므로"라고 기록되어 있습니다. 베드로와 요한이 성전에 들어가려고 하는 것을 그 불구자가 보았습니다. 그리고 그는 그들에게 구제물을 요청했습니다.

그는 그들로부터 무엇인가 자기에게 물질적인 것을 주기를 기대했습니다.

그런데, 4절을 보시면 "베드로가 요한과 함께 그를 눈여겨보며 이르되, 우리를 보라, 하니" 베드로가 먼저 그를 바라보았습니다. 그리고 그는 그에게 "우리를 보라" 했습니다. 그것은 성령님께서 베드로 안에서 역사하시는 것입니다. 베드로 안에는 성령님이 계셨습니다. 그분은 사도행전 2장에서 예수님께서 말씀하신 대로 그의 속에 들어오셨습니다. 그리고 그분께서 베드로의 마음을 움직이시고, 베드로가 그 불구자에게 "우리를 보라"고 말하게 하셨습니다.

이것은 성령님께서는 그리스도인들로 하여금 하나님의 뜻을 원하게도 하시고 행하게도 하시는 분이시기 때문입니다.

빌립보서 2장 13절 말씀을 보시면 "자신의 선한 기쁨에 따라 너희 안에서 일하사 원하게도 하시고 행하게도 하시는 분은 하나님이시니라"

이 말씀에서 저와 여러분은 "너희 안에서 일하사"라는 말씀을 볼 수 있습니다.

지금 저와 여러분 안에 일하시는 분이 계십니다. 그분은 하나님이십니다.

그분은 성령님이십니다. 그분께서 어떤 저와 여러분 속에 들어오셨습니까?

우리 각자가 예수 그리스도의 복음을 듣고 예수님을 마음으로 믿었을 때 들어오셨습니다. 예수님께서 나를 위해 십자가에서 죽으시고 부활하셨음을 듣고 믿었을 때, 예수님의 피가 나의 모든 죄들을 씻었음을 마음으로 믿었을 때, 하나님이신 성령님이 저와 여러분 속에 들어오셨습니다. 그분께서는 지금 우리 각자 안에 거하고 계십니다. 그리고 그분께서는 가만히 계시는 분이 아니십니다.

그분께서는 우리 안에서 일하시는 분이십니다. 그분께서 어떤 일을 하십니까?

13절에서 "자신의 선한 기쁨에 따라 너희 안에서 일하사 원하게도 하시고 행하게도 하시는 분은 하나님이시니라" 하셨습니다.

하나님의 선한 기쁨에 따라 우리로 하여금 원하게도 하시고 행하게도 하십니다.

이것이 지금 우리 속에 계시는 성령님의 일입니다.

우리 속에서 자발적으로 하나님의 뜻을 행하고 싶은 마음을 갖게 하십니다. 우리 속에서 우리를 움직이서서 베드로가 말하게 하신 것처럼 우리로 말하게 하십니다. 행동하게 하십니다. 그분이 바로 성령님이십니다.

저와 여러분은 날마다 매 순간 성령님의 이러한 인도하심을 받고 있습니다.

로마서 8장 14절 말씀을 보시면 "하나님의 영에 의해 인도받는 자들은 다 하나님의 아들들이니" 저와 여러분은 하나님의 아들들입니다. 우리가 예수님을 믿고 구원을 받았기 때문입니다. 그런데, 우리는 "하나님의 영에 의해 인도받는 자들"입니다. 지금 저와 여러분 속에 계시는 성령님은 우리를 인도하시는 분이십니다.

그분의 인도하심은 그분의 뜻을 원하게 하시고 행하게 하시는 것입니다.

저와 여러분이 바로 이러한 성령님의 인도하심을 따라 살아가기를 원합니다.

그 길은 우리 속에 계시는 성령님을 인정하는 것입니다.

그리고 우리 자신을 주 예수님과 함께 십자가에 못 박혀 죽은 자들로 여기는 것입니다. 그럴 때, 성령님께서 우리 각자 속에서 일하시는 것을 경험하게 됩니다.

주님의 뜻을 원하게 됩니다. 또한 행하게 됩니다.

오늘 본문의 말씀에서 베드로가 그 불구자에게 "우리를 보라" 한 것은 베드로 속에 계시는 성령님께서 일하셨기 때문입니다. 그에게 주님의 뜻을 원하게 하시고 행하게 하셨던 것입니다. 그랬을 때, 하나님의 놀라운 역사가 일어났습니다.

다시 본문으로 돌아가서 사도행전 3장 5절 말씀을 보시면 "그가 그들에게 무엇을 받으려고 기대하며 그들에게 주의를 기울이므로"

이 말씀에서 그 어머니 태에서부터 걷지 못하는 사람이 베드로와 요한에게 주의를 기울였습니다. 그 이유는 "그가 그들에게 무엇을 받으려고 기대"했기 때문입니다.

무슨 물질을 주는 줄 알고 있었고 그것을 기대하고 있었습니다. 그런데 6절에서 다음과 같이 말씀하십니다. "그때에 베드로가 이르되, 은과 금은 내게 없으나 내게 있는 것을 네게 주노니 나사렛 예수 그리스도의 이름으로 일어나 걸으라, 하고"

이 말씀에서 베드로는 "은과 금은 내게 없"다 했습니다. 은과 금은 그 불구자가 기대하고 있었던 것입니다. 그것들로 삶을 살아간다고 생각했기 때문입니다.

그런데 베드로는 "은과 금은 내게 없"다 했습니다. 네게 줄 재물은 내게 없다는 것입니다. 네가 기대하는 그것은 내게는 없다는 것입니다. 그런데, "내게 있는 것을 네게" 준다 했습니다. 베드로에게 있는 것이 있었습니다. 그것은 "나사렛 예수 그리스도"이셨습니다. 베드로 안에는 예수님이 계셨습니다.

그분과 은과 금에 비교할 수 없는 분이십니다. 그분은 하나님이십니다. 그분은 전능자이십니다. 그분의 이름에 모든 것이 굴복합니다.

베드로는 말하기를 "내게 있는 것을 네게 주노니 나사렛 예수 그리스도의 이름으로 일어나 걸으라" 했습니다.

자기 어머니 태에서부터 걷지 못하는 그 사람에게 "일어나 걸으라" 한 것은 베드로 안에 거하시는 성령님께서 베드로를 통해서 말씀하시는 것입니다.

그것이 그에게 은과 금보다 더 중요한 것이며 은과 금보다 더 필요한 것이기 때문입니다. 하나님은 모든 필요를 알고 계십니다. 때로는 우리가 필요로 하는 것보다 우리에게 진정으로 필요한 것이 무엇인지 주님께서 알고 계십니다.

저와 여러분에게 가장 필요한 분은 예수님이십니다. 그분을 아는 것입니다.

우리는 불구자였던 그 사람처럼 죄의 불구자였습니다. 우리의 죄를 우리가 해결할 수 없었습니다. 하나님과 우리 사이를 가로막는 죄를 우리가 해결할 수 없었습니다. 그러나 예수님께서 그 죄를 제거해 주셨습니다. 그분의 피로 우리의 모든 죄들을 다 씻어 주셨습니다. 정결하게 하셨습니다. 우리를 의롭게 하셨습니다.

지금 저와 여러분 속에 그분이 거하게 계십니다.

지금 우리에게 필요한 것이 다른 어떤 것들이 있을지라도 지금 내 속에 거하시는 예수님을 더욱 아는 것이 필요합니다. 그분이 얼마나 전능하신 분이신지, 그분이 얼마나 우리를 사랑하고 계시는지, 그분이 얼마나 저와 여러분의 모든 길을 익히 아시는지, 그분이 우리를 어떻게 인도하시는지 아는 것이 필요합니다. 우리가 더욱 주님을 알기를 원합니다.

빌립보서 3장 7절과 8절의 말씀을 보시면 "그러나 무엇이든지 내게 이득이던 것들, 그것들을 내가 그리스도를 위해 손실로 여겼고 참으로 확실히 모든 것을 손실로 여기나니 이는 그리스도 예수 내 주를 아는 지식이 가장 뛰어나기 때문이라. 내가 그분을 위해 모든 것을 잃는 손실을 입었고 그것들을 단지 배설물로 여기나니 이것은 내가 그리스도를 얻고"

사도 바울은 말하기를 "그리스도 예수 내 주를 아는 지식이 가장 뛰어나"다고 했습니다. 바울은 그분을 더욱 알기를 원했습니다. 그래서 모든 것을 손실로 여겼습니다. 저와 여러분 또한 주 예수님을 더욱 알기를 원합니다.

우리에게 이득이던 것들을 손실로 여기고 내 속에 거하시는 주 예수 그리스도를 더욱 알기를 원합니다. 이것이 우리 각자에게 더욱 필요한 것입니다.

그분이 전능자이심을, 그분이 하나님이심을, 그분이 우리를 얼마나 사랑하고 계시는지를, 그분이 얼마나 신실하게 우리의 길을 인도하고 계시는지를 우리가 더욱 알기를 원합니다. 그분 자신을 우리가 더욱 알기를 원합니다.

그럴 때, 우리는 그분이 얼마나 놀랍게 우리의 삶 가운데 역사하시는지 경험하게 될 것입니다.

로마서 8장 34절 말씀에서는 "정죄하는 자가 누구냐? 죽으신 분은 그리스도시요, 참으로 다시 일어나신 분도 그리스도신데 그분께서는 바로 하나님 오른쪽에 계시며 또한 우리를 위해 중보하시느니라" 주 예수 그리스도께서는 저와 여러분을 위해 중보하고 계십니다. 누구도 우리를 정죄할 수 없습니다.

35절 "누가 우리를 그리스도의 사랑에서 떼어 놓겠느냐? 환난이나 곤경이나 핍박이나 기근이나 벌거벗음이나 위험이나 칼이겠느냐?" 주님의 사랑은 변하지 않습니다. 누구도 그분의 사랑에서 우리를 떼어 놓을 수 없습니다.

36절 "이것은 기록된 바, 주로 인해 우리가 종일토록 죽임을 당하며 도살당할 양같이 여겨졌나이다, 함과 같으니라" 저와 여러분의 삶이 고난의 연속일 수 있습니다.

그러나 37절에서 "아니라. 이 모든 것 가운데서 우리는 우리를 사랑하신 그분을 통해 정복자들보다 더 나은 자들이니라" 하셨습니다.

우리는 우리를 사랑하신 예수님을 통해서 모든 것에서 승리를 맛볼 수 있습니다.

38절과 39절에서 말씀하십니다. "내가 확신하노니 사망이나 생명이나 천사들이나 권력들이나 권능들이나 현재 있는 것들이나 장래 있을 것들이나

높음이나 깊음이나 다른 어떤 창조물이라도 우리를 그리스도 예수 우리 주 안에 있는 하나님의 사랑에서 떼어 놓을 수 없으리라"

누구도 우리를 그리스도 예수님의 사랑에서 떼어 놓을 수 없습니다.

주님은 영원히 저와 여러분을 사랑하십니다. 그분을 더욱 알기를 원합니다.

그럴 때, 우리는 모든 것의 필요가 바로 그분이심을 알게 됩니다.

그리고 그분께서 우리의 삶 속에 놀랍게 역사하심을 경험하게 됩니다.

다시 본문으로 돌아가서 사도행전 3장 7절을 보시면 "그의 오른손을 잡아 그를 일으키매 즉시 그의 발과 발목뼈가 힘을 받아서" 이 말씀에서 베드로가 그의 오른손을 잡았습니다. 그리고 그를 일으켰습니다. 그러자.

즉시 그의 발과 발목뼈가 힘을 받았습니다. 그것은 베드로 안에 계시는 성령님의 역사입니다.

그리스도의 영께서 그를 일으키셨습니다. 그리스도의 영이신 성령님이 그의 발과 발목뼈에 힘을 주셨습니다. 불구였던 그를 고치셨습니다. 그리고 8절을 보시면 다음과 같이 기록되어 있습니다. "그가 껑충 뛰어서서 걸으며 그들과 함께 성전으로 들어가면서 걷기도 하고 뛰기도 하며 하나님을 찬양하니라"

그 자기 어머니 태에서부터 걷지 못하는 그 사람이 최초로 걸었습니다.

그리고 뛰었습니다. 그리고 그것으로 인해 그가 하나님을 찬양했습니다.

주님의 놀라운 역사를 그가 경험한 것입니다. 이처럼 저와 여러분의 삶 속에 가장 중요한 분은 예수님이십니다. 지금 우리 각자 안에 계시는 그분이십니다.

그분이 더욱 필요하고 그분을 아는 것이 더욱 필요합니다. 그래서 그분께서 얼마나 놀랍게 역사하시는지를 경험하기를 원합니다. 주께서 베드로를 통해서 역사하셨던 것처럼, 지금 주님은 우리 각자 속에서 역사하셔서 지금 우리가 가지고 있는 모든 문제를 해결하실 수 있으십니다. 그것은 주께서 우리를 사랑하시기 때문입니다.

그러므로 사랑하는 성도 여러분, 내 안에 계시는 분을 주목하고, 그분을 의지하기를 원합니다. 베드로가 자기 안에 계시는 분을 주목했던 것처럼, 저와 여러분이 바로 내 안에 계시는 분 예수님을 주목하기를 원합니다.

그분은 바로 나를 위해 죽으시고 부활하신 분이시며, 나를 사랑하시는 분이시며, 나의 삶 가운데 그분의 전능하신 능력으로 역사하시는 분이십니다.

이제 9절과 10절을 보시면 "온 백성이 그가 걷는 것과 하나님을 찬양하는 것을 보았고 또 그가 성전의 아름다운 문에 앉아 구제물을 바라던 자인 줄 알았으므로 그에게 일어난 그 일로 인해 그들이 심히 이상하게 여기며 놀라니라"

이 말씀에서 이번에는 "온 백성"을 볼 수 있습니다. 그들은 그 자기 어머니 태에서 걷지 못하는 그 사람을 알고 있었습니다. 그것은 그가 성전의 아름다운 문에 앉아 있었기 때문에 모든 백성이 그를 알았습니다. 그가 자기들에게 구제물을 바랐던 자였습니다. 그런데, 바로 그가 지금 성전 안에서 걷고 있고 뛰고 있는 것입니다.

그는 자기 어머니 태에서 걷지 못하는 사람이었습니다.

그런데, 그가 걷고 뛰는 것을 온 백성이 보고 심히 이상하게 여기면서 놀라워했습니다. 그것은 그에게 기적이 일어난 것이기 때문입니다. 일어날 수 없는 일이 일어났기 때문입니다. 11절을 보시면 "걷지 못하는 자가 고침을 받고 베드로와 요한을 붙드니 온 백성이 크게 놀라며 함께 달려가서 솔로몬의 주랑이라 하는 곳에 있는 그들에게 나아오므로" 여기서 그 걷지 못하는 자가 고침을 받고서 베드로와 요한을 붙들었습니다. 그것은 그 두 사람이 자기에게 놀라운 일이 일어나게 했기 때문입니다. 그랬을 때, 온 백성이 크게 놀라며 그들에게 나아왔습니다. 사람들은 그 두 사람을 놀라워하면서 바라보고 있었습니다.

12절을 보시면 "베드로가 그것을 보고 백성에게 응답하되, 너희 이스라엘 사람들아, 어찌하여 이 일에 놀라느냐? 어찌하여 마치 우리가 우리 자신의 권능이나 거룩함으로 이 사람을 걷게 만든 것처럼 우리를 이토록 진지하게 쳐다보느냐?"

베드로는 사람들이 놀라워하면서 자기를 쳐다보는 것을 보고 '내가 한 것이 아니다'라고 말하는 것입니다. 베드로는 6절에서 "내게 있는 것"이라 했습니다.

베드로가 아니라 베드로 안에 계시는 분이 하신 일이라는 것을 사람들에게 증거하는 것입니다.

13절에서 베드로는 말하기를 "아브라함과 이삭과 야곱의 하나님 곧 우리 조상들의 하나님께서 자신의 아들 예수님을 영광스럽게 하셨느니라. 너희가 그분을 넘겨주었고 빌라도가 그분을 놓아주기로 결심하였을 때에 너희가 그의 얼굴 앞에서 그분을 부인하였으니" 이 말씀에서 베드로는 "아브라함과 이삭과 야곱의 하나님"을 말합니다. 그분께서 "자신의 아들 예수님을 영광스럽게 하셨"다 하였습니다.

이것은 지금 그 불구자가 고침을 받은 것은 예수님이 하신 일이라는 것을 말하는 것입니다. 베드로 안에 계시는 예수님이 하신 것이지 자기가 한 일이 아니라는 것입니다. 하나님께서 그분을 영광스럽게 하셨다고 말하고 있습니다.

이처럼 지금 저와 여러분 안에 계시는 성령님은 우리 안에서 역사하셔서 모든 일들을 이루시고, 예수님을 영광스럽게 하십니다.

요한복음 16장 13절과 14절을 보시면 "그러나 그분 곧 진리의 영께서 오시면 너희를 모든 진리 가운데로 인도하시리니 그분은 스스로 말씀하지 아니하시고 무엇이든지 자기가 듣는 것만을 말씀하시며 앞으로 일어날 일들을 너희에게 보이시리라.

그분께서 나를 영광스럽게 하시리니 이는 그분께서 내게서 받아 그것을 너희에게 보이실 것이기 때문이라"

지금 저와 여러분 안에 계시는 성령님은 예수님을 영광스럽게 하시는 분이십니다.

그것은 그분을 우리 속에서부터 드러내심으로써입니다. 그래서 우리가 아니라 우리 속에 계시는 예수님이 모든 일을 다 하셨다는 것을 드러내시는 것입니다.

오늘 본문에서 베드로 안에 거하시는 주님이 그 불구자를 고치심으로 그분이 영광스럽게 되셨습니다. 이처럼 지금 저와 여러분 속에 계시는 예수님이 우리의 삶 가운데 모든 일들을 행하심으로 영광스럽게 되시는 것입니다.

우리가 그분이 영광을 받으시도록 주님께 우리의 모든 염려를 맡기를 바랍니다.

그분이 영광스럽게 되는 것은 그분이 사람들에게 증거되는 것입니다.

오늘 본문에서 그 불구자에게 일어난 일은 바로 예수님이 하신 일이라는 것을 베드로의 입을 통해서 증거되셨습니다.

다시 본문으로 돌아가서 사도행전 3장 14절에서 16절까지의 말씀을 보시겠습니다.

"너희가 거룩하신 분 곧 의로우신 분을 부인하고 살인자를 너희에게 주기를 구하여 생명의 통치자를 죽였도다. 그러나 하나님께서 그분을 죽은 자들로부터 일으키셨고 우리는 그 일의 증인들이니라.

그분의 이름을 믿는 믿음을 통해 그분의 이름이 너희가 보고 아는 이 사람을 강건하게 하였으니 참으로 그분으로 말미암은 믿음이 너희 모두 앞에서 그를 이같이 완전히 낫게 하였느니라"

베드로는 예수님의 이름을 그들에게 선포합니다. "그분의 이름이 너희가 보고 아는 이 사람을 강건하게 하였"다고 말하고 있습니다. 이것이 그분이 영광스럽게 되시는 것입니다. 주 예수님은 지금도 저와 여러분 안에서 영광스럽게 되시는 분이십니다.

그것은 그분께서 우리 속에서부터 일하심으로써입니다.

우리가 우리 자신이 아니라 내 속에 계시는 주님을 의지하기를 원합니다. 그분의 인도하심을 따르기를 원합니다. 그래서 우리의 모든 문제들이 예수님의 이름으로 해결되기를 원합니다. 그리고 무엇보다 주 예수님의 이름이 믿지 않는 자들에게 전 파되기를 원합니다. 그것은 주께서 지금 우리 속에 거하시는 것은 그분이 증거되어 사람들이 예수님을 믿고 구원을 받도록 하시고자 하시기 때문입니다.

주 예수님은 온 세상의 구원자이십니다. 요한일서 2장 2절을 보시면 "그분은 우리 죄들로 인한 화해 헌물이시며 우리 죄들뿐만 아니요 또한 온 세상 죄들로 인한 화해 헌물이시니라" 예수님은 우리 죄들 때문에 죽으셨을 뿐만 아니라 온 세상 죄들 때문에 죽으셨습니다. 모든 사람들에게 그분의 이름이 증거되기를 원합니다.

바로 그것이 그분이 영광스럽게 되시는 것입니다. 바로 그 일을 위해서 나 자신이 아니라 내 안에 계시는 주 예수님을 의지하기를 원합니다.

골로새서 1장 26절과 27절 말씀을 보시면 "이것은 여러 시대와 여러 세대로부터 감추어졌으나 이제는 그분의 성도들에게 드러난 바로 그 신비에 관한 것이라.

하나님께서는 이방인들 가운데서 이 신비의 영광의 풍성함이 무엇인지 자신의 성도들에게 알리려 하시는데 이 신비는 너희 안에 계시는 그리스도 곧 영광의 소망이시니라"

하나님은 자신의 성도들인 저와 여러분에게 한 신비를 알리려 하십니다.

그 신비는 무엇입니까? "너희 안에 계시는 그리스도"라 하십니다.

지금 저와 여러분 각자 안에 계시는 그리스도를 알기를 원하십니다.

내가 아니라 그분이 사시는 것을 알기를 원하십니다. 그래서 그분을 알고, 그분의 능력을 알기를 원하십니다. 그래서 그분을 의지하여 그분을 드러냄으로 그분께서 영광을 받으시기를 원하십니다.

우리의 기도

베드로의 말씀 선포는 은과 금은 내게 없지만, 내게 있는 것을 네게 준다라는 말씀을 통해서 하나님께서 그 불구자에게 더 필요한 것은 은과 금이 아니었고, 예수님이셨다라는 사실을 명확하게 선포되었습니다.

이처럼 저와 여러분들이 구원받았을 때에 예수님으로 구원받았을 뿐만 아니라, 지금도 우리 삶 속에서 필요한 것은 예수님을 더욱더 아는 것입니다.

하나님께서 우리 각자의 눈을 여셔서 주 예수님을 더욱더 알고자 하는 마음을 불러일으키시고, 주님이 나에게 얼마나 놀라운 분이신지를 더욱더 깨닫게 해 주시고, 그분만을 따르게 이끌어 주시기 원합니다. 아멘.

18. 엘리야야, 네가 여기서 무엇을 하느냐?

그가 거기로 가서 굴에 이르러 거기서 묵었는데, 보라, 주의 말씀이 그에게 임하고 그분께서 그에게 이르시되, 엘리야야, 네가 여기서 무엇을 하느냐? 하시매

그가 이르되, 내가 주 군대들의 하나님을 위해 심히 질투하였으니 이는 이스라엘 자손이 주의 언약을 버리고 주의 제단들을 헐며 칼로 주의 대언자들을 죽였기 때문이오며 나 곧 나만 남았는데 그들이 내 생명을 찾아 제거하려 하나이다, 하므로

그분께서 이르시되, 나아가 산에서 주 앞에 서라, 하시니라. 보라, 주께서 지나가시는데 주 앞에서 크고 강한 바람이 산들을 가르고 바위들을 산산조각으로 부수었으나 주께서 바람 가운데에 계시지 아니하였고 바람이 지나간 뒤에 지진이 있었으나 주께서 지진 가운데에 계시지 아니하였으며 - 열왕기상 19:9~11 -

본문의 말씀에서 우리는 엘리야를 볼 수 있습니다.

엘리야는 주의 대언자였습니다. 그는 강력한 대언자였습니다. 그것은 그가 아니라 그와 함께 하시는 주님 때문이었습니다. 엘리야는 주님으로 인하여 강력한 대언자가 되었고, 담대하게 주의 말씀을 선포했습니다.

왕상 18장 21절과 22절을 보시면 "엘리야가 온 백성에게 가서 이르되, 너희가 어느 때까지 두 의견 사이에서 머뭇거리려 하느냐? 만일 주께서

하나님이면 그분을 따르라. 그러나 만일 바알이 하나님이면 그를 따르라, 하였으나 백성이 그에게 한 마디도 응답하지 아니하므로 그때에 엘리야가 백성에게 이르되, 주의 대언자로는 나 곧 나만 홀로 남았으나 바알의 대언자들은 사백오십 명이니라" 이 말씀에서 엘리야는 두 의견 사이에서 머뭇거리고 있는 이스라엘 자손에게 말했습니다. 이스라엘 자손은 하나님과 바알이라는 이방 우상 사이에서 머뭇거리고 있었습니다. 그때 에엘리야는 그들에게 말하기를 "만일 주께서 하나님이면 그분을 따르라. 그러나 만일 바알이 하나님이면 그를 따르라" 하였습니다. 엘리야는 이스라엘 자손에게 그들이 따를 자를 정하라고 하는 것입니다. 그러나 이스라엘 자손은 엘리야에게 한마디도 응답하지 않았습니다.

오늘날 하나님은 저와 여러분이 영접한 그분이십니다.

주 예수 그리스도를 저와 여러분이 영접했을 때, 우리는 하나님을 영접한 것입니다. 그분은 삼위일체 하나님이십니다. 저와 여러분이 주 예수 그리스도를 영접했을 때, 우리는 하나님을 받아들인 것입니다.

온 세상 만물을 창조하신 분, 지금도 모든 만물을 붙들고 계시는 그분을 받아들인 것입니다. 요한일서 5장 20절 말씀에서

"또 하나님의 아들께서 오셔서 우리에게 깨달음을 주사 우리가 진실하신 분을 알게 하셨음을 우리가 알고 또 우리가 진실하신 분 곧 그분의 아들 예수 그리스도 안에 있음을 아노니 이분은 참 하나님이시요 영원한 생명이시니라" 이 말씀에서 "이분은 참 하나님이시"라 말씀하십니다. 예수 그리스도께서는 참 하나님이십니다.

저와 여러분이 그분을 영접했을 때, 하나님을 영접했습니다. 그래서 우

리가 각자가 성전인 것입니다. 하나님께서 저와 여러분 각자를 자신의 처소로 삼으시고 거하고 계시기 때문입니다. 우리는 그분으로 말미암아 거룩하게 구별되어졌습니다.

우리는 전적으로 하나님을 위한 사람들인 것입니다.

21절에서는 "어린 자녀들아, 너희 자신을 지켜 우상들을 멀리하라. 아멘" 하셨습니다. 하나님은 저와 여러분에게 "너희 자신을 지켜 우상들을 멀리하라" 하십니다.

지금 이 세상에 존재하는 모든 신들이라 불리우는 것들은 우상들입니다.

그것들은 돌멩이나 금속이나 나무 조각으로 만들어진 것들입니다.

카톨릭 성당에 세워진 것들 다 우상들입니다. 산에서 세워진 불상들 전부 우상들입니다. 전세계 곳곳에 세워진 수많은 사람의 형상이든, 짐승의 형상이든, 어떤 형상이든 다 우상들입니다. 그것들은 다 썩는 것입니다.

주께서는 말씀하시기를 "너희 자신을 지켜 우상들을 멀리하라" 하십니다.

저와 여러분의 하나님은 오직 우리 각자 안에 거하시는 예수 그리스도이시기 때문입니다. 우리는 그분께 구별되어진 자들입니다. 그분을 위한 자들입니다.

오늘 본문에 나오는 이스라엘 자손은 바알이라는 우상들을 섬기고 있었습니다.

하나님도 섬긴다고 하고 바알도 섬긴다고 하였습니다. 바알은 풍요를 가져온다고 사람들이 믿는 우상들입니다. 그림으로 그려진 우상입니다.

그것은 결코 사람들에게 풍요를 가져다주지 못합니다. 그것들은 죽은 것들이기 때문입니다. 사람의 생사화복을 주장하시는 분은 오직 하나님이십니다.

주 예수 그리스도이십니다. 그분이 참 하나님이시기 때문입니다. 이스라엘 자손은 하나님과 바알 사이에 머뭇거리고 있었습니다. 하나님은 엘리야를 통해서 하나를 정하라 하십니다. "만일 주께서 하나님이면 그분을 따르라. 그러나 만일 바알이 하나님이면 그를 따르라" 하셨습니다.

이 말씀은 이스라엘 자손에게 바알을 멀리하고 하나님께 돌아오라고 하시는 것입니다. 그런 가운데 엘리야는 하나님께 기도했습니다. 다시 왕상 18장 36절의 말씀을 보시면 "저녁 희생물을 드릴 때에 대언자 엘리야가 가까이 가서 이르되, 주 곧 아브라함과 이삭과 이스라엘의 하나님이여, 주께서 이스라엘 안에서 하나님이신 것과 내가 주의 종인 것과 내가 주의 말씀대로 이 모든 일을 행한 것을 이날 저들이 알게 하소서" 엘리야는 하나님께 기도합니다.

그것은 이스라엘 자손을 하나님께로 돌아오게 해 달라는 것입니다.

"주께서 이스라엘 안에 하나님이신 것과 내가 주의 종인 것과 내가 주의 말씀대로 이 모든 일을 행한 것을 이날 저들이 알게 하소서" 하였습니다.

그리고 37절과 38절에서 "오 주여, 내 말을 들으소서. 내 말을 들으사 주께서 주 하나님이신 것과 주께서 그들의 마음을 다시 돌이키신 것을 이 백성이 알게 하소서, 하매 이에 주의 불이 내려와 태우는 희생물과 나무와 돌들과 흙을 태워 버리고 도랑의 물을 핥으므로" 하나님께서 엘리야의 기도를 들으셔서 주의 불이 하늘에서 내려와서 엘리야가 세운 제단을 태웠습니다. 이것은 바알은 아무것도 아니며 주님이 유일하신 하나님이심을 보여 주시는 것입니다. 그때 에 이스라엘 자손은 주 앞에 엎드렸습니다. 39절 "온 백성이 그것을 보고는 얼굴을 땅에 대고 엎드려 이르되, 주 그분은 하나님이시니라. 주 그분은 하나님이시니라, 하니"

이스라엘 자손은 하나님께 돌이킨 것입니다. 오늘날 저와 여러분은 복음을 통해서 하나님의 놀라운 역사를 체험했습니다. 그것은 저와 여러분의 모든 죄들 때문에 예수님께서 십자가에 못 박혀 죽으시고 피를 흘리신 것입니다.

그리고 그분은 부활하신 것입니다. 우리가 그 복음을 통해서 구원을 받았습니다.

영원한 생명을 얻었습니다. 우리의 모든 죄들이 사함을 받았습니다.

이것보다 더 주님의 역사는 없습니다. 저와 여러분은 이 복음을 통해서 예수님을 영접했습니다.

주께서 저와 여러분 안에 거하시며 그분은 우리 각자의 하나님이 되셨습니다.

저와 여러분은 우상들로부터 돌이켜서 하나님께로 돌아온 것입니다.

우리는 그분을 사랑하고 그분의 음성을 들으며 그분을 따릅니다.

데살로니가전서 1장 9절과 10절을 보시면 "그들이 스스로 우리에 관해 보여 주되 우리가 어떤 식으로 너희에게 들어갔는지 또 너희가 어떻게 우상들을 버리고 하나님께 돌아와 살아 계시고 참되신 하나님을 섬기며

그분께서 죽은 자들로부터 일으키신 그분의 아들께서 하늘로부터 오실 것을 기다리는지 보여 주는데 이분은 다가올 진노로부터 우리를 구출하신 바로 그 예수님이시니라"

저와 여러분은 우상들을 버리고 하나님께 돌아온 자들입니다. 우리는 살아 계시고 참되신 하나님을 섬기는 자들입니다. 우리는 예수님께서 하늘로부터 오실 것을 기다리는 자들입니다. 우리는 예수님을 위해 사는 자들이며, 그분만을 따르는 자들입니다. 이 사실을 저와 여러분이 기억하시기를 바랍니다.

다시 열왕기상 19장 1절과 2절을 보시면 "아합이 이세벨에게 엘리야가 행한 모든 일뿐만 아니라 그가 어떻게 그 모든 대언자들을 칼로 죽였는지를 고하니

이에 이세벨이 사자를 엘리야에게 보내어 이르되, 내가 내일 이맘때까지 네 생명을 그들 중 한 사람의 생명과 같게 하지 아니하면 신들이 내게 벌을 내리고 더욱더 내리기를 원하노라, 하므로" 이 말은 이세벨이 한 말입니다.

그녀는 이스라엘 땅에 바알 우상을 들여온 자입니다. 그가 엘리야가 한 일에 대해서 듣고 엘리야를 내일 이맘때까지 죽일 것이라고 엘리야에게 말하였습니다.

그런데, 그녀의 말을 들은 엘리야는 도망가기 시작했습니다. 주 앞에서 강력한 대언자였던 그가 이세벨의 말에 마음이 약해져서 자기 생명을 구하려고 도망하고 있는 것입니다. 4절을 보시면 "그러나 그가 스스로 하룻길을 가서 광야로 들어간 뒤 로뎀나무로 가서 그 밑에 앉아 스스로 죽기를 구하며 이르되, 오 주여, 족하오니 이제 내 생명을 취하소서. 나는 내 조상들보다 낫지 아니하니이다, 하고"

엘리야는 광야로 들어갔습니다. 그리고 로뎀나무 밑에 앉아 스스로

죽기를 구했습니다. 자기를 볼 때 한심한 것입니다. 너무나 처참한 것입니다.

주의 대언자가 이세벨의 말을 듣고 두려워서 도망하고 있기 때문입니다.

그러나 이것은 엘리야가 강력한 것은 그가 본래 강한 것이 아니고 주께서 그와 함께 하셨기 때문이라는 사실을 분명하게 보여 주십니다. 주님은 저와 여러분의 연약함에 대해서 관심을 가지지 아니하십니다. 오히려 저와 여러분의 연약함을 통해서 그분의 강함을 나타내시는 분이십니다.

고후 12장 9절 말씀에서 "그분께서 내게 이르시되, 내 은혜가 네게 족하도다. 나의 강한 능력은 약한 데서 완전하게 되느니라, 하셨느니라. 그러므로 내가 오히려 크게 기뻐하며 나의 연약한 것들을 자랑하리니 이것은 그리스도의 권능이 내 위에 머물게 하려 함이라"

주께서는 "나의 강한 능력은 약한 데서 완전하게 되느니라" 하셨습니다.

주께서는 저와 여러분의 연약함을 통해서 자신의 강한 능력을 보이시는 분이십니다. 우리 또한 엘리야와 같이 두려움에 빠질 수 있습니다. 어떤 사람의 말을 듣고 다 무너져 버릴 수 있습니다. 그럴 때, 우리는 엘리야와 같이 자책할 수 있습니다.

그러나 주께서 우리에게 말씀하시는 것은 "나의 강한 능력은 약한 데서 완전하게 되느니라" 하십니다. 우리의 연약함을 느낄수록 주님을 의지하기를 원합니다.

그것은 우리의 능력은 우리 자신이 아니라 내 안에 거하시는 주 예수 그리스도이시기 때문입니다. 저와 여러분이 약하다고 느낄 때가 있습니다. 어떤 수치를 당할 수 있고, 어떤 공격을 받을 수 있습니다. 문제들이 산더미처럼 몰려올 수 있습니다.

그럴 때, 우리는 우리의 연약함을 느낍니다. 그러나 10절에서 "그러므로 내가 그리스도를 위해 연약한 것들과 치욕과 궁핍과 핍박과 고난당하는 것을 기뻐하노니 이는 내가 약할 그때에 강하기 때문이라"

이 말씀에서 "내가 약할 그때에 강하"다 하십니다. 저와 여러분이 약하다고 느낄 때, 우리는 강합니다. 그 이유는 주 예수 그리스도께서 저와 여러분 안에 강력한 권능으로 역사하시기 때문입니다. 우리의 상황이 어려울 수 있고 문제들이 있을 수 있으나 우리는 그때 강한 것입니다. 그것은 주님께서 저와 여러분 안에서 강력하게 역사하시기 때문입니다. 그러므로 우리의 연약함을 느낄수록 더욱 우리 각자 안에 거하시는 주 예수 그리스도를 의지하기를 원합니다.

우리 자신을 주 예수님과 함께 십자가에 못 박혀 죽은 자들로 여기고 내 안에 거하시는 예수님이 사시는 삶을 더욱 사시기를 원합니다.

다시 본문으로 돌아가서 왕상 19장 11절과 12절을 보시면 "그분께서 이르시되, 나아가 산에서 주 앞에 서라, 하시니라. 보라, 주께서 지나가시는데 주 앞에서 크고 강한 바람이 산들을 가르고 바위들을 산산조각으로 부수었으나 주께서 바람 가운데에 계시지 아니하였고 바람이 지나간 뒤에 지진이 있었으나 주께서 지진 가운데에 계시지 아니하였으며 지진 뒤에 불이 있었으나 주께서 불 가운데에 계시지 아니하였고 불 이후에 고요한 작은 음성이 있더라" 엘리야는 시내 산에 올라갔습니다. 그때 주께서 그에게 말씀하셨습니다. "나아가 산에서 주 앞에 서라"

그것은 엘리야의 힘이 누구인지를 보여 주시려는 것입니다. 엘리야의 하나님이 어떤 분이신지를 보여 주시려는 것입니다. 그분은 산들을 가르시는 분이십니다.

거대한 산들. 사람이 할 수 없는 것을 말합니다. 산들을 움직이는 것은 사람의 힘으로는 불가능합니다. 그러나 하나님은 그 산들을 가르십니다.

바위들. 사람이 무너뜨릴 수 없는 것을 말합니다. 바위들은 너무나 강해서 사람은 그것들을 무너뜨릴 수 없습니다. 그러니, 하나님은 그 바위들을 산산조각 부수십니다. 그분은 지진을 일으키시는 분이십니다. 그분은 불을 내시는 분이십니다.

강하고 두려우신 하나님이십니다. 엘리야의 하나님이 바로 그분이시며 저와 여러분의 하나님이십니다.

지금 우리 앞을 가로막는 산들이나 우리를 누르는 바위들을 가르시고 부수시는 분은 저와 여러분 안에 거하시는 하나님이십니다. 우리를 방해하는 것들을 지진과 불로 심판하시는 분은 하나님이십니다. 지금 저와 여러분 각자 안에 거하시는 하나님은 강하고 두려우신 분이십니다. 오늘 이 시간 저와 여러분 속에 남아있는 모든 불신을 제거해 주시기 바랍니다. 우리 자신을 주와 함께 십자가에 못 박혀 죽은 자들로 여기고 내 안에 거하시는 주 예수 그리스도의 믿음으로 서게 하시기를 원합니다. 그래서 우리가 늘 평안하고 담대하게 되기를 원합니다.

요한복음 14장 27절에서 주 예수님께서 우리 모두에게 다음과 같이 말씀하십니다.

"내가 너희에게 화평을 남기노니 곧 내 화평을 너희에게 주노라. 내가 그것을 너희에게 주는 것은 세상이 주는 방식과 같지 아니하니 너희는 마음에 근심하지 말고 두려워하지도 말라" 주께서 우리에게 말씀하십니다.

"내 화평을 너희에게 주노라" "너희는 마음에 근심하지 말고 두려워하지도 말라"

주께서 저와 여러분 안에서 모든 일을 행하십니다.

다시 본문으로 돌아가겠습니다. 왕상 13절을 보시면 "이에 엘리야가 그것을 들은 뒤 자기 겉옷으로 얼굴을 싸고 나가서 굴의 어귀에 서니, 보라, 한 음성이 그에게 나서 이르시되, 엘리야야, 네가 여기서 무엇을 하느냐? 하시매"

주께서 엘리야에게 물으십니다. "엘리야야, 네가 여기서 무엇을 하느냐?"

그것은 그가 있어야 할 곳이 시내산이 아니었기 때문입니다. 그는 주의 대언자였습니다. 그는 주의 일을 하는 사람입니다. 그런데, 그가 그 모든 일을 중단하고, 지금 시내산에 와 있습니다. 그런 그에게 주께서 물으십니다.

"엘리야야, 네기 여기서 무엇을 하느냐?" 엘리야가 모든 것을 멈추고 시내산에 있는 이유는 두려움 때문이었습니다. 그러나 주께서는 이미 그에게 주님의 강함을 보이셨습니다. 그래서 엘리야가 강한 것이 아니고 그와 함께 하시는 주님이 강하시다는 것을 보여 주셨습니다. 그럼에도 불구하고 엘리야는 주께 다음과 같이 말합니다. 14절 "그가 이르되, 내가 주 군대들의 하나님을 위해 심히 질투하였으니 이는 이스라엘 자손이 주의 언약을 버리고 주의 제단들을 헐며 칼로 주의 대언자들을 죽였기 때문이오며 나 곧 나만 남았는데 그들이 내 생명을 찾아 제거하려 하나이다, 하므로"

이 말씀에서 엘리야가 지금 시내산에 도망한 이유는 이스라엘 전체에 주의 대언자들이 다 죽었고 나만 남았기 때문이라고 생각했기 때문입니다. 그런데 "그들이 내 생명을 찾아 제거하려 하나이다" 하였습니다. 자기가 죽으면 이스라엘 안에 대언자가 없다고 생각하는 것입니다. 그러나 주께서 그에게 무엇이라고 말씀하셨습니까?

18절을 보시면 "그러나 내가 나를 위해 이스라엘 안에 칠천 명을 남겨 두었나니 곧 바알에게 절하지 아니한 모든 무릎과 바알에게 입 맞추지 아니한 모든 입이니라, 하시니라" 엘리야는 "나 곧 나만 남았"다 했습니다.

그러나 하나님께서는 "내가 나를 위해 이스라엘 안에 칠천 명을 남겨 두었"다 하셨습니다. 주님을 위한 칠천 명의 사람들이 있었던 것입니다.

이 말씀을 통해서 주께서 우리에게 보여 주시는 것은 오늘날 주님을 사랑하고 그분을 부르며 그분을 따르는 자들이 있다는 것입니다.

주 예수님을 믿고 구원을 받은 자들입니다. 복음을 통해서 영원한 생명을 얻은 자들입니다. 각자 안에 그리스도께서 사시는 사람들입니다. 오늘날 수많은 사람들이 지옥으로 가고 있습니다. 그들은 평생을 우상들에게 속으면서 살다가 지옥으로 가고 있습니다.

로마 카톨릭, 이슬람, 불교, 수많은 이단들이 이 세상에 넘쳐 나고 있습니다. 모든 불신자들이 이 세상을 채우고 있습니다.

그러나 복음을 통해서 구원을 받은 자들도 많으며, 계속해서 사람들이 구원을 받고 있습니다. 우리는 갈보리침례교회로서 주님을 사랑하며 주님을 따르는 자들입니다. 우리가 세상을 살아가면서 혼자 있는 것처럼 느껴질 때가 있습니다.

그러나 우리 곁에는 형제들이 있습니다. 구원을 받고 같은 주님을 부르며 그분을 사랑하며 따르는 지체들이 있습니다. 우리는 홀로 믿음의 길을 가는 것이 아니라 형제들과 함께 가는 것입니다. 오늘 이 시간 이 사실을 기억하시기를 원합니다.

주께서 이 사실에 대해서 원하시는 것이 있습니다. 그것은 서로 사랑하는 것입니다. 요한복음 13장 34절과 35절을 보시면 "내가 새 명령을 너희에게 주노니 너희는 서로 사랑하라. 내가 너희를 사랑한 것같이 너희도 서로 사랑하라.

너희가 서로 사랑하면 이것에 의해 모든 사람들이 너희가 내 제자임을 알리라, 하시니라" 주님은 저와 여러분에게 "서로 사랑하라" 하십니다.

형제들이 서로 사랑하는 것이 주님의 뜻입니다. 주께서는 "내가 너희를 사랑한 것같이 너희도 서로 사랑하라" 하십니다. 그러므로 사랑하는 성도 여러분, 형제들이 서로 사랑하기를 원합니다. 주께서 우리를 사랑하신 것처럼 우리가 서로 사랑하기를 원합니다. 그 길은 우리 자신을 주와 함께 십자가에 못 박혀 죽은 것으로 여기고 내 안에 사시는 예수님을 의지하는 것입니다. 그럴 때, 주께서 우리 마음에 형제를 사랑하는 마음을 주십니다.

그것이 놀라운 힘이라는 것을 35절에서 알 수 있습니다. "너희가 서로 사랑하면 이것에 의해 모든 사람들이 너희가 내 제자임을 알리라, 하시니라"

세상 사람들에 대해 영향력이 생기는 것입니다. 우리가 주님의 제자임을 세상 사람들이 알게 되는 것입니다. 그래서 그들이 주를 알고 구원을 받는 것입니다.

오늘 본문에서 주님께서 주를 위해 칠천명을 남겨두셨던 것처럼 오늘날 형제들이 우리 곁에 있음을 기억하시고 그들과 서로 사랑하기를 원합니다. 그리고 함께 주님을 따르기를 원합니다.

우리의 기도

우리는 이미 우상들을 버리고, 하나님께 돌아온 사람들이며, 하나님의 음성만 듣고, 주님만 따르는 사람들입니다.

우리의 신앙고백을 통해서 진리를 더욱 확고하게 하시는 시간이 되기를 바라고, 두 번째로 우리의 연약함에 대해서 염려할 필요가 전혀 없습니다.

우리의 없음에 대해서도 우리가 염려할 필요가 전혀 없습니다. 주님이 우리의 강함 되시고, 우리의 부가 되시고, 우리의 모든 것이 되시기 때문입니다. 이러한 신앙고백을 통해서 주님을 기쁘시게 해 드리기를 바라고,

또 우리는 혼자 있다고 느껴질 때가 많이 있는데 형제들이 함께 있습니다. 함께 길을 가는 것이라는 것을 기억하시고, 주님의 사랑으로 형제들을 더욱 뜨겁게 사랑하시는 저와 여러분들이 되시기를 바랍니다. 이러한 믿음의 고백을, 또 기도를 하나님께 드리길 원합니다. 아멘.

19. 주님의 손

그 당시에 심히 큰 무리가 있었는데 그들에게 먹을 것이 없으므로 예수님께서 자기 제자들을 불러 그들에게 이르시되,

내가 무리를 불쌍히 여기노라. 그들이 지금까지 사흘 동안 나와 함께 있었는데 그들에게 먹을 것이 없도다.

그들 중 여럿이 멀리서 왔으므로 내가 그들을 굶겨서 그들의 집으로 보내면 그들이 길에서 쓰러지리라, 하시니

그분의 제자들이 그분께 응답하되, 여기 광야 어디에서 사람이 빵을 구해 사람들을 배부르게 할 수 있으리이까? 하매

그분께서 그들에게 물으시되, 너희에게 빵이 몇 개나 있느냐? 하시니 그들이 이르되, 일곱 개 있나이다, 하므로

그분께서 사람들에게 명령하사 땅바닥에 앉게 하시고 빵 일곱 개를 집으신 뒤 감사를 드리시고 떼어 자기 제자들에게 주시며 그들 앞에 놓게 하시니 제자들이 그것들을 사람들 앞에 놓더라.

또 그들에게 작은 물고기 몇 마리가 있으므로 그분께서 축복하시고 명령하사 그것들도 그 사람들 앞에 놓게

이에 그들이 먹고 배불렀으며 떼어 준 음식 중에서 남은 것을 저들이 일곱 바구니에 거두었는데

먹은 자들은 사천 명쯤이더라. 그분께서 그들을 보내시고 - 마가복음 8:1~9 -

오늘 본문의 말씀에서 우리는 주 예수님을 볼 수 있습니다. 주님은 하나님의 아들이시며, 사람으로 이 땅에 오신 분이십니다.

그분께서는 유대인들에게 약속되어 지신 메시야이십니다. 주님께서는 제자들을 가르치셨고, 수많은 사람들을 가르치셨습니다. 그분의 말씀은 생명의 말씀이었기 때문에 많은 무리들이 그분께 몰려들었습니다.

1절 상반절을 보시면 "그 당시에 심히 큰 무리가 있었는데"라고 기록되어 있습니다. 심히 큰 무리가 예수님께 몰려들었습니다. 그들은 모두 예수님으로부터 말씀을 듣기 위해서 모였습니다. 그분의 말씀은 생명의 말씀이었기 때문입니다.

저와 여러분이 이 자리에 모인 이유들 중의 하나가 바로 말씀을 듣기 위해서입니다. 하나님의 말씀이 저와 여러분을 구원했을 뿐만 아니라 그분의 말씀이 저와 여러분의 영의 양식이기 때문입니다.

우리는 육체의 양식인 밥만 먹고 살아가지 않습니다. 우리에게는 영의 양식이 필요합니다. 그것이 말씀입니다.

마태복음 4장 4절 말씀에서 "그분께서 응답하여 이르시되, 기록된바, 사람이 빵으로만 살 것이 아니요, 하나님의 입에서 나오는 모든 말씀으로 살 것이라, 하였느니라, 하시더라"

주께서 저와 여러분에게 말씀하시기를 "사람이 빵으로만 살 것이 아니요, 하나님의 입에서 나오는 모든 말씀으로 살 것이라" 하셨습니다.

사람은 하나님의 입에서 나오는 모든 말씀으로 사는 것입니다. 저와 여러분이 그 말씀을 듣기 위해서 모였습니다.

본문의 말씀에서도 심히 큰 무리들이 그 말씀을 듣기 위해서 모였습니다. 저와 여러분이 날이 갈수록 더욱 말씀을 사모하기 원합니다.

성령님의 능력으로 말씀을 받아서 말씀이 늘 우리의 영의 양식이 되기를 원합니다.

그래서 우리의 영이 강해지고, 풍성하게 되기를 원합니다.

이사야서 55장 1절에서 3절까지의 말씀에서는 "오호 목마른 모든 자야, 너희는 물들로 오라. 돈 없는 자도 오라. 너희는 와서 사 먹되 참으로 와서 돈도 내지 말고 값도 치르지 말며 포도즙과 젖을 사라.

너희가 어찌하여 빵이 아닌 것을 위해 돈을 허비하느냐? 또 배부르게 하지 못하는 것을 위해 수고하느냐? 내 말에 부지런히 귀를 기울이라. 또 너희는 좋은 것을 먹고 너희 혼 자체가 기름진 것을 기뻐하게 할지니라.

너희는 귀를 기울이고 내게 와서 들으라. 그러면 너희 혼이 살리라. 내가 너희와 영존하는 언약을 맺으리니 곧 다윗에게 베푼 확실한 긍휼이니라"

이 말씀에서 하나님께서는 "너희는 물들로 오라" 하십니다. 사람이 물을 마셔야 살 수 있는데, 하나님께서는 "너희는 물들로 오라" 하십니다. 그리고 하나님께서는 "참으로 와서 돈도 내지 말고 값도 치르지 말며 포도즙과 젖을 사라" 하십니다.

포도즙과 젖도 살아가기 위해 필요한 것입니다. 그 의미는 말씀을 들으라는 의미입니다. 3절 상반절에서 "너희는 귀를 기울이고 내게 와서 들으라" 하십니다. 하나님께서는 그분께 와서 그분의 말씀을 들으라고 하십니다. 그것이 그들의 영혼의 물이며, 그들의 영혼의 포도즙과 젖입니다.

주의 말씀을 들을 때, 사람은 좋은 것을 먹는 것이고 혼 자체가 기름진 것으로 기뻐하게 되는 것입니다. 저와 여러분에게 말씀이 필요합니다.

그 말씀이 오늘도 선포되고 있고, 매일 우리는 말씀을 읽을 수 있습니다.

성령님께서 우리가 듣는 말씀과 읽는 말씀을 통해서 우리의 영에 양식을 주시기를 원합니다. 오늘날 저와 여러분이 주님의 말씀을 들을 때, 주의 말씀이 우리의 영에 양식을 주시며, 우리가 주님 안에서 위로를 받고 평안을 얻습니다.

그것은 주께서 저와 여러분을 사랑하고 계신다는 것에 대해서 확신을 주시기 때문입니다.

로마서 8장 34절 말씀에서 "정죄하는 자가 누구냐? 죽으신 분은 그리스도시요, 참으로 다시 일어나신 분도 그리스도신데 그분께서는 바로 하나님 오른쪽에 계시며 또한 우리를 위해 중보하시느니라" 이 말씀에서 하나님께서 말씀하십니다.

"정죄하는 자가 누구냐?" 누구도 저와 여러분을 정죄할 수 없다고 하십니다.

그 이유는 주 예수 그리스도께서 저와 여러분을 위해 죽으시고 부활하셨기 때문이고 그분이 우리를 위해 중보하시기 때문이라고 하십니다.

또한, 35절에서는 "누가 우리를 그리스도의 사랑에서 떼어 놓겠느냐? 환난이나 곤경이나 핍박이나 기근이나 벌거벗음이나 위험이나 칼이겠느냐?"라고 하십니다.

주님은 "누가 우리를 그리스도의 사랑에서 떼어 놓겠느냐?" 하십니다. 누구도 주님의 사랑에서 저와 여러분을 떼어 놓을 수 없다고 하십니다.

36절과 37절에서는 말씀하십니다. "이것은 기록된바, 주로 인해 우리가 종일토록 죽임을 당하며 도살당할 양같이 여겨졌나이다, 함과 같으니라.

아니라. 이 모든 것 가운데서 우리는 우리를 사랑하신 그분을 통해 정복자들보다 더 나은 자들이니라"

주님은 저와 여러분이 고난을 당할지라도 우리는 우리를 사랑하신 주예수님이 계신다는 것을 말씀하십니다. 그리고 우리가 그분을 통해 정복자들보다 더 나은 자들이라고 말씀하십니다. 이것은 주 예수님으로 인해 우리가 승리를 누린다는 것입니다. 38절과 39절에서는 다음과 같이 말씀하십니다.

"내가 확신하노니 사망이나 생명이나 천사들이나 권력들이나 권능들이나 현재 있는 것들이나 장래 있을 것들이나 높음이나 깊음이나 다른 어떤 창조물이라도 우리를 그리스도 예수 우리 주 안에 있는 하나님의 사랑에서 떼어 놓을 수 없으리라"

주님은 저와 여러분을 영원히 사랑하신다고 말씀하십니다. 누구도 그무엇도 주님의 사랑에서 우리를 떼어 놓을 수 없다고 하십니다. 이것이 우리를 위로하시고 평안을 주시는 말씀입니다. 우리의 가망 없음은 이미 십자가에서 나타났습니다.

그것은 주님이 우리를 대신해서 죽으셨기 때문입니다.

그리고 주님의 사랑은 그 가망 없는 저와 여러분을 사랑하신 것입니다.

죄인들이었던 저와 여러분을 주께서 사랑하신 것입니다.

우리가 말씀을 읽으면 읽을수록 그 사랑에 확신을 갖게 됩니다. 우리가 말씀을 들으면 들을수록 그 사랑에 위로를 받게 됩니다. 그러므로 날마다 주의 말씀 앞으로 나아가서 그분의 말씀을 듣기를 원합니다.

다시 본문으로 돌아가서 마가복음 8장 1절을 보시면 "그 당시에 심히 큰 무리가 있었는데 그들에게 먹을 것이 없으므로 예수님께서 자기 제자들을 불러 그들에게 이르시되," 이 말씀에서 주님은 제자들을 부르셨습니다.

그 이유는 "그들에게 먹을 것이 없"었기 때문입니다. 주님은 영의 양식을 주시는 분이실 뿐 아니라 육의 양식도 공급해 주시는 분이십니다.

우리가 아는 주님은 말씀을 통해서 우리의 영의 필요를 공급해 주실 뿐 아니라 또한 우리의 실제적인 필요도 채우시는 분이십니다. 2절에서 주께서 다음과 같이 말씀하십니다. "내가 무리를 불쌍히 여기노라. 그들이 지금까지 사흘 동안 나와 함께 있었는데 그들에게 먹을 것이 없도다"

주님은 먹을 것이 없었던 그들에 대해서 불쌍히 여기셨습니다. "내가 무리를 불쌍히 여기노라"고 말씀하셨습니다.

그리고 3절에서 "그들 중 여럿이 멀리서 왔으므로 내가 그들을 굶겨서 그들의 집으로 보내면 그들이 길에서 쓰러지리라, 하시니"

주께서는 그 무리들 중 어떤 사람들이 있는지 알고 계셨습니다. "그들 중 여럿이 멀리서 왔"다 하셨습니다. 그래서 "내가 그들을 굶겨서 그들의 집으로 보내면 그들이 길에서 쓰러"질 것이라 하셨습니다. 주님은 무리들 각각을 아시는 분이십니다.

어떤 사람에게 어떤 필요가 있는지, 그의 상태가 어떤지, 어떻게 될 것인지 모두 알고 계십니다. 바로 그 주님이 저와 여러분의 주님이시며, 이 교회의 머리이십니다. 바로 그 주님을 의지하길 원합니다. 그분은 저와 여러분의 생각을 아시며, 마음을 아시고, 필요도 아십니다. 바로 그 주님께 우리의 모든 짐을 맡기기를 원합니다. 벧전 5장 7절 말씀에서 "너희의 모든 염려를 그분께 맡기라. 그분께서 너희를 돌보시느니라"

이 말씀에 따라 오늘 이 시간 저와 여러분의 모든 염려를 주님께 맡기기를 원합니다. 주께서는 "그분께서 너희를 돌보시느니라"고 말씀하셨습니다.

저와 여러분의 목자이신 분은 주님이십니다.

그분이 우리를 책임지시는 분이십니다. 그분이 우리를 돌보시는 분이십니다.

그분을 바라보시고 그분을 생각하시고 그분께 모든 염려를 맡기시기를 바랍니다.

다시 본문으로 돌아가서 마가복음 8장 4절을 보시면 "그분의 제자들이 그분께 응답하되, 여기 광야 어디에서 사람이 빵을 구해 이 사람들을 배부르게 할 수 있으리이까? 하매" 이 말씀에서 제자들의 생각을 알 수 있습니다.

지금 사천 명의 사람들이 모여 있었는데, 그들에게 빵을 주는 것에 대해서 주께서 말씀하셨을 때, 제자들의 생각은 부정적이었습니다.

"여기 광야 어디에서 사람이 빵을 구해 이 사람들을 배부르게 할 수 있으리이까?"

제자들의 생각은 지극히 합리적이었습니다.

지금 주님과 제자들, 그리고 4천 명의 사람들이 모여 있었던 그곳은 광야였습니다.

광야는 모래바람이 부는 황량한 곳입니다. 그곳은 인가에서 멀리 떨어져 있는 외딴곳입니다. 어디에서도 빵을 구할 수 없는 곳입니다.

제자들이 주님께서 무리들에게 빵을 공급해 줄 것에 대해서 말씀하셨을 때, 제자들은 불가능한 것을 말씀하시는 것으로 들렸습니다.

"여기 광야 어디에서 사람이 빵을 구해 이 사람들을 배부르게 할 수 있으리이까?"

그것은 불가능한 일입니다. 4천 명을 먹일 빵이 없는데, 주님은 그들에게 무리를 배부르게 먹이는 것에 대해서 말씀하십니다.

그러나 주 예수님께서는 5절에서 다음과 같이 말씀하십니다.

"그분께서 그들에게 이르시되, 너희에게 빵이 몇 개나 있느냐? 하시니 그들이 이르되, 일곱 개 있나이다, 하므로" 이 말씀에서 주님은 먼저 제자들에게 있는 것을 물으십니다. "너희에게 빵이 몇 개나 있느냐?" 그리고 그들은 "일곱 개 있나이다" 하였습니다. 지금 제자들이 가지고 있는 빵은 일곱 개였습니다.

지금 모여 있는 굶주린 사람들은 4천 명쯤 되었습니다.

그러나 주님께서 여기서 역사하십니다. 6절 "그분께서 사람들에게 명령하사 땅바닥에 앉게 하시고 빵 일곱 개를 집으신 뒤 감사를 드리시고 떼어 자기 제자들에게 주시며 그들 앞에 놓게 하시니 제자들이 그것들을 사람들 앞에 놓더라"

이 말씀에서 주님은 "빵 일곱 개를 집으"셨습니다. 주님의 손 안 에는 빵 일곱 개가 있는 것입니다.

그런데, 주님께서 감사를 드리시고 난 뒤에 그것들을 떼어 자기 제자들에게 주셨습니다. 그리고 모여 있는 각 사람 앞에 놓게 하셨습니다. 그런데, 주님의 손에서 계속해서 빵이 나오는 것입니다.

그리고 7절에서 다음과 같이 기록되어 있습니다. "또 그들에게 작은 물고기 몇 마리가 있으므로 그분께서 축복하시고 명령하사 그것들도 그 사람들 앞에 놓게 하시니" 이 말씀에서 제자들에게 작은 물고기 몇 마리가 있었습니다.

주님은 축복하신 뒤에 그것들도 그 사람들 앞에 놓게 하셨습니다. 그런데, 주님의 손에서 계속해서 물고기들이 나오는 것입니다.

결과는 8절과 9절 말씀에서 "이에 그들이 먹고 배불렀으며 떼어 준 음식 중에서 남은 것을 저들이 일곱 바구니에 거두었는데 먹은 자들은 사천 명쯤이더라. 그분께서 그들을 보내시고"

이 말씀에서 사천 명쯤이 되는 사람들이 빵과 물고기를 먹고 배불렀습니다. 그리고 남았습니다. 그 남은 것을 거두니 "일곱 바구니에 거두었"습니다. 그것은 주님의 손에서 그 모든 것들이 나왔음을 보여 주시는 것입니다. 저와 여러분은 이 말씀에서 주님의 손을 보고 있습니다. 일곱 개의 빵을 집으신 그분의 손, 작은 물고기 몇 마리를 집으신 그분의 손입니다.

제자들의 손에 그것들이 있었을 때에는 아무 일도 일어나지 않았습니다.

그러나 주님의 손에 그것들이 들려지자 사천 명이나 되는 사람들이 먹고 배불렀고 일곱 바구니나 남았습니다. 저와 여러분이 주님의 손을 의지하기를 원합니다.

그분이 저와 여러분과 함께 계시기 때문에 우리에게 있는 모든 필요를 그분께서 채워 주십니다. 시편 23편 말씀에서는 "주는 나의 목자시니 내게 부족함이 없으리로다. 그분께서 나를 푸른 초장에 누이시며 잔잔한 물가로 인도하시고 내 혼을 회복시키시며 자신의 이름을 위해 의의 행로들로 나를 인도 하시는 도다. 참으로 내가 사망의 그늘진 골짜기를 다닐지라도 해악을 두려워하지 아니하리니 주께서 나와 함께 계시며 주의 막대기와 주의 지팡이가 나를 위로하시나이다.

주께서 내 원수들의 눈앞에서 내 앞에 상을 차리시고 기름을 내 머리에 부으시니 내 잔이 넘치나이다. 내 평생에 선하심과 긍휼이 정녕 나를 따르리니 내가 주의 집에 영원히 거하리로다" 이 말씀에서 주님에 대해서 저와 여러분이 주목할 말씀들이 있습니다.

그것은 1절에 "주는 나의 목자시니 내가 부족함이 없"다는 말씀입니다.

주 예수 그리스도께서 저와 여러분의 목자이십니다.

그래서 저와 여러분이 부족함이 없습니다. 우리의 영적인 필요와 육체적인 필요를 주님이 다 채워 주십니다. 3절에서 "자신의 이름을 위해"라고 하십니다.

주님께서 저와 여러분을 인도하시는 것은 "자신의 이름을 위"한 것입니다.

주 예수 그리스도의 영광스러운 이름을 위해 우리를 인도하십니다.

그래서 우리는 그분이 우리를 인도하실 때, 놀랍게 인도하실 것 이라는 것을 알게 됩니다. 어떤 음식의 명장이 있을 때, 그 사람이 음식을 만들 때 자신의 이름을 걸고 음식을 만듭니다.

주 예수님께서 저와 여러분을 인도하실 때, "자신의 이름을 위해" 인도하십니다.

그래서 우리는 주님의 인도하심이 놀랍게 이루어질 것에 대해서 의심할 여지가 없습니다.

주님께서 저와 여러분을 인도하실 때, "자신의 이름을 위해" 하신다는 것을 다음과 같이 말씀하십니다. 3절에서 "의의 행로들로 나를 인도하시는도다"

주님의 이름을 위해 인도하시는 그분의 인도하심은 의의 행로들입니다.

그분의 이름이 의로운 이름이기 때문입니다. 그래서 의의 행로들로 우리를 인도하십니다. 그리고 6절에서 저와 여러분이 주목할 말씀은 "정녕"입니다.

정녕이라는 뜻은 확실히라는 뜻입니다. 영어로는 Surely입니다.

그것은 "내 평생에 선하심과 긍휼이 정녕 나를 따르리니"라는 말씀과 같이 주께서 저와 여러분을 인도 하실 때에 선하심과 긍휼로 인도하시는데, 그것은 확실한 것입니다. 바로 이 주님이 저와 여러분의 주님이십니다.

이분이 저와 여러분의 구원자이십니다. 우리 모두의 목자이십니다.

그분의 손안 에서 저와 여러분의 모든 것이 확실히 이루어지는 것입니다.

우리는 단지 그분의 손에 맡기기를 원합니다. 느헤미야기 2장 1절과 2절 말씀을 보시면 "아닥사스다 왕의 제이십년 니산 월에 왕 앞에 포도즙이 있었고 내가 그 포도즙을 들어 왕께 드리니라. 그런데 내가 전에는 왕의 얼굴 앞에서 슬퍼한 적이 없었으므로

왕이 내게 이르되, 네가 병들지 아니하였는데 어찌하여 네 얼굴에 슬픈

기색이 있느냐? 이것은 다름이 아니라 마음의 슬픔이로다, 하므로 그때에 내가 매우 심히 두려워하며"

이 말씀에서 느헤미야라는 사람을 볼 수 있습니다. 그는 유대인이었고 하나님을 두려워하는 사람이었습니다. 그는 당시 페르시아 왕의 잔을 드는 자로 있었는데, 고위 관료였습니다. 그런데, 그가 예루살렘 성벽이 무너지고 그곳의 성문들이 불탔다는 소식을 들었습니다. 그랬을 때, 그는 큰 슬픔에 빠져 있었습니다.

느헤미야기 1장 4절에서는 다음과 같이 기록되어 있습니다.

"내가 이 말들을 듣고는 앉아서 울고 며칠 동안 애곡하며 하늘의 하나님 앞에 금식하고 기도하여" 이 말씀에서 느헤미야는 울고 며칠 동안 애곡했습니다.

그것은 예루살렘에 대한 그의 슬픔이었습니다. 그는 금식하며 하나님께 기도했습니다. 그리고 느헤미야기 2장 1절에서 그의 슬픈 기색이 페르시아 왕 앞에 보여졌던 것입니다. 그랬을 때, 그는 매우 심히 두려워했습니다.

그리고 느헤미야기 2장 3절에서 "왕께 이르되, 왕께서는 영원토록 사시옵소서. 그 도시 곧 내 조상들의 돌무덤이 있는 곳이 피폐하게 남아 있고 그곳의 성문들이 불타 없어졌으니 어찌하여 내 얼굴에 슬픈 기색이 없으리이까? 하매"

이 말씀에서 느헤미야는 자기가 슬픈 기색을 가진 이유를 정확하게 왕에게 말했습니다. "내 조상들의 돌무덤이 있는 곳이 피폐하게 남아 있고 그곳의 성문들이 불타 없어졌"다고 말했습니다.

느헤미야는 하나님께 기도하면서 예루살렘 성벽들과 문들을 재건할 생각을 가지고 있었으나 그 일이 어떻게 이루어질 것인지 막막했습니다. 그런데. 이런 식으로 이루어졌습니다. 4절 "이에 왕이 내게 이르되, 네가 무엇을 원하느냐? 하기에 내가 하늘의 하나님께 기도한 뒤" 페르시아 왕이 느헤미야에게 "네가 무엇을 원하느냐?"라고 물었습니다. 이것은 그가 원하는 것을 왕이 해 주겠다는 뜻입니다.

왕이 그냥 지나갈 수도 있었습니다. 그런 기색을 짓지 말라고 질책할 수 있었습니다. 그러나 왕은 느헤미야에게 "네가 무엇을 원하느냐?"라고 물었습니다.

이것은 주께서 역사하신 것입니다.

그때에 4절 끝에 느헤미야는 "하늘의 하나님께 기도"했다고 했습니다.

그는 기도가 모든 일을 이룬다는 것을 믿고 있었습니다. 그의 말의 지혜나 설득력에 길이 있는 것이 아니었습니다. 하나님께 길이 있는 것입니다. 그래서 느헤미야는 하나님께 기도했습니다.

5절 "왕께 이르되, 왕께서 만일 기뻐하시고 왕의 종이 왕의 눈앞에서 호의를 입었거든 왕께서 나를 유다로, 내 조상들의 돌무덤이 있는 도시로 보내사 내가 그 도시를 건축하게 하옵소서, 하였는데"

느헤미야는 자기가 원하는 것을 왕에게 말했습니다. 자기가 예루살렘에 가서 "내가 그 도시를 건축하게" 해 달라는 것입니다. 그리고 7절과 8절 상반절을 보시면 "또 왕께 이르되, 왕께서 만일 기뻐하시거든 강 건너의 총독들에게 보내는 편지들을 내게 주사 그들이 나를 데려다가 마침내 내가 유다로 들어가게 하시고 또 왕의 삼림을 지키는 자 아삽에게 편지를 보내사 그 집에 속한 전당의 문들과 그 도시의 성벽과 내가 들어갈 집을 짓기 위한 들보들을 만들도록 그가 내게 재목을 주게 하옵소서" 이 말씀에서 느헤미야는 왕에게 원하는 것을 요구했습니다.

그가 예루살렘으로 가게 해 주고 도시를 건축하게 허락해 달라는 것과 유다로 들어갈 수 있도록 수단들을 주고 성전 문들과 그 도시의 성벽과 느헤미야가 살 집의 들보들을 만들도록 재목을 달라는 것입니다.

그곳까지 갈 수 있는 수단과 도시를 건축할 수 있는 모든 것들을 달라는 것입니다.

느헤미야에게는 아무것도 없었습니다.

그는 왕의 잔을 드는 자였는데, 그 일을 떠나서 예루살렘으로 가서 도시를 건축하도록 왕이 허락하는 것과 그 도시 건축에 필요한 모든 것을 왕에게 요구할 때, 그는 여러 가지 생각들이 들 수 있었습니다.

왕이 허락하지 않을 수 있다는 생각, 왕이 자기의 말을 오해하여 반란을 일으키려고 한다고 생각할 수 있다는 생각, 여러 가지 부정적인 생각들이 있을 수 있었습니다. 그런데, 그 불가능해 보이는 그 일이 일어났습니다.

8절 말씀을 끝에 "왕이 내게 허락하니라"고 기록되어 있습니다.

9절을 보시면 "이에 내가 강 건너의 총독들에게 가서 왕의 편지를 그들에게 주었는데 그때에 느헤미야가 예루살렘까지 편이미 왕이 군대 대장들과 기병들을 나와 함께 보내었더라"고 기록되어 있습니다. 그리고 안전하게 갈 수 있었습니다.

그리고 재목들도 다 주었습니다.

12절 중간을 보시면 "내 하나님께서 내 마음속에 넣어 주사 예루살렘에서 행하게 하신 일"이라고 하였습니다.

먼저는 하나님이 느헤미야의 마음에 넣어 주신 일이 있었습니다. 그것이 불가능해 보였습니다. 그러나 그 일이 일어났습니다. 그것은 주의 손이 그와 함께 하셨기 때문입니다. 8절 끝부분을 보시면 "내 하나님의 선하신 손이 내 위에 계셨으므로"라고 기록되어 있습니다. 주의 손이 그 일을 이루신 것입니다.

이처럼 주님은 저와 여러분의 마음속에 어떤 일을 주시고, 주의 손이 그 일을 이루십니다. 그러므로 주님의 손을 의지하기를 원합니다.

주께서 우리 마음에 주신 어떤 일이 있다면, 그것을 주의 손에 맡기기를 원합니다.

그럴 때, 주께서 놀랍게 역사하실 것입니다.

우리의 기도

날마다 하나님의 말씀을 통해서 우리 영의 양식을 먹고, 영적으로 더욱 강성해지기를 원합니다. 우리는 빵만 먹고 살아갈 수 없습니다. 하나님의 말씀을 늘 먹어야 합니다. 또한, 우리에게 어떤 마음에 느헤미야처럼 어떤 마음을 주시는 하나님이십니다. 그럴 때, 그 일이 불가능하게 보일지라도, 주의 손을 의지하십시오. 우리 말의 능력이 있지 않습니다. 우리의 말의 지혜가 있지 않습니다. 주님의 손의 능력이 있고, 주님의 손이 다 이루시는 것입니다. 사천 명을 먹일 수 있었던 것도 제자들의 손이 아니고, 예수님의 손이었습니다.

우리 안에 거하신 주 예수 그리스도를 더욱 의지하고, 그분의 손에 모든 염려를 다 맡기게 되길 원하며, 이 시간 하나님께 받은 말씀대로 기도하길 원합니다. 아멘.

20. 주여, 누구시니이까?

사울이 주의 제자들을 대적하여 여전히 위협과 살기를 내뿜으며 대제사장에게 가서

다마스쿠스의 회당들에 가져갈 편지를 그에게 요청하니 이것은 사울이 남자든 여자든 누구든지 이 길에 속한 자들을 만나면 그들을 결박하여 예루살렘으로 데려오려 함이더라.

그가 길을 가다가 다마스쿠스에 가까이 왔을 때에 갑자기 하늘로부터 빛이 나타나 그를 둘러 비추더라.

그가 땅에 쓰러져 들으니 한 음성이 그에게 이르시되, 사울아, 사울아, 어찌하여 네가 나를 핍박하느냐? 하시므로

그가 이르되, 주여, 누구시니이까? 하매 주께서 이르시되, 나는 네가 핍박하는 예수라. 가시 채를 걷어차기가 네게 고생이라, 하시므로

그가 떨며 놀라 이르되, 주여, 내가 무엇을 하기 원하시나이까? 하매 주께서 그에게 이르시되, 일어나 도시로 들어가라. 그러면 네가 반드시 해야 할 일을 듣게 되리라, 하시니라. - 사도행전 9:1~6 -

오늘 본문의 말씀에서 우리는 사울을 볼 수 있습니다.

사울은 유대인으로서 율법을 따라 살아가고 있다고 생각하는 사람이었습니다.

그리고 그는 자기가 하나님을 믿고 있고 그분을 섬기고 있다고 생각하는 사람이었습니다.

1절 말씀을 보시면 "사울이 주의 제자들을 대적하여 여전히 위협과 살기를 내뿜으며 대제사장에게 가서" 이 말씀에서 "사울이 주의 제자들을 대적하여"라고 기록되어 있습니다. 사울은 주 예수님의 제자들과 반대편에 서 있었습니다.

그는 주 예수님의 제자들이 하나님을 섬기는 자들이 아니라고 생각하고 있었습니다. 하나님의 말씀에 위배되고 있는 자들이라고 생각하고 있었습니다.

오히려 그들은 하나님의 말씀을 어기고 있었고, 율법에 따라 그들은 죽어야 마땅한 사람들이라고 생각하고 있었습니다. 그래서 사울은 주의 제자들을 대적했습니다.

"위협과 살기를 내뿜으며"라고 말씀하신 것은 사울이 그리스도인들에 대한 태도를 보여 주십니다. 그는 그리스도인들을 미워하고 있었고, 그래서 그들에게 위협을 가하고 죽이려고 하고 있었습니다. 그래서 그는 "대제사장에게" 갔다고 기록하고 있습니다. 그 이유는 2절을 보시면 알 수 있습니다.

"다마스쿠스의 회당들에 가져갈 편지를 그에게 요청하니 이것은 사울이 남자든 여자든 누구든지 이 길에 속한 자들을 만나면 그들을 결박하여 예루살렘으로 데려오려 함이더라" 이 말씀에서 "다마스쿠스"를 볼 수 있습니다. 이 도시는 시리아의 수도였습니다. 그곳은 이스라엘 땅이 아니라 이방인들의 땅이었습니다.

그곳에 그리스도인들이 있었습니다. 사울은 이스라엘 땅만이 아니라 국경을 넘어서 이방인들의 땅이 다마스쿠스까지 가서 그곳에 있는 그리스도인들을 결박하여 예루살렘으로 데려오려고 하고 있었던 것입니다.

이것은 그가 얼마나 열심히 그리스도인들을 대적하고 있는가를 잘 보여 주고 있습니다. 그러나 그는 하나님을 섬기는 것이 아니라 하나님을 핍박하고 있는 것입니다.

하나님과 반대되는 길을 가고 있었습니다. 그가 율법을 따라 하나님을 섬기고 있다고 생각하였습니다. 사도행전 26장 5절을 보시면 사울이 다음과 같이 고백하고 있습니다. "그들이 처음부터 나를 알았으니 만일 그들이 증언하려 한다면 내가 우리 종교의 가장 엄한 분파를 따라 바리새인으로 살았다 하리이다"

사울은 오늘 본문의 자기 자신에 대해서 말하기를 "종교"라고 말하고 있었습니다.

그는 종교인이었습니다. "우리 종교의 가장 엄한 분파"를 따랐다고 했습니다.

그는 종교인이었습니다. 율법을 지키고자 했고, 율법을 따른다고 생각하고 자기는 하나님을 섬기고 있다고 생각하고 있었습니다. 갈라디아서 1장 13절에서는,

"과거에 유대인들의 종교 안에 있을 때에 행한 나의 행실에 관해 너희가 들었는데 내가 하나님의 교회를 극도로 핍박하여 피폐하게 하였고" 이 말씀에서 사울은 "유대인들의 종교"라고 말하고 있습니다. 그는 "과거에 유대인들의 종교 안에 있"었습니다. 그때 그는 "하나님의 교회를 극도로

핍박하여 피폐하게" 했습니다.

그가 종교인이었을 때, 하나님의 교회를 핍박하였다고 말하고 있습니다.

이것은 그가 종교 안에서 하나님을 믿고 섬기고 있다고 생각했는데, 오히려 하나님을 핍박하고 있었음을 보여 주는 것입니다.

그런데, 그가 종교인에서 그리스도인으로 바뀌는 계기가 있었습니다.

사도행전 9장 3절 말씀을 보시면 "그가 길을 가다가 다마스쿠스에 가까이 왔을 때에 갑자기 하늘로부터 빛이 나타나 그를 둘러 비추더라" 이 말씀에서 "그가 길을 가다가"라고 했습니다. 그것은 그가 종교인으로 살아가다가라는 의미입니다.

종교인으로 그리스도인들을 대적하는 길을 가다가라는 뜻입니다. 그때에는 "빛이 나타나 그를 둘러 비추더라"고 기록되어 있습니다. 그가 빛을 만난 것입니다.

4절을 보시면 "그가 땅에 쓰러져 들으니 한 음성이 그에게 이르시되, 사울아, 사울아, 어찌하여 네가 나를 핍박하느냐? 하시므로" 이 말씀에서 그 빛이 말씀하십니다. "사울아, 사울아, 어찌하여 네가 나를 핍박하느냐?" 사울은 빛을 만난 것입니다. 그 빛은 그에게 말씀하셨고, 사울은 그 빛이 주님이시라는 것을 깨달았습니다.

그런데, 그 빛이 사울인 자기가 그 빛을 핍박하고 있다고 말씀하셨기 때문에 이해할 수 없었습니다. 그는 자기가 하나님을 섬긴다고 생각하고 있었기 때문입니다.

그래서 5절에서 "그가 이르되, 주여, 누구시니이까?"라고 했습니다. 그가 그동안 주님을 불러왔습니다.

유대인들의 종교 안에서 주님께 기도했고, 주님을 찬양했고, 주님을 섬긴다고 생각했습니다. 지금 그가 가는 길도 주님을 따라 가는 길이라고 생각했습니다.

과거 모세처럼, 다윗처럼, 엘리야처럼 그도 주님을 따라 가는 길이라고 생각했습니다. 그런데, 그는 바로 그 주님을 몰랐습니다.

구약성경에서 말씀하신 바로 그 주님, 하늘과 땅을 창조하신 바로 그 주님, 아브라함이 믿었고, 이삭이 믿었고, 야곱이 믿었던 바로 그 주님을 몰랐습니다.

이것이 종교인입니다.

하나님을 부르고 있지만 하나님을 섬기고 있다고 생각하지만 실제로는 하나님을 모릅니다. 그것은 하나님을 만난 적이 없기 때문입니다. 사울은 "주여, 누구시니이까?"라고 그 빛에게 물었습니다. 그러자 5절 하반절에서 "주께서 이르시되, 나는 네가 핍박하는 예수라. 가시 채를 걷어차기가 네게 고생이라, 하시므로"

그 빛이 사울에게 말씀하셨습니다. "나는 네가 핍박하는 예수라"

그가 불러왔던 그 주님이 바로 예수님이셨습니다. 그는 주님을 섬긴다고 했지만, 주님을 핍박하고 있었던 것입니다. 이것이 종교인의 모습입니다.

영적으로 눈이 멀어 있습니다. 주님을 만난 적이 없기 때문에 주님을 모릅니다.

그런데, 오늘 본문에서 종교인이었던 사울이 주님을 만난 것입니다.

"나는 네가 핍박하는 예수라" 저와 여러분 또한 예수님을 만난 적이 있습니다.

그것이 구원입니다.

우리가 교회를 다녔거나 다니지 않으셨던 분들도 있었을 것입니다. 다른 종교 안에 있었던 분들도 계십니다. 그러나 저와 여러분은 주님을 만났습니다.

그것이 구원입니다. 그것이 저와 여러분이 종교인에서 그리스도인이 된 날입니다.

복음을 통해서 예수님을 만났기 때문입니다. 그분이 지금 저와 여러분 속에 거하고 계십니다. 로마서 8장 9절 말씀에서 "그러나 너희 안에 하나님의 영께서 거하시면 너희가 육신 안에 있지 아니하고 성령 안에 있나니 이제 어떤 사람에게 그리스도의 영이 없으면 그는 그분의 사람이 아니니라"

이 말씀에서 하나님께서 우리 모두에게 말씀하시기를 "이제 어떤 사람에게 그리스도의 영이 없으면 그는 그분의 사람이 아니"라 하십니다.

어떤 사람에게 그리스도의 영이 들어오시지 않으셨다면, 그가 주님을 만나지 못했다면, 그 주님이 자기 속에 들어오시지 않으셨다면, 그는 그분의 사람이 아니라고 하십니다. 그것은 구원을 받은 것이 아니라는 뜻입니다.

구원은 자기 속에 그리스도의 영께서 들어오신 것을 말합니다. 창조주이신 그분, 아브라함의 하나님, 이삭의 하나님, 야곱의 하나님, 모세가 만난 바로 그 주님, 다윗이 만난 바로 주님, 오늘 본문에서 사울이 만난 바로 그 주님을 저와 여러분이 만나서 그분을 우리 각자 속에 모신 것이 구원받은 것입니다.

우리는 예수님이 바로 나를 위해 죽으시고 부활하셨고 그분의 피가 나의 모든 죄들을 씻었음을 믿음으로 예수님을 영접했습니다. 그때에 주님이 우리 속에 들어오셨고, 구원을 받은 것입니다. 저와 여러분에게 이 순간보다 더 큰 날은 없습니다.

우리가 다시 태어난 날입니다. 종교인에서 그리스도인이 된 날입니다.

영원한 생명을 얻은 날입니다. 하나님이 우리의 아버지가 되신 날입니다.

이와 같이 우리를 구원하신 주님을 찬양합니다.

이제 다시 사도행전 9장 6절 말씀을 보시면 "그가 떨며 놀라 이르되, 주여, 내가 무엇을 하기 원하시나이까? 하매 주께서 그에게 이르시되, 일어나 도시로 들어가라. 그러면 네가 반드시 해야 할 일을 듣게 되리라, 하시니라"

이 말씀에서 사울은 "떨며 놀"랐다고 했습니다.

그는 지금 주 예수님의 제자들을 대적하려고 하였기 때문입니다. 그런데, 바로 그 예수님이 주님이셨습니다.

그 주님께 사울이 말합니다. "주여, 내가 무엇을 하기 원하시나이까?"

사울은 그동안 종교 안에서 율법이 말하고 있는 대로 올바르게 길을 가고 있다고 생각하고 있었습니다. 그러나 그 길은 주님을 대적하는 길이었습니다.

그래서 그는 주님께 묻습니다. "주여, 내가 무엇을 하기 원하시나이까?"

이제는 그가 주님을 만났고, 바로 그 주님이 원하시는 길을 가고 싶은 것입니다.

저와 여러분 또한 저와 여러분 각자 안에 거하시는 주님이 원하시는 길을 가기를 원합니다. 지금 우리 안에 거하시는 성령님을 따르기를 원합니다.

갈라디아서 5장 16절을 보시겠습니다. "그런즉 내가 이것을 말하노니 곧 성령 안에서 걸으라. 그러면 너희가 육신의 욕심을 이루지 아니하리라"

이 말씀에서 주께서 우리 모두에게 말씀하십니다. "성령 안에서 걸으라"

주님이 우리 모두에게 원하시는 것은 "성령 안에서" 걷는 것입니다.

오늘 본문에서 구원을 받은 사울이 말합니다. "성령 안에서 걸으라" 그는 성령님 안에서 걸어갔었던 사람입니다.

종교인에서 그리스도인이 된 후에 그는 성령 안에서 걸었습니다. 성령님께서 인도해 주시는 대로 걸었습니다. 자기 육신의 생각대로 걷지 않았습니다.

성령님의 인도하심을 따라 걸었습니다.

18절에서 "그러나 너희가 성령의 인도를 받으면 율법 아래 있지 아니하니라"

이 말씀에서 "성령의 인도"라는 말씀이 있습니다. 오늘 본문에서 사울이 "주여, 내가 무엇을 하기 원하시나이까?"라고 물었는데, 그것은 그가 육신의 생각대로 더 이상 걷지 아니하고 주님이 원하시는 대로 걷겠다는 뜻입니다.

그것이 바로 성령의 인도를 받는 것입니다. 성령께서 사울 안에 들어오셨고, 그분께서 사울을 날마다 매 순간 인도하셨습니다. 이것이 그리스도인의 삶입니다.

이와 같이 저와 여러분이 성령의 인도를 받으며 살아가기를 원합니다.

그분은 저와 여러분 각자 안에 거하고 계십니다. 주께서 말씀하신 "성령 안에서 걸으라"는 말씀을 믿기를 원합니다. 우리가 구원을 받았으므로 우리가 이 말씀을 믿으면 이 말씀대로 되는 것을 경험할 수 있습니다.

그리고 22절과 23절 말씀에서는 "그러나 성령의 열매는 사랑과 기쁨과 화평과 오래 참음과 부드러움과 선함과 믿음과 온유와 절제니 이 같은 것들을 대적할 법이 없느니라" 이 말씀에서 주님은 성령의 인도를 받을 때, 어떤 것이 우리 안에 나타나는가를 보여 주십니다.

성령의 인도를 받을 때, 사랑이 나타납니다. 기쁨이 나타납니다. 화평이 나타납니다. 오래 참음이 나타납니다. 부드러움과 선함과 믿음이 나타납니다. 온유와 절제가 나타납니다. 저와 여러분이 날마다 매 순간 성령의 인도를 받기를 원합니다.

24절에서는 다음과 같이 말씀하십니다. "그리스도께 속한 자들은 애착들과 정욕들과 함께 육신을 십자가에 못 박았느니라"

사울이 종교인으로 살아가고 있었을 때, 그것은 육신을 따라 살아가는 것이었습니다. 육신의 생각과 느낌으로 살아가고 있었습니다.

그래서 주의 제자들을 대적하였고, 위협과 살기를 내뿜었습니다.

미움과 증오의 삶이었습니다.

19절에서 21절 상반절 말씀에서 "한편 육신의 행위들은 명백하며 그것들은 이것들이니 곧 간음과 음행과 부정함과 색욕과 우상 숭배와 마술과 증오와 불화와 시기심의 경쟁과 진노와 다툼과 폭동과 이단 파당과 시기와 살인과 술 취함과 흥청댐과 또 그와 같은 것들이니라" 이것들이 육신에서 나오는 것들입니다.

육신 안에는 선한 것이 없습니다. 오히려 악한 것들입니다.

사울이 종교인으로 살아가고 있었을 때 그는 육신을 따라 살아갔습니다.

그런데, 24절에서 "그리스도께 속한 자들은 애착들과 정욕들과 함께 육신을 십자가에 못 박았느니라"고 하셨습니다. 저와 여러분의 육신은 그리스도와 함께 죽었습니다. 이제는 그리스도께서 우리 각자 안에서 사십니다. 내가 아니라 그리스도께서 내 안에 사십니다. 이 말씀을 믿을 때, 성령의 인도를 받으며 살아갈 수 있습니다.

25절에서 말씀하십니다. "만일 우리가 성령 안에서 살면 또한 성령 안에서 걸을지니라" 이 말씀을 믿기를 바랍니다. 그럴 때, 성령 안에서 걸어갈 수 있습니다.

성령께서 우리를 인도해 주시는 것입니다. 그것이 주께서 우리에게 원하시는 것입니다. 주님은 우리의 마음이 성령의 열매로 가득하기를 원하십니다.

사랑으로 가득하고 기쁨으로 가득하기를 원하십니다. 화평으로 가득하기를 원하십니다. 오래 참음으로 가득하기를 원하시고, 부드러움으로 가득하기를 원하십니다. 선함과 믿음과 온유와 절제로 가득하기를 원하십니다. 그것은 우리의 노력으로 할 수 없습니다. 우리의 육신의 힘으로는 이러한 삶을 살수 없습니다.

사랑하려고 노력하는 것은 힘든 일입니다. 원수를 사랑하려고 노력할 수록 절망하게 됩니다. 기뻐하려고 노력해도 안 됩니다. 화평하려고 노력해도 안 됩니다.

오래 참음이 안 됩니다. 부드럽지 않습니다. 선하지 않고 믿음이 없습니다. 온유하지도 않고 절제할 수 없습니다. 우리의 힘으로는 할 수 없습니다.

우리가 주와 함께 십자가에 못 박혀 죽었음을 믿고 성령 안에서 걸을 때, 할 수 있습니다. 주님은 우리 모두에게 "성령 안에서 걸을지니라"고 말씀하십니다.

이제 다시 본문으로 돌아가서 사도행전 9장 6절을 보시면 "그가 떨며 놀라 이르되, 주여, 내가 무엇을 하기 원하시나이까? 하매 주께서 그에게 이르시되, 일어나 도시로 들어가라. 그러면 네가 반드시 해야 할 일을 듣게 되리라, 하시니라"

사울이 주님께 물었고 주님은 그에게 응답하셨습니다.

"일어나 도시로 들어가라. 그러면 네가 반드시 해야 할 일을 듣게 되리라"

이처럼 주님은 저와 여러분을 인도하시는 분이십니다.

주께서 사울에게 "네가 반드시 해야 할 일"이라고 하셨습니다. 이것은 사울이 주님께 묻기 전에 주님이 사울을 위해 준비하신 일이 있음을 우리에게 알려 주십니다.

이처럼 주님은 저와 여러분이 반드시 해야 할 일을 생각하고 계시는 분이십니다.

저와 여러분 각자를 향하신 주님의 계획입니다. 오늘 이 시간 이 말씀을 믿기를 원합니다. 그것은 "네가 반드시 해야 할 일"입니다.

저와 여러분이 구원을 받아서 우리 각자 안에 거하시는 주님과 교제하고, 그분으로부터 우리가 반드시 해야 할 일이 무엇인지 듣는 일은 놀라운 일입니다.

그것을 들을 때, 우리의 마음이 기쁩니다. 즐겁습니다. 그것은 우리가 주님의 일을 하는 것이기 때문입니다. 저와 여러분을 위해서 자신의 생명을 버리시고 우리를 구원하신 분께서 우리에게 원하시는 일을 듣는 것이기 때문입니다.

그러므로 사랑하는 성도 여러분, 오늘 이 시간 사울이 주께 "주여, 내가 무엇을 하기 원하시나이까?"라고 물었던 것처럼, 우리 또한 우리 각자가 주님께 그렇게 묻는 시간을 갖기를 원합니다.

주님으로부터 그 일을 들을 때, 우리는 이 세상의 어떤 일보다 더 가치 있고 귀중한 것이라는 것을 깨닫게 됩니다. 사도행전 9장 15절과 16절에서 주 예수님께서 아나니야라는 사람에게 사울에 대해서 말씀하시는 것을 보시겠습니다.

"그러나 주께서 그에게 이르시되, 네 길로 가라. 그는 이방인들과 왕들과 이스라엘 자손 앞에서 내 이름을 전하기 위해 내가 택한 그릇이니라.

그가 내 이름을 위해 얼마나 큰일들로 반드시 고난을 겪어야만 하는지 내가 그에게 보이리라, 하시니" 이 말씀에서 사울을 향하신 주님의 계획은 무엇입니까?

"그는 이방인들과 왕들과 이스라엘 자손 앞에서 내 이름을 전하기 위해 내가 택한 그릇이니라"고 하셨습니다.

그것은 사울을 전 세계로 보내신다는 뜻입니다. 그래서 전 세계 이방인들에게 왕들에게 그리고 이스라엘 자손에게 주 예수 그리스도의 이름을 전하게 하실 것이라는 뜻입니다. 사울을 "내가 택한 그릇"이라고 하셨습니다. 사울은 주님의 복음을 위해서 주께서 택하신 그릇입니다.

오늘 이 시간 저와 여러분이 구원을 받은 자들로서 우리 자신을 그릇들이라고 하나님께서 부르고 계신다는 사실을 기억하시기 바랍니다.

2장 20절과 21절 말씀을 보시면 "그러나 큰 집에는 금딤후 그릇과 은그릇뿐만 아니라 나무 그릇과 질그릇도 있어 어떤 것들은 존귀에 이르고 어떤 것들은 수치에 이르나니

그러므로 사람이 이런 것들로부터 자기를 깨끗하게 하면 존귀에 이르는 그릇 곧 거룩히 구별되어 주인이 쓰기에 합당하며 모든 선한 일에 예비된 그릇이 되리라"

이 말씀에서 그릇들을 볼 수 있습니다. "금그릇과 은그릇뿐만 아니라 나무 그릇과 질그릇"이 있습니다. 주님은 저와 여러분을 그릇들이라고 말씀하십니다.

그런데, 주님이 쓰시는 그릇이 있습니다. 그것은 어떤 그릇입니까? "사람이 이런 것들로부터 자기를 깨끗하게 하면"이라고 하셨습니다. 불법에서 자기를 깨끗하게 한 그릇입니다.

19절 중간을 보시면 "주께서 자신의 백성인 자들을 아시느니라, 하며 또, 그리스도의 이름을 부르는 자는 다 불법에서 떠날지어다" 하셨기 때문입니다. 불법에서 자기를 깨끗하게 한 그릇을 주께서 쓰십니다. 그것은 육신을 십자가에 못 박았음을 믿은 자입니다. 내가 죽었고 그리스도

께서 내 안에 사심을 믿는 자입니다.

그 사람을 주께서 쓰십니다. 그러므로 사랑하는 성도 여러분, 저와 여러분은 주님과 함께 십자가에 못 박혀 죽었고 그리스도께서 내 안에 사심을 믿기를 바랍니다.

그럴 때, 깨끗한 그릇으로서 주님이 쓰시는 그릇이 될 것입니다.

다 같이 갈라디아서 2장 20절을 보시겠습니다. "내가 그리스도와 함께 십자가에 못 박혀 있으나 그럼에도 불구하고 사노라. 그러나 내가 아니요 그리스도께서 내 안에 사시느니라. 나는 지금 내가 육체 안에서 사는 삶을, 나를 사랑하사 나를 위해 자신을 주신 하나님의 아들의 믿음으로 사노라"

이 말씀을 믿고 주님께서 우리 안에서 사심으로 주께서 우리 안에서 모든 일을 하시길 원합니다.

그분이 우리 안에서 그분의 뜻을 원하게도 하시고 행하게도 하시기를 원합니다.

바울처럼 주께서 저와 여러분을 전 세계로 보내시기를 원합니다. 그래서 주님의 이름을 사람들에게 증거하게 하시기를 원합니다. 그래서 더 많은 사람들이 우리를 통해 구원을 받게 되기를 원합니다. 오늘 이 시간 주님의 은혜와 사랑이 저와 여러분과 함께 하시기를 원합니다.

우리의 기도

저와 여러분들이 종교인이었다가 예수님을 만나서 그리스도인들이 되었습니다.

그리스도의 영이 있는 사람이 그분의 사람이라고 말씀을 하셨던 것처럼, 복음을 통해서 예수님을 우리가 만났고, 그분을 우리 안에 모시게 됐습니다.

이제 우리가 가야 할 길은 성령 안에서 걸어가는 것입니다. 우리 육신을 십자가에 못 박은 자로 여기고, 성령님이 내 안에 거하심을 다 아시죠, 그분 안에서 걸으라는 주의 말씀을 믿으시면 하나님이 그렇게 역사하십니다.

우리를 향하신 하나님의 생각이 있고, 계획이 있습니다. 그 계획이 우리에게 알려지게 되고, 또 그 계획대로 모든 일들이 이루어지게 될 것입니다.

이 시간 저는 하나님께 교제하는 시간, 기도하는 시간, 각자 받은 말씀에 따라 기도하는 시간 갖기를 원합니다. 아멘.

21. 너희는 돌을 옮겨 놓으라

그때에 유대인들이 이르되, 보라, 그분께서 그를 얼마나 사랑하셨는가! 하고 그들 중의 어떤 이들은 이르되, 눈먼 자의 눈을 열어 준 이 사람이 바로 이 사람을 죽지 않게 할 수는 없었느냐? 하더라.

그러므로 예수님께서 다시 속으로 신음하시며 무덤으로 가시는데 그것은 동굴이며 그 위에 돌이 놓였더라.

예수님께서 이르시되, 너희는 돌을 옮겨 놓으라, 하시니 죽은 자의 누이 마르다가 그분께 이르되, 주여, 그가 죽은 지 나흘이 되었으므로 지금은 그에게서 냄새가 나나이다, 하매

예수님께서 그녀에게 이르시되, 내가 네게 말하기를, 네가 믿으면 하나님의 영광을 보리라, 하지 아니하였느냐? 하시니라. - 요한복음 11:36~40 -

본문의 말씀에서 우리는 주 예수님을 볼 수 있습니다. 주께서는 지금 나사로의 무덤 앞에 서 계십니다. 나사로는 주님을 사랑하는 사람이었고, 주님께서도 그를 사랑하셨습니다. 그런데, 나사로는 죽게 되었습니다.

그런데, 우리가 요한복음 11장을 보시면 주님께서는 그가 병에 걸려 죽어가고 있었을 때, 능히 그를 고치실 수 있으셨습니다. 그리고 마리아와 마르다의 나사로를 고쳐 달라는 간절한 요청도 있었습니다.

요한복음 11장 3절 "그러므로 그의 누이들이 그분께 사람을 보내어 이

르되, 주여, 보소서. 주께서 사랑하시는 자가 병들었나이다, 하매"라고 기록되어 있습니다.

마르다와 마리아는 주 예수님께서 자기들의 오라비인 나사로가 병들었다는 사실을 전해 드려서 그를 고쳐 주시기를 요청했습니다. 그러나 주님께서는 다음과 같이 말씀하셨습니다.

4절을 보시면 "예수님께서 그것을 들으시고 이르시되, 이 병은 죽음에 이르게 하는 병이 아니라 하나님의 영광을 위한 것이니 하나님의 아들이 그것에 의해 영광을 받으리라, 하시더라"

이 말씀에서 예수님께서는 응답하시기를 "이 병은 죽음에 이르게 하는 병이 아니라 하나님의 영광을 위한 것"이라 하셨습니다.

"하나님의 아들이 그것에 의해 영광을 받으리라" 하셨습니다. 이 말씀은 지금 나사로가 병들어 죽어가는 것에 관하여 그것은 주 예수 그리스도께서 영광을 받으시기 위한 것이라는 말씀입니다. 그리고 6절을 보시면 "그러므로 그분께서 그가 병들었다는 것을 들으신 뒤에 자신이 계시던 같은 장소에서 이틀을 더 머무시고"라고 기록되어 있습니다. 주님은 나사로의 질병에 대해서 아무것도 하지 않으시고 "자신이 계시던 같은 장소에서 이틀을 더 머무"셨습니다. 그리고 그 결과로 나사로가 죽었습니다. 7절에서 "그 뒤에 자기 제자들에게 이르시되, 우리가 다시 유대로 들어가자, 하시니" 이 말씀에서 주 예수님께서 유대로 들어가자 하셨습니다.

그것은 주께서 나사로에게 가자고 말씀하시는 것입니다.

그런데, 11절을 보시면 "이것들을 말씀하시고 그 뒤에 그분께서 그들에게 이르시되, 우리 친구 나사로가 잠들어 있도다. 그러나 내가 그를 잠에서 깨우러 가노라, 하시니"라 하셨습니다. 주님은 "우리 친구 나사로가 잠들어 있도다" 하셨습니다.

그 말씀은 주께서 나사로가 죽었다는 사실을 아신 것입니다. 그런데, 주님은 "내가 그를 잠에서 깨우러 가노라" 하셨습니다. 이 말씀은 주께서 죽은 그를 살리실 것이라는 말씀입니다.

오늘 이 말씀을 보면서 우리가 먼저 기억해야 할 것은 주님께서는 나사로를 사랑하신다는 것입니다. 그리고 나사로의 병을 고쳐 달라고 요청한 마리아도 사랑하시고 마르다도 주님께서 사랑하십니다. 그런데, 주께서는 그들의 간절한 요청에도 불구하고 즉시로 응답하지 아니하시고, 같은 장소에서 이틀 더 머무셨습니다.

이것은 그들을 사랑하지 않으셔서가 아닙니다. 주님은 변함없이 그들을 사랑하십니다. 주님은 나사로의 죽음을 통해서 그들에게 주 예수 그리스도의 영광을 보여 주시려고 하시는 것입니다. 이와 같이 우리와 주님과의 관계는 사랑의 관계입니다.

주께서는 저와 여러분을 먼저 사랑하셨고, 우리가 죄인이었을 때 사랑하셨습니다.

그것은 주님의 사랑은 무조건적인 사랑이라는 것을 보여 주시며, 그분의 사랑은 영원한 사랑이라는 것을 보여 주십니다.

로마서 5장 8절 말씀에서 "우리가 아직 죄인이었을 때에 그리스도께서 우리를 위해 죽으심으로써 하나님께서 우리를 향한 자신의 사랑을 당당히 제시하시느니라"

이 말씀은 주님이 십자가에서 우리를 위해 죽으셔서 그분이 우리를 사랑하신다는 것을 보여 주심과 함께 그분의 사랑이 어떤 것인지 당당히 제시하시는 것입니다.

그것은 무조건적인 사랑입니다.

그것은 "우리가 아직 죄인이었을 때에" 주께서 우리를 위하여 죽으셨기 때문입니다. 또한, 8장 37절에서 39절의 말씀에서 "아니라. 이 모든 것 가운데서 우리는 우리를 사랑하신 그분을 통해 정복자들보다 더 나은 자들이니라.

내가 확신하노니 사망이나 생명이나 천사들이나 권력들이나 권능들이나 현재 있는 것들이나 장래 있을 것들이나

높음이나 깊음이나 다른 어떤 창조물이라도 우리를 그리스도 예수 우리 주 안에 있는 하나님의 사랑에서 떼어 놓을 수 없으리라"

이 말씀에서 주께서 우리를 사랑하시는 그 사랑은 영원한 것이며 그 무엇도 우리를 그분의 사랑에서 떼어 놓을 수 없다고 말씀하십니다.

우리가 죄인이었을 때 그분이 우리를 사랑하셨기 때문이며 그분의 사랑은 전능하신 하나님의 사랑이기 때문입니다. 우리가 복음을 듣고 예수님을 믿어 구원을 받고 난 뒤에 확신하게 된 것은 주님의 사랑이었습니다. 그분이 먼저 저와 여러분을 사랑하셨습니다. 우리는 그 사랑에 이끌려 그분을 사랑하게 되었습니다. 이것은 참으로 놀라운 일입니다.

요한일서 4장 7절에서 10절까지의 말씀에서 "사랑하는 자들아, 우리가 서로 사랑하자. 사랑은 하나님께 속하며 사랑하는 자는 다 하나님에게서 태어나 하나님을 알지만 사랑하지 아니하는 자는 하나님을 알지 못하나니 이는 하나님이 사랑이시기 때문이라.

하나님께서 자신의 독생자를 세상에 보내사 우리가 그분을 통해 살게 하셨으므로 이 점에서 하나님의 사랑이 우리를 향해 나타났느니라.

우리가 하나님을 사랑한 것이 아니라 그분께서 우리를 사랑하사 자신의 아들을 보내서서 우리 죄들로 인한 화해 헌물이 되게 하신 것, 여기에 사랑이 있느니라"

이 말씀에서 우리가 보게 되는 것은 주님의 사랑은 우리가 그분을 사랑하지 않았어도 그분이 우리를 사랑하시되 그분 자신이 우리 죄들로 인한 화해 헌물이 되신 것입니다. 우리가 그 사랑을 알았고, 그 사랑을 받았으며, 지금도 그 사랑이 저와 여러분 각자 속에 역사하고 있습니다.

오늘 이 시간 저와 여러분 각자를 향하신 주님의 사랑 안에 거하기를 원합니다.

그래서 우리가 본문에 나오는 나사로와 같이 그리고 마리아와 마르다와 같이 그들의 기도에 주께서 응답하시지 않으시는 것처럼 보일지라도 그분의 저와 여러분을 향한 사랑은 변함이 없음을 기억하시길 바랍니다.

오히려 주님의 사랑은 우리가 생각하는 것 이상으로 역사하십니다.

그것은 오늘 본문의 말씀에서 주 예수님께서 자신의 영광을 그들에게 보여 주시려고 하셨던 것과 같습니다. 그러므로 저와 여러분이 어떤 상황에서도 주님이 나를 사랑하고 계신다는 것을 아시고, 그분을 신뢰하기를 원합니다.

요한복음 14장 1절 말씀에서 "너희는 마음에 근심하지 말라. 하나님을 믿고 또한 나를 믿으라" 주님은 저와 여러분의 삶 가운데 근심이 많다는 것을 알고 계십니다. 그러나 주님이 우리에게 말씀하시는 것은 "하나님을 믿고 또한 나를 믿으라" 하십니다. 주님은 "나를 믿으라" 하십니다.

저와 여러분이 그분의 사람들로서 주님을 믿기를 원합니다. 그분을 신뢰하기를 원합니다. 그럴 때, 주님께서 기뻐하시며 자신의 영광을 저와 여러분에게 나타내실 것입니다. 그것은 우리가 하나님께 드린 기도에 주께서 우리가 생각하는 것 이상으로 응답하시는 것입니다.

에베소서 3장 14절에서 20절까지의 말씀을 보시면 "이런 까닭으로 내가 우리 주 예수 그리스도의 아버지 곧 하늘과 땅에 있는 온 가족에게 이름을 주신 분께 무릎을 꿇고 비노니

그분께서 자신의 영광의 풍성하심에 따라 자신의 영을 통해 속사람이 강력으로 강건하게 됨을 너희에게 허락하시고

믿음을 통해 그리스도께서 너희 마음속에 거하게 하시며 또 너희가 사랑 안에서 뿌리를 내리고 터를 잡아

모든 성도들과 함께 너비와 길이와 깊이와 높이가 어떠함을 깨닫고

지식을 뛰어넘는 그리스도의 사랑을 알 수 있어 하나님의 모든 충만하심으로 충만하게 되기를 구하노라.

이제 우리 안에서 일하는 권능에 따라 우리가 구하거나 생각하는 모든 것 이상으로 심히 넘치도록 행하실 수 있는 분께,"

이 말씀에서 우리는 먼저 "지식을 뛰어넘는 그리스도의 사랑"이 저와 여러분 안에 있음을 알 수 있고, 주님의 행하심은 "우리가 구하거나 생각하는 모든 것 이상으로 심히 넘치도록 행하실 수 있"다는 것입니다. 우리가 기도하는 것 이상으로, 우리가 생각하는 것 이상으로 주님은 행하십니다. 저와 여러분이 주님을 신뢰하기를 원합니다. 그것은 주님께서 우리

를 변함없이 사랑하고 계신다는 것과 주님은 우리 안에서 우리가 생각하는 것 이상으로 행하신다는 것입니다. 그것은 곧 주님의 영광을 위한 것이라는 사실입니다.

이제 다시 본문으로 돌아가서 요한복음 11장 21절과 22절의 말씀을 보시면 "그때에 마르다가 예수님께 이르되, 주여, 주께서 여기 계셨더라면 내 오라버니가 죽지 아니하였으리이다.

그러나 이제라도 주께서 무엇이든 하나님께 구하시면 하나님께서 그것을 주께 주실 줄을 내가 아나이다, 하니"

이 말씀에서 마르다의 생각을 볼 수 있습니다. 그녀의 생각은 "주께서 여기 계셨더라면 내 오라버니가 죽지 아니하였"다는 것입니다. 그녀는 그 생각 안에 머물러 있는 것입니다. 그러나 주님의 생각은 다음과 같았습니다.

23절을 보시면 "예수님께서 그녀에게 이르시되, 네 오라비가 다시 일어나리라, 하시므로" 이 말씀은 예수님께서 죽은 나사로를 살리실 것이라는 말씀입니다.

이것이 주님의 생각이었습니다. 그런데 마르다는 주님의 생각을 듣고도 자기의 생각으로 주님의 생각을 해석합니다.

24절 "마르다가 그분께 이르되, 마지막 날 부활할 때에 그가 다시 일어날 줄을 내가 아나이다, 하매" 마르다는 "마지막 날 부활할 때에"라고 해석하고 있습니다.

마지막 날들에 부활의 날이 모든 죽은 자들이 일어날 때가 올 것인데, 그때에 나사로가 다시 일어날 줄 압니다. 한 것입니다. 그러나 주님의 생각은 바로 지금입니다. 25절과 26절 말씀에서는 "예수님께서 그녀에게 이르시되, 나는 부활이요 생명이니 나를 믿는 자는 죽어도 살겠고 누구든지 살아서 나를 믿는 자는 결코 죽지 아니하리라, 이것을 네가 믿느냐? 하시니"

이 말씀에서 주 예수님은 "나는 부활이요 생명이"라 하십니다. 이 말씀은 현재형입니다. I am the resurrection, and the life라 하셨습니다. 나는 지금 부활이며 생명이라고 하시는 것입니다.

그것은 주님이 원하시면 지금 나사로를 살리실 수 있으시다는 뜻입니다.

이것이 마르다의 생각과 주님의 생각의 차이입니다. 주님은 저와 여러분이 생각하는 모든 것 이상으로 심히 넘치게 행하실 수 있는 분이십니다.

우리는 마르다와 같이 우리의 생각 안에서 주님이 이렇게 하셨으면 좋았으리라 합니다. 그리고 우리 또한 마르다처럼 주님의 생각에 대해서 다른 사람에게 해당되거나 다른 때에 해당되는 것으로 여길 때가 있습니다.

선교에 대해서 생각할 때, 그것은 바울에게 가능한 것이고 우리에게는 아니라는 것입니다. 그것은 그때에 가능했던 것이고 지금은 아니라는 것입니다.

오늘날 저와 여러분 안에 계시는 성령님은 변함이 없으십니다. 그분의 능력은 줄지 않았습니다. 주께서 바울을 통해서 수많은 사람들을 구원하셨듯이 주님은 저와 여러분을 통해서 수많은 사람들이 구원을 받게 하실 수 있으십니다.

주께서 사도행전 당시에 수많은 사람들에게 자신의 강함을 보이시고 그들을 어둠에서 빛으로 인도하셨듯이 주님은 지금도 저와 여러분을 통해서 수많은 사람들에게 자신의 강함을 보이시고 어둠에서 빛으로 인도하실 수 있으십니다.

오늘 이 시간 저와 여러분의 생각이 아니라 주님의 생각을 붙들기를 원합니다.

그것은 성경에서 기록된 대로 믿는 것입니다. 로마서 8장 4절에서 6절까지의 말씀을 보시면 "이것은 육신을 따라 걷지 아니하고 성령을 따라 걷는 우리 안에서 율법의 의가 성취되게 하려 함이니라.

육신을 따르는 자들은 육신의 일들을 생각하되 성령을 따르는 자들은 성령의 일들을 생각하나니 육신적으로 생각하는 것은 사망이요 영적으로 생각하는 것은 생명과 화평이니라"

저와 여러분이 성령을 따를 때, 성령의 일들을 생각한다고 기록되어 있습니다.

이 말씀대로 믿으시기를 바랍니다. 성경에 기록된 모든 것을 믿기를 바랍니다.

성경은 하나님의 생각입니다. 빌립보서 4장 13절 말씀에서는 "나를 강하게 하시는 그리스도를 통해 내가 모든 것을 할 수 있느니라"

이 말씀에서 주님은 지금 저와 여러분을 강하게 하시는 분이십니다. 그래서 모든 것을 할 수 있게 하시는 분이십니다. 저와 여러분의 생각으로는 안 될 것 같습니다.

세계 선교를 생각할 때, 그것은 불가능할 것 같습니다. 그것은 사도행전 당시에 가능한 것 같고, 지금은 어려운 것 같습니다. 그러나 주께서 우리에게 말씀하십니다.

"나를 강하게 하시는 그리스도를 통해 내가 모든 것을 할 수 있느니라"

이 말씀을 믿기를 원합니다. 저와 여러분의 생각이 아니라 하나님의 생각을 붙들기를 원합니다.

우리가 성경을 바르게 나누어서 볼 뿐 아니라 우리에게 말씀하시는 말씀을 전적으로 믿기를 원합니다. 성경은 옛 언약이 있고 새 언약이 있습니다.

우리는 새 언약입니다. 성경은 유대인이 있고, 교회가 있고 이방인이 있습니다.

각각에게 하시는 말씀들이 있습니다. 우리는 그 중에 교회입니다.

우리가 성경을 바르게 나누어서 볼 뿐 아니라 우리에게 주시는 말씀은 전적으로 믿기를 바랍니다.

"나를 강하게 하시는 그리스도를 통해 내가 모든 것을 할 수 있느니라"는 말씀은 지금 저와 여러분에게 하시는 주님의 말씀입니다. 우리의 생각이 아니라 주님의 생각을 붙들기를 원합니다.

다시 본문으로 돌아가서 요한복음 11장 34절 말씀을 보시면 "이르시되, 너희가 그를 어디에 두었느냐? 하시매 그들이 그분께 이르되, 주여, 와서 보시옵소서, 하니"

이 말씀에서 예수님께서는 나사로를 둔 무덤에 가고자 하셨습니다. 그랬을 때, 그들이 주님을 나사로의 무덤으로 인도했습니다. 그리고 39절에서 다음과 같이 말씀하십니다. "예수님께서 이르시되, 너희는 돌을 옮겨 놓으라, 하시니 죽은 자의 누이 마르다가 그분께 이르되, 주여, 그가 죽은 지 나흘이 되었으므로 지금은 그에게서 냄새가 나나이다, 하매"

이 말씀에서 주 예수님께서 사람들에게 "너희는 돌을 옮겨 놓으라" 하셨습니다.

그런데, 주님의 이 말씀에 대해서 마르다가 가로막았습니다.

그녀가 예수님께 말씀드리기를 "주여, 그가 죽은 지 나흘이 되었으므로 지금은 그에게서 냄새가 나나이다"라 하였습니다. 이 말은 지금 나사로의 무덤은 동굴로 되어 있고 그 동굴의 입구를 돌로 막아 놓았는데, 지금 돌을 옮기면 나사로의 몸에서 나는 냄새가 밖으로 나올 것 이라는 것입니다. 그 말은 그렇게 하시지 말라는 것입니다. 여기서 마르다는 아직도 주님의 말씀을 믿지 못하고 있었습니다.

요한복음 11장 23절에서 "예수님께서 그녀에게 이르시되, 네 오라비가 다시 일어나리라, 하시므로" 하였습니다. 그리고 25절에서는 "나는 부활이요 생명이"라 하셨습니다.

주님은 지금 죽은 나사로를 다시 살리실 것이라는 말씀은 마르다에게 하셨습니다.

그러나 마르다는 아직도 주님의 말씀을 믿지 못하고 있었습니다.

그것은 그녀의 생각 때문이었습니다. 그녀의 생각이 주님의 생각을 가로막았습니다. 지금 나사로의 동굴 무덤에 막아 놓은 돌과 같이 그녀의 생각이 주님의 생각을 가로막고 있었습니다. 마르다의 생각이 주님의 역사를 가로막고 있었습니다.

주님께서는 "너희는 돌을 옮겨 놓으라" 하셨습니다.

그러나 그녀가 계속해서 "주여, 그가 죽은 지 나흘이 되었으므로 지금은 그에게서 냄새가 나나이다"라고 자기의 생각을 붙들었다면, 주님이 역사하시지 못하셨을 것입니다.

마르다는 지금 나사로가 다시 살아날 것을 믿지 못하며, 돌을 옮겨 놓으면 냄새가 난다는 생각에 사로잡혀 있었습니다. 그녀의 생각이 주님의 생각을 가로막고 있습니다. 지금 주님이 옮겨 놓으라는 그 돌은 바로 마르다의 생각입니다.

그러나 주님께서 마르다에게 다음과 같이 말씀하셨습니다. 40절에서 "예수님께서 그녀에게 이르시되, 내가 네게 말하기를, 네가 믿으면 하나님의 영광을 보리라, 하지 아니하였느냐? 하시니라"

주님은 마르다에게 "네가 믿으면"이라 하셨습니다. 무엇을 믿는 것입니까? 주의 말씀을 믿는 것입니다. "네가 믿으면"이라는 말씀은 네가 내 말을 믿으면 이라는 뜻입니다. "내가 네게 말하기를, 네가 믿으면 하나님의 영광을 보리라, 하지 아니하였느냐?"

주님의 이 말씀이 마르다에게 들려졌을 때, 그녀는 자기의 생각을 버렸습니다.

오직 주의 말씀이 사람의 생각을 제거합니다. 마르다의 생각은 "주여, 그가 죽은 지 나흘이 되었으므로 지금은 그에게서 냄새가 나나이다"였습니다.

그 생각을 제거한 것은 "내가 네게 말하기를, 네가 믿으면 하나님의 영광을 보리라, 하지 아니하였느냐?"라는 말씀이었습니다. 그것은 41절 상반절에서 "그때에 그들이 죽은 자를 둔 곳에서 돌을 옮겨 놓으니"라고 기록되었기 때문입니다.

이처럼 저와 여러분의 생각은 주의 말씀으로 제거됩니다. 우리의 생각이라는 돌을 옮기시는 것은 주의 말씀입니다.

저와 여러분이 날마다 주의 말씀 앞으로 나오는 이유는 우리의 생각이 주의 말씀으로 제거되게 하기 위함입니다. 우리의 생각이 주의 역사를 가로막고 있기 때문입니다. 로마서 12장 1절과 2절을 보시면 "그러므로 형제들아, 내가 하나님의 긍휼을 힘입어 너희에게 간청하노니 너희는 너희 몸을 거룩하고 하나님께서 받으실 만한 살아 있는 희생물로 드리라. 그것이 너희의 합당한 섬김이니라.

너희는 이 세상에 동화되지 말고 너희 생각을 새롭게 함으로 변화를 받아 하나님의 그 선하시고 받으실 만하며 완전하신 뜻이 무엇인지 검증하도록 하라"

이 말씀에서 "너희 생각을 새롭게 함으로 변화를 받"으라 하십니다.

주님은 저와 여러분의 생각이 변화될 것을 말씀하십니다.

나사로의 무덤을 가로막은 돌과 같이 우리의 생각이 옮겨져야 하는 것입니다.

그것은 주의 말씀이 우리의 생각을 새롭게 함으로 변화되게 하십니다.

그러므로 오늘 이 시간 저와 여러분이 주 예수님과 함께 십자가에 못 박혀 죽은 자들로 여기고 성령님을 의지하여 주의 말씀을 받아들이기를 원합니다.

"나를 강하게 하시는 그리스도를 통해 내가 모든 것을 할 수 있느니라"

이 말씀이 주의 말씀이며 주의 생각입니다. 다시 본문으로 돌아가서 요한복음 11장 41절을 보시겠습니다. "그때에 그들이 죽은 자를 둔 곳에서 돌을 옮겨 놓으니 예수님께서 눈을 드시고 이르시되, 아버지여, 아버지께서 내 말을 들으신 것을 감사하나이다"

이 말씀에서 돌이 옮겨졌을 때, 예수님께서 기도하셨습니다.

그리고 43절에서 "그분께서 이렇게 말씀하시고 큰 소리로 외쳐, 나사로야, 나오라, 하시니" 이 말씀에서 돌이 옮겨졌을 때, 예수님께서 나사로에게 큰 소리로 외치셨습니다. "나사로야, 나오라" 그때 44절에서 "죽은 자가 손발이 수의로 묶인 채 나오는데 그의 얼굴이 수건으로 묶였으므로 예수님께서 그들에게 이르시되, 그를 풀어 주어 그가 다니게 하라, 하시니라"

주의 말씀에 죽었던 나사로가 살아서 무덤 밖으로 나왔습니다. 주의 역사가 일어난 것이며, 이것을 통해 주 예수 그리스도께서 영광을 받으셨습니다.

돌이 옮겨졌을 때, 주께서 역사하셨고 주께서 영광을 받으셨습니다. 마르다의 생각이 옮겨졌을 때, 그 일이 일어난 것입니다.

이와 같이 저와 여러분의 생각이 옮겨질 때, 주의 말씀으로 우리의 생각이 제거될 때, 주님의 역사가 일어나는 것이며, 주께서 영광을 받으십니다.

오늘 주께서 우리 모두에게 하신 말씀은 "너희는 돌을 옮겨 놓으라" 하셨습니다.

저와 여러분의 생각의 돌을 옮기기를 원합니다. 주의 말씀으로 제거되기를 원합니다. 그래서 주의 말씀이 저와 여러분 안에서 충만하게 되기를 원합니다.

우리의 기도

우리 주님께서는 저와 여러분들을 무조건적으로 사랑하시는 분이시고, 영원히 사랑하시는 분이십니다.

지금도 십자가에서 당당히 제시하시는 것은 하나님이 저와 여러분들을 이렇게 사랑하신다라는 것, 무조건적으로 사랑하신 것입니다.

우리가 아직 죄인이었을 때, 우리를 사랑하셨다라는 것을 보여 주십니다. 그 사랑을 기억하시고, 때때로 우리 삶 가운데 기도가 응답되지 않고, 시간이 많이 지난 것처럼 느껴질 때에 주님은 여전히 나를 사랑하신다라는 것을 믿으시고, 오히려 하나님께서 우리의 생각하는 것 이상으로 넘치게 행하실 수 있는 분이라는 사실을 믿음으로 고백하길를 원니다.

우리의 생각으로 성경을 해석하려고 합니다. 마르다가 자기의 생각으로 성경을 해석하려고 할 때에 잘못 해석이 되었습니다. 그게 아닙니다. 주님은 지금 나사로를 살리고자 하셨던 것입니다. 성령님을 힘입으셔서 하나님 말씀을 보시고, 우리의 생각을 제거하고, 하나님 말씀하신 그대로를 믿으시기를 바랍니다.

나에게 주신 말씀, 교회에게 주신 말씀 그대로 믿으시기를 바랍니다. 생각이라는 돌을 제거해야 하나님이 역사하시고, 주의 영광을 볼 수가 있습니다.

우리의 생각이라는 돌은 말씀으로 제거됩니다. 하나님께 받은 말씀에 따라 기도하는 시간을 갖길 원합니다. 아멘.

22. 다니엘과 그의 동료들

느부갓네살의 통치 제이년에 느부갓네살이 꿈들을 꾸매 그것들로 말미암아 그의 영이 근심하고 그가 잠에서 깨어나 잠을 이루지 못하니라.

그때에 왕이 자기 꿈들을 왕에게 알려 주도록 마술사들과 별을 살피는 자들과 마법사들과 갈대아 사람들을 부르라고 명령하니 이에 그들이 와서 왕 앞에 서므로

왕이 그들에게 이르되, 내가 한 꿈을 꾸었고 그 꿈을 알기 위해 내 영이 근심하였노라, 하매

이에 갈대아 사람들이 왕에게 시리아 말로 이르되, 오 왕이여, 영원토록 사시옵소서. 그 꿈을 왕의 종들에게 말씀하소서. 그러면 우리가 해석을 보여 드리겠나이다, 하니 - 다니엘서 2:1절~4절 -

오늘 말씀에서 우리는 다니엘을 볼 수 있습니다. 그는 유대인이었으며, 하나님을 두려워하고 있는 사람이었습니다. 그가 바빌론의 포로로 끌려와서 지금 느부갓네살의 종이 되었습니다. 다니엘서 1장 19절과 20절을 보시면 그에 관하여 좀더 알 수 있습니다. "왕이 그들과 대화하고 그들 모두 가운데서 다니엘과 하나냐와 미사엘과 아사랴 같은 자를 찾지 못하였으므로 그들이 왕 앞에 섰는데

왕이 지혜와 명철에 대한 모든 문제에 관하여 그들에게 묻고는 그들이

자기의 온 영토 안의 모든 마술사들과 별을 살피는 자들보다 열 배나 나은 것을 발견하니라"

이 말씀에서 다니엘은 느부갓네살 왕 앞에 서서 왕이 질문하는 것에 대해서 답을 하는 사람이었음을 볼 수 있습니다.

20절에서 "마술사들과 별을 살피는 자들"이라고 되어 있는데, 이들은 왕의 조언자로 서 있는 자들이었습니다. 그들은 느부갓네살 왕에게 정치와 모든 문제에 대해서 조언을 해 주는 자들이었습니다.

그런데, 다니엘과 그의 동료들이 20절 하반절을 보시면 "열 배나 나은 것을 발견하니라"고 기록되어 있습니다. 그들이 모든 상황에 대해서 정확하게 판단하고, 지혜롭게 말했다는 것을 의미합니다. 이것은 하나님께서 다니엘에게 지혜를 주셨기 때문입니다. 그는 비록 포로의 신분이었지만 하나님이 그에게 지혜를 주셨을 때, 다니엘은 바빌론의 모든 자들보다 열 배나 지혜로웠던 것입니다.

이처럼 저와 여러분이 살아가는 삶에서 우리가 처한 환경은 중요하지 않습니다.

우리가 다니엘과 같은 상황을 경험할 수 있습니다. 그러나 저와 여러분 각자 안에는 그리스도께서 거하고 계십니다. 그분이 저와 여러분 각자에게 지혜가 되십니다.

고전 1장 24절 말씀에서 "부르심을 받은 자들에게는 유대인들에게나 그리스인들에게나 그리스도는 하나님의 권능이시오 하나님의 지혜이시니라"

지금 저와 여러분 안에 계시는 예수 그리스도께서는 우리 각자에게 하나님의 권능이시며, 하나님의 지혜이십니다. 우리가 우리 자신의 지혜를 부인하고, 내 안에 계시는 예수님을 의지할 때, 우리는 지혜를 발견합니다.

우리 자신의 길에 대한 지혜를 발견하고, 우리에게 질문하는 자들에게 대답할 지혜를 발견합니다. 예수 그리스도께서 하나님의 지혜이십니다. 우리가 그분을 사랑하고, 그분을 의지하기를 원합니다. 그분으로 살아가기를 원합니다.

우리가 주님과 함께 십자가에 못 박혀 죽은 자들로 여길 때, 그리스도께서 내 안에서 지혜가 되심을 발견할 것입니다. 그래서 우리가 처한 모든 환경 속에서 정확한 판단을 하게 하시고, 지혜롭게 말하고 행동할 수 있도록 역사하실 것입니다.

다시 본문으로 돌아가서 다니엘서 2장 1절 말씀을 보시면 "느부갓네살의 통치 제이년에 느부갓네살이 꿈들을 꾸매 그것들로 말미암아 그의 영이 근심하고 그가 잠에서 깨어나 잠을 이루지 못하니라"

이 말씀에서 느부갓네살이 꿈들을 꾸었음을 볼 수 있습니다. 그는 삶을 살아가면서 무수히 많은 꿈을 꾸었을 것입니다. 그런데, 이번에는 달랐습니다. 그것은 "그의 영이 근심하"였기 때문입니다. 무엇인가 크고 엄청난 것을 알려주고자 하는 꿈들이었습니다. 그는 "잠에서 깨어나 잠을 이루지 못"했습니다.

그런데, 문제는 그가 그 꿈들을 기억해 내지 못한다는 것입니다.

무엇인지 중요하고 크고 엄중한 것을 말해 주는 것인데, 기억할 수 없는 것입니다.

2절을 보시면 "그때에 왕이 자기 꿈들을 왕에게 알려 주도록 마술사들과 별을 살피는 자들과 마법사들과 갈대아 사람들을 부르라고 명령하니 이에 그들이 와서 왕 앞에 서므로" 느부갓네살은 바빌론의 지혜자들을 불렀습니다.

그가 알고 있는 지혜자들은 마술사들과 별을 살피는 자들과 마법사들과 갈대아 사람들이었습니다.

그들은 느부갓네살이 뛰어난 지혜를 가졌다고 생각하는 사람들이었습니다. 그래서 자기 꿈들을 그들이 자기에게 알려 줄 수 있다고 생각하는 것입니다.

3절에서 "왕이 그들에게 이르되, 내가 한 꿈을 꾸었고 그 꿈을 알기 위해 내 영이 근심하였노라, 하매" 느부갓네살 왕은 근심하고 있었습니다. 한 꿈을 꾸었는데, 그것은 보통 꿈이 아니었기 때문입니다. 그래서 그의 영이 근심했습니다.

4절에서 "이에 갈대아 사람들이 왕에게 시리아 말로 이르되, 오 왕이여, 영원토록 사시옵소서. 그 꿈을 왕의 종들에게 말씀하소서. 그러면 우리가 해석을 보여 드리겠나이다, 하니" 갈대아 사람들이 말합니다. "그 꿈을 왕의 종들에게 말씀하소서. 그러면 우리가 해석을 보여 드리겠나이다" 그들은 왕이 꿈을 말해 주면 해석해 주겠다고 하였습니다.

그런데, 5절에서 "왕이 갈대아 사람들에게 응답하여 이르되, 그것이 내게서 떠났도다. 만일 너희가 그 꿈과 그 꿈의 해석을 내게 알려 주지 아니하면 너희를 여러 조각으로 쪼개고 너희 집들을 거름 더미로 만들리라"

느부갓네살 왕은 매우 심각한 상황이었습니다. 그 꿈들에 대해서 단순한 근심이 아니라 자기 자신과 자기의 왕국에 대한 것이라는 것을 직감하였기에 반드시 알아야 했습니다.

그래서 만일 그들이 그 꿈과 그 꿈의 해석을 알려 주지 못한다면, 그들 모두를 여러 조각으로 쪼개고 그들의 집들을 거름더미로 만들거라 했습니다.

그리고 결과적으로 11절과 12절 말씀을 보시면 "왕께서 요구하시는 것은 드문 일이니이다. 육체와 함께 거하지 아니하는 신들 외에는 왕 앞에서 그것을 보여 줄 수 있는 자가 아무도 없나이다, 하매 왕이 이런 까닭으로 분노하고 심히 격노하여 바빌론의 모든 지혜자들을 멸하라고 명령하니라"

이 말씀에서 지금 왕 앞에 서 있는 자들은 모두 그 꿈들을 말해 줄 수 없음을 보여 줍니다. 그러자 왕은 바빌론의 모든 지혜자들을 멸하라고 명령하기에 이르렀습니다. 이것은 다니엘과 그의 동료들에게 매우 위험한 상황이 된 것입니다.

그들도 지혜자들이었기 때문입니다. 13절을 보시면 다음과 같이 기록되어 있습니다. "칙령이 나가매 지혜자들이 죽게 되었고 저들이 다니엘과 그의 동료들을 죽이려고 찾았더라" 이것이 바빌론의 느부갓네살 왕의 칙령이었습니다.

절대 권력을 가지고 있었던 그의 칙령이기 때문에 반드시 집행되어져야 하는 것입니다. 그래서 바빌론 왕국의 모든 지혜자들이 죽게 되었고, 다니엘과 그의 동료들도 예외가 아니었습니다. 이 위험한 상황 속에서 다니엘은 지혜롭게 행동했습니다.

14절에서 16절을 보시면 "그때에 왕의 호위대장 아리옥이 나가서 바빌론 지혜자들을 죽이려 하매 다니엘이 그에게 신중하고 지혜롭게 응답하니라.

그가 왕의 대장 아리옥에게 응답하여 이르되, 왕께서 내리신 칙령이 어찌하여 그리 급하니이까? 그때에 다니엘이 들어가 왕에게 요청하여 왕이 자기에게 시간을 주면 자기가 왕에게 그 해석을 보여 주겠다고 하고는"

이 말씀에서 다니엘의 지혜로운 행동이란 왕에게 들어가서 자기에게 시간을 달라는 것입니다. 그러면 왕에게 그 해석을 보여 주겠다는 것입니다.

여기서 다니엘의 지혜는 무엇입니까? 하나님을 의지하는 것입니다.

느부갓네살 왕이 꾼 꿈들을 사람이 알아내는 것은 불가능한 것입니다. 시간이 주어져도 그것은 결코 알 수 없는 것입니다. 그런데, 다니엘에게 있어서 시간이란 하나님을 의지하는 것입니다. 다니엘에게 시간이란 하나님께 기도하는 것입니다.

다니엘에게 시간이란 하나님께서 그에게 응답하시는 것입니다.

저와 여러분이 그런 경우를 경험할 수 있습니다. 위험한 상황을 당하고 있는데, 해결할 방법이 없는 것입니다. 우리에게 시간들이 주어져도 우리의 머리에는 방법이 없습니다. 우리에게 시간들이 주어져도 우리가 가진 것으로는 해결될 수 없습니다.

그러나 우리 그리스도인들에게 시간이란 하나님을 의지하는 것입니다.

우리에게 시간들이란 하나님께 기도하는 것이며 그분으로부터 응답받는 것입니다.

본문의 말씀에서 하나님께서 다니엘에게 즉시로 느부갓네살 왕의 꿈들을 알려 주실 수 있으십니다. 그 이유는 그 꿈들을 느부갓네살 왕에게 주신 분이 하나님이시기 때문입니다.

그런데, 하나님은 다니엘에게 즉시 알려 주시지 않으셨습니다. 시간을 갖게 하셨습니다. 기도하는 시간을 갖게 하시고 하나님을 의지하는 시간을 갖게 하셨습니다.

하나님은 저와 여러분에게 그런 분이십니다. 우리의 간절한 원함이 있을 때, 하나님은 우리에게 시간을 갖게 하십니다. 하나님을 의지하는 시간, 하나님께 기도하는 시간을 갖게 하십니다. 그것을 아는 것이 지혜입니다.

잠언 16장 20절 말씀에서 "문제를 지혜롭게 다루는 자는 좋은 것을 얻으리니 누구든지 주를 신뢰하는 자는 행복하니라" 이 말씀에서 "문제를 지혜롭게 다루는 자는 좋은 것을 얻"는다고 말씀하십니다.

하나님은 저와 여러분이 문제들을 대할 때, 지혜롭게 다루기를 원하고 계십니다.

그래서 좋은 것을 얻기를 원하십니다. 그런데, 어떤 것이 문제를 지혜롭게 다루는 것입니까? "누구든지 주를 신뢰하는 자"라 하셨습니다. 저와 여러분이 문제를 지혜롭게 다루는 것은 주님을 신뢰하는 것입니다. 사랑하는 성도 여러분, 주님을 신뢰하길 원합니다. 지금 저와 여러분 각자 안에 거하시는 주 예수 그리스도, 우리의 지혜이신 그분을 신뢰하길 원합니다. 그것이 우리가 문제를 지혜롭게 다루는 것입니다.

다니엘과 같이 주님께 기도하는 시간을 갖길 원합니다. 우리에게 주어진 시간은 주님을 의지하는 것임을 알기를 원합니다. 주님을 바라보는 시간입니다.

주님으로부터 응답을 기다리는 시간이며, 주님께서 응답하실 것을 믿는 시간입니다. 이것을 아는 것이 지혜입니다. 우리 또한 다니엘과 같이 위험한 상황을 당할 때, 당황하게 됩니다. 불가능한 상황이라 생각 되어지면 절망하고 낙심합니다.

하나님을 기억하지만 막연하게 느껴집니다. 과연 하나님께서 나의 기도를 들으시고 응답하실까 라는 생각을 갖게 됩니다.

지금 이 시간 하나님께서 우리 각자에게 지혜를 주시기를 원합니다. 그것은 하나님을 아는 지혜입니다. 에베소서 1장 15절에서 17절까지의 말씀을 보시면,

"그러므로 주 예수님을 믿는 너희의 믿음과 모든 성도들을 향한 사랑에 대해 들은 뒤에 나도 기도 할 때에 너희에 관하여 말하며 너희로 인해 감사드리는 것을 그치지 아니하고

우리 주 예수 그리스도의 하나님 곧 영광의 아버지께서 지혜와 계시의 영을 너희에게 주사 하나님을 알게 하시고" 이 말씀에서 "지혜와 계시의 영을 주사"라고 하셨습니다. 그래서 "하나님을 알게 하시고"라 하셨습니다.

에베소 성도들은 구원을 받은 자들입니다. 그들은 모두 그리스도인들입니다.

그런데, 바울은 그들에게 지혜와 계시의 영을 주셔서 그들이 하나님을 알게 해달라고 구하고 있습니다. 그것은 무엇입니까? 그것은 하나님께서

그들의 기도를 들으시며 응답하시는 분이시라는 것을 아는 것입니다. 하나님이 그들의 아버지시라는 것을 아는 것입니다. 지식적으로 아는 것이 아니라 성령님으로 아는 것입니다.

그래서 확신을 갖게 되고, 믿음으로 기도하기를 원하는 것입니다.

지금 이 시간 저와 여러분 모두에게 하나님께서 지혜를 주셔서 하나님을 알게 하시기를 원합니다. 그래서 그분이 우리의 아버지이시며, 우리의 기도를 들으시고 우리에게 응답하시는 분이심을 성령님으로 알게 하시기를 원합니다.

요한일서 5장 14절과 15절에서 "그분 안에서 우리가 가진 확신은 이것이니 곧 우리가 그분의 뜻대로 무엇이든 구하면 그분께서 우리 말을 들으신다는 것이라.

우리가 무엇을 구하든지 그분께서 우리 말을 들으시는 줄 우리가 알거든 우리가 그분께 구하여 청원한 것들을 우리가 얻는 줄 우리가 아느니라" 이 말씀에서 "그분 안에서 우리가 가진 확신"이라 하셨습니다.

우리 모두가 이 확신을 가지고 하나님께 기도하는 시간을 갖길 원합니다.

그래서 우리가 하나님을 의지하는 시간이 막연한 것이 아니라 기쁨으로 채워지는 시간들이 되기를 원합니다.

다시 본문으로 돌아가서 다니엘서 2장 17절과 18절을 보시면 "그때에 다니엘이 자기 집으로 가서 자기 동료 하나냐와 미사엘과 아사랴에게 그 일을 알렸으니 이것은 그들이 이 은밀한 일에 관하여 하늘의 하나님의 긍휼을 구하게 함으로써 다니엘과 그의 동료들이 바빌론의 나머지 지혜자들과 함께 죽임을 당하지 아니하게 하려 함이더라" 이 말씀에서 다니엘이 하나님께 기도하는데, 그 기도 시간을 자기 동료 하나냐와 미사엘과 아사랴와 함께 갖습니다.

그것은 "이 은밀한 일에 관하여 하늘의 하나님의 긍휼을 구하"기 위함이었습니다.

그것은 하나님께서 자기들에게 느부갓네살 왕의 꿈들과 해석을 알려 달라는 것입니다. 그래서 그 위기로부터 구출해 달라는 것입니다.

저와 여러분이 믿음의 길을 걸어갈 때, 우리가 가는 믿음의 길은 우리 안에 거하시는 주 예수 그리스도를 의지하고 따르는 길입니다.

그 길을 걸어갈 때, 우리에게는 동료들이 있습니다. 주 안에서 사랑하는 형제들과 자매들이 있는 것입니다. 이 관계는 단순한 관계가 아닙니다. 이 관계는 하나님에게서 태어난 생명의 관계입니다.

요한복음 1장 12절과 13절 말씀에서 "그분을 받아들인 자들 곧 그분의 이름을 믿는 자들에게는 다 하나님의 아들들이 되는 권능을 그분께서 주셨으니

이들은 혈통으로나 육신의 뜻이나 사람의 뜻에서 태어나지 아니하고 하나님에게서 태어났느니라"

저와 여러분은 주 예수 그리스도를 믿고 하나님에게서 태어난 하나님의 아들들입니다. 그래서 우리는 서로를 형제들이라고 부릅니다. 우리가 서로 믿음의 길을 함께 가는 동료들입니다. 지금 저와 여러분 각자 안에 거하시는 성령님께서 우리를 서로 사랑하게 하시고, 하나가 되게 하셨습니다. 한 몸이 되게 하셨습니다.

이 사실을 기억하시고, 우리가 서로 믿음의 동료들이라는 것을 형제들이라는 것을 한 몸이라는 것을 기억하시길 바랍니다. 그래서 우리가 함께 기도하기를 원합니다. 그럴 때, 하나님께서 넘치게 응답하실 것입니다. 다시 본문으로 돌아가서 다니엘서 2장 19절을 보시면 "그때에 그 은밀한 일이 밤의 환상 속에서 다니엘에게 계시되매 그때에 다니엘이 하늘의 하나님을 찬송하니라"

이 말씀에서 "그 은밀한 일이 밤의 환상 속에서 다니엘에게 계시되"었습니다.

그것은 하나님께서 느부갓네살이 꾼 꿈들을 알려 주신 것입니다. 불가능했던 일이 일어났습니다. 그것은 하나님께서 하신 일입니다.

다니엘서 2장 20절 말씀에서 "다니엘이 응답하여 이르되, 영원무궁토록 하나님의 이름을 찬송할지니 이는 지혜와 강력이 그분의 것이기 때문이라" 이 말씀에서 "지혜와 강력이 그분의 것이"라 하였습니다. 지금 저와 여러분 안에 계시는 예수 그리스도께서는 지혜이시며 강력이십니다. 지혜와 강력이 그분의 것입니다. 주께서 저와 여러분 안에 계십니다.

21절에서는 "그분께서는 때와 시기를 바꾸시나니 그분께서는 왕들을 폐하시고 왕들을 세우시며 지혜로운 자들에게 지혜를 주시고 명철을 아는 자들에게 지식을 주시는도다" 하였습니다.

지금 저와 여러분 안에 계신 예수 그리스도께서는 자신의 뜻대로 때와 시기를 바꾸시는 분이십니다. 그분은 왕들을 폐하시고 세우시는 분이십니다.

그분이 지혜로운 자들에게 지혜를 주시고 명철을 아는 자들에게 지식을 주십니다.

저와 여러분이 주 예수 그리스도를 찬양하고 그분을 더욱 의지하기를 원합니다.

그분이 저와 여러분이 드리는 기도에 응답하시는 분이십니다.

요한복음 14장 13절 말씀에서 "너희가 내 이름으로 무엇을 구하든지 내가 그것을 행하리니 이것은 아버지께서 아들 안에서 영광을 받으시게 하려 함이라"

저와 여러분이 예수 그리스도의 이름으로 아버지께 구하면 주 예수님이 그것을 행하십니다. 지혜와 강력이 그분의 것입니다. 그분이 우리의 기도에 응답하시는 분이십니다.

다시 본문으로 돌아가겠습니다. 다니엘서 2장 24절 말씀을 보시면, "그러므로 다니엘이 들어가서 왕이 바빌론 지혜자들을 멸하기 위해 세운 아리옥에게 나아가니라. 다니엘이 가서 그에게 이같이 이르되, 바빌론 지혜자들을 멸하지 말고 나를 왕 앞으로 데려가소서. 그러면 내가 왕께 그 해석을 보여 드리리이다, 하니" 이 말씀에서 다니엘이 자기를 왕 앞에 데려가 달라고 합니다. 그것은 "내가 왕께 그 해석을 보여 드리리이다"라고 말한 것과 같습니다. 주님을 아는 자들에게는 이러한 확신이 있고 담대함이 있습니다. 그것은 하나님께 기도하는 시간을 통해서 답을 얻기 때문입니다.

그러므로 저와 여러분이 골방에 들어가서 하나님께 기도할 때, 모든 문제들에 대해서 답을 얻는다는 믿음을 갖기를 원합니다.

주님께서는 은밀히 하나님께 기도할 때, 드러나게 갚아 주실 것이라고 하셨습니다.

이제 다니엘서 2장 26절의 말씀을 보시면 "왕이 벨드사살이라는 이름을 가진 다니엘에게 응답하여 이르되, 내가 본 꿈과 그 꿈의 해석을 네가 내게 알려 줄 수 있느냐? 하니" 느부갓네살 왕은 간절히 원하는 답을 다니엘이 해 줄 수 있는가라고 묻는 것입니다. 그가 간절히 원하는 것은 그가 본 꿈을 말해 주는 것이며, 그 꿈의 해석이었습니다. 28절과 29절을 보시면 "그러나 은밀한 일들을 계시하시며 마지막 날들에 있을 일을 느부갓네살 왕에게 알려 주시는 하나님께서 하늘에 계시나이다. 왕의 꿈 곧 왕이 침상에 누워서 본 왕의 머릿속 환상들은 이러하니이다.

오 왕이여, 왕에 대해 말하자면 왕이 침상에 누웠을 때에 이후에 일어날 것에 대한 생각들이 왕의 마음에 일어났는데 은밀한 일들을 계시하시는 분께서 앞으로 일어날 것을 왕에게 알려 주시나이다" 이 말씀에서 다니엘은 느부갓네살 왕의 꿈이 "마지막 날들에 있을 일을" 하나님께서 알려 주시는 것이라 했습니다.

그 꿈은 느부갓네살 왕뿐 아니라 앞으로 일어날 왕국들과 마지막 때에 예수 그리스도의 왕국까지 보여 주시는 것이었습니다.

31절에서 35절까지의 말씀을 보시면 "오 왕이여, 왕께서 보셨는데, 보소서, 큰 형상이니이다. 이 큰 형상이 왕 앞에 섰는데 그것의 광채가 뛰어나며 그것의 형태가 두려웠고

이 형상의 머리는 정금이요, 그의 가슴과 두 팔은 은이요, 그의 배와 두 넓적다리는 놋이요, 그의 두 다리는 쇠요, 그의 두 발은 얼마는 쇠요, 얼마는 진흙이었나이다.

왕께서 보셨는데 마침내 아무도 손대지 아니하였으나 잘려 나온 돌이 그 형상을 치되 쇠와 진흙으로 된 그의 두 발을 쳐서 그것들을 부수어 산산조각 내매

그때에 쇠와 진흙과 놋과 은과 금이 함께 부서져 산산조각 나서 여름 타작 마당의 겨같이 되어 바람에 쓸려 갔으므로 그것들을 둘 자리도 발견 되지 아니하였고 그 형상을 친 돌은 큰 산이 되어 온 땅을 채웠나이다"

다니엘에게 하나님께서 보여 주신 느부갓네살 왕의 꿈은 그의 왕국과 앞으로 일어날 왕국 그리고 마지막 날들에 대한 것입니다. 정금은 바빌 론 왕국입니다. 은은 페르시아입니다. 놋은 그리스입니다. 쇠는 로마입 니다. 쇠와 진흙이 섞인 왕국은 마지막 열 왕국 적그리스도의 왕국입니 다. 그리고 그 두 발을 쳐서 부순 돌은 예수 그리스도이십니다. 그리고 그 돌이 큰 산이 되어 온 땅을 채운 것은 주 예수 그리스도의 천년 왕국입니 다. 우리는 역사적으로 이 모든 왕국들이 나타났음을 알고 있습니다. 이 제 우리는 마지막 대환란 때 나타나게 될 적그리스도의 왕국이 있으며, 그 왕국을 무너뜨리실 주 예수 그리스도의 재림을 보고 있습니다.

저와 여러분은 성경을 통해서 앞으로 일어날 일들을 알고 있습니다.

하나님께서 다니엘에게 하나님께서 느부갓네살 왕에게 계시한 것을 깨달아 알 수 있었던 것처럼 주께서 지혜를 저와 여러분에게 주셔서 성경 을 통해서 앞으로 일어날 일들에 대해서 더 잘 알고 깨달아서 주님의 다 시 오심을 더욱 소망하기를 원합니다.

그리고 우리의 동료들인 형제들과 자매들을 사랑하며, 함께 기도하고 함께 주 예수 그리스도를 의지하길 원합니다. 그럴 때, 주께서 우리의

기도에 놀랍게 응답하시고, 자신의 영광을 우리 모두에게 보여 주실 것입니다.

우리의 기도

다니엘을 통하여 우리에게 말씀하시는 것은 환경이 중요한 것이 아니라는 것입니다. 저와 여러분들 안에 거하시는 예수 그리스도를 의지할 때, 하나님이 우리에게 지혜를 주신다고 말씀을 하신 것입니다. 그러므로 어떠한 환경에 처한 분, 여러 가지 환경에 처한 분들, 그 환경을 보지 마시고 주님을 바라보시고, 의지하시길 바랍니다. 또한, 우리들에게 있는 시간은 막연한 것이 아니라, 기도하고, 의지하라는 의미이고 하나님으로부터 응답을 기다리는 시간들입니다.

또한, 하나님께서 보여 주시는 것은 하나님께서 주신 계시처럼 이 세상은 주 예수님의 재림으로 멸망하게 될 것이고, 장차 예수 그리스도의 천년 왕국이 있을 것이라는 것을 말씀해 주셨습니다.

저와 여러분들은 대환난 직전에 들림받아 올라갈 사람들입니다. 주님의 공중의 재림, 공중에 나타나심을 더욱더 소망하는 그러한 고백의 기도를 하나님께 드림으로써 주님을 더욱 기쁘시게 해 드리기를 바랍니다. 아멘.

23. 주님을 알아보자

한편 주의 첫날 매우 이른 아침에 그들이 자기들이 이미 예비해 둔 향품을 가
지고 다른 어떤 여자들과 함께 돌무덤에 가서
돌이 돌무덤에서 굴려져 있는 것을 발견하고
들어갔으나 주 예수님의 몸을 찾지 못하였더라.
이것으로 인해 그들이 매우 당황하고 있을 때에, 보라, 빛나는 옷을 입은 두 남
자가 자기들 곁에 서 있으므로
그들이 두려워서 얼굴을 땅에 대고 엎드리니 저들이 그들에게 이르되, 너희가
어찌하여 살아 계신 분을 죽은 자들 가운데서 찾고 있느냐? - 누가복음 24:1~5 -

오늘 본문의 말씀에서 우리는 주 예수님의 부활을 볼 수 있습니다.

주 예수 그리스도께서는 저와 여러분을 위해서 십자가에 못 박혀 죽으
셨으나 그분은 부활하셨습니다. 그리고 지금 하나님의 오른편에 앉아 계
십니다.

저와 여러분이 복음을 듣고 마음으로 예수님을 믿었을 때, 예수님께서
저와 여러분의 마음속에 들어오셨습니다. 지금은 내 안에 예수님이 계시
며, 내가 아니라 그리스도 예수님께서 내 안에 사십니다. 우리가 그분을
더욱 알기를 원합니다.

본문의 말씀에서 1절과 2절 말씀에서 "한편 주의 첫날 매우 이른 아침

에 그들이 자기들이 이미 예비해 둔 향품을 가지고 다른 어떤 여자들과 함께 돌무덤에 가서 돌이 돌무덤에서 굴려져 있는 것을 발견하고"

이 말씀에서 어떤 여자들이 예수님의 돌무덤으로 갔습니다. 그들은 예수님께서 십자가에 못 박혀 죽으셨고 그곳에 묻히셨다는 것을 알고 있었기 때문에 그곳으로 간 것입니다. 그런데, 예수님의 무덤을 막은 큰 돌이 돌무덤에서 굴려 있었습니다.

그리고 3절을 보시면 "들어갔으나 주 예수님의 몸을 찾지 못하였더라" 했습니다.

주 예수님의 몸을 둔 그 돌무덤 속에서 주 예수님의 몸을 찾지 못한 것입니다.

그 이유는 예수님께서는 부활하셨기 때문입니다.

4절과 5절에서 "이것으로 인해 그들이 매우 당황하고 있을 때 에, 보라, 빛나는 옷을 입은 두 남자가 자기들 곁에 서 있으므로 그들이 두려워서 얼굴을 땅에 대고 엎드리니 저들이 그들에게 이르되, 너희가 어찌하여 살아 계신 분을 죽은 자들 가운데서 찾고 있느냐?" 했습니다.

예수님의 돌무덤에 갔던 여자들 곁에 두 남자가 서 있었는데, 그들은 "빛나는 옷을 입"고 있었습니다. 우리는 그들이 천사들이라는 것을 알고 있습니다.

그들이 여자들에게 다음과 같이 말했습니다.

"너희가 어찌하여 살아 계신 분을 죽은 자들 가운데서 찾고 있느냐?" 그들은 예수님께서 "살아 계신 분"이라고 말했습니다.

6절에서는 "그분은 여기 계시지 아니하고 일어나셨느니라. 그분께서 아직 갈릴리에 계실 때에 너희에게 어떻게 말씀하셨는지 기억하라" 했습니다.

그들이 예수님에 대해서 분명하게 말해 주었습니다. "그분은 여기 계시지 아니하고 일어나셨느니라" 지금 여자들은 죽으신 예수님을 찾고 있었고, 그 돌무덤에서 예수님을 찾고 있었습니다. 그러나 "그분은 여기 계시지" 않습니다.

그분은 그 돌무덤에 계시지 않으십니다. 그분은 "일어나 섰"습니다.

그리고 7절에서 말하기를 "이르시기를, 사람의 아들이 반드시 죄 많은 사람들의 손에 넘어가 십자가에 못 박히고 셋째 날 다시 일어나야 하리라, 하셨느니라, 하매" 그 두 천사가 예수님의 말씀을 인용했습니다.

"사람의 아들이 반드시 죄 많은 사람들의 손에 넘어가 십자가에 못 박히고 셋째 날 다시 일어나야 하리라" 하셨습니다.

그들이 주 예수님께서 하신 말씀을 그 여자들에게 인용해 말했을 때, 그들이 그 말씀을 기억했습니다.

8절과 9절을 보시면 "그들이 그분의 말씀들을 기억하고 돌무덤에서 돌아가 이 모든 것을 열한 사도와 다른 모든 사람들에게 고하니라"

주의 말씀들을 기억했다는 것은 그들이 주의 말씀대로 되었다는 것을 깨달은 것입니다. 주 예수님께서 "십자가에 못 박히고 셋째 날 다시 일어나야 하리라"는 말씀대로 되었습니다. 오늘날 사람들이 예수님을 찾되 어떤 특정한 장소에서 예수님을 찾는 것을 볼 수 있습니다.

예루살렘에 가서 그곳에서 예수님의 행적을 살펴보는 것은 좋은 일이지만 그곳에서 예수님을 찾는 것은 헛된 것입니다.

그 이유는 사람은 그곳에서 예수님을 발견할 수 없기 때문입니다.

주 예수님은 하늘에 올라가셨습니다. 지금 하나님의 오른편에 앉아 계십니다.

그리고 중요한 것은 주 예수님은 주 예수 그리스도의 복음을 믿는 자들 속에 들어오셨다는 사실입니다. 바로 저와 여러분 속에 예수님이 계십니다.

어떤 구원을 받지 못한 사람이 예수님을 찾고자 합니다.

교회에서 기도하고, 성경을 보는 것입니다. 특정한 장소도 가보고, 집회에도 참여합니다. 그 모든 것은 다 좋은 것이지만, 그는 그 모든 것에서 예수님을 찾을 수 없습니다. 예수님은 복음을 마음속에 받아들였을 때, 그 사람 속에 들어오심으로써 그가 예수님을 찾게 되는 것이기 때문입니다.

고전 15장 1절에서 5절까지의 말씀을 보시면 "형제들아, 또한 나는 내가 너희에게 선포한 복음을 너희에게 밝히 알리노니 너희 역시 그 복음을 받았고 그 가운데 서 있느니라.

너희가 만일 내가 너희에게 선포한 것을 기억하고 헛되이 믿지 아니하였다면 역시 그 복음에 의해 구원을 받았느니라.

나 역시 받은 것을 무엇보다 먼저 너희에게 전하였노니 그것은 곧 성경 기록대로 그리스도께서 우리 죄들로 인해 죽으시고

묻히셨다가 성경 기록대로 셋째 날 다시 일어나시고 게바에게 보이시고 그 뒤에 열두 사도에게 보이셨다는 것이라"

이 말씀에서 우리는 "너희가 만일 내가 너희에게 선포한 것을 기억하고

헛되이 믿지 아니하였다면 역시 그 복음에 의해 구원을 받았느니라" 하셨습니다.

사람은 "그 복음에 의해 구원을 받"는 것입니다.

"성경 기록대로 그리스도께서 우리 죄들로 인해 죽으시고 묻히셨다가 성경기록대로 셋째 날 다시 일어나"셨음을 마음으로 믿었을 때, 구원을 받습니다.

구원을 받는 것은 그 사람 속에 주 예수 그리스도께서 그 사람 속에 들어오시는 것입니다.

오늘날 사람은 오직 예수님의 복음을 믿음으로써 예수님을 찾을 수 있습니다.

오늘날 수많은 사람들이 공허함 가운데 방황하고 있습니다.

지옥에 가지 않으려고 열심히 노력합니다. 성경을 읽고, 기도하고, 특정한 곳에 갑니다. 그래도 예수님을 찾지 못합니다.

오늘 본문에서 여자들이 예수님의 돌무덤에 갔지만 그곳에서 예수님을 찾을 수 없었습니다.

천사들이 그들에게 "그분은 여기 계시지 아니하"다고 말한 바와 같습니다.

그분은 "일어나셨"습니다. 그분은 하늘에 올라가셨습니다. 그분은 오직 복음을 믿은 자에게 들어오십니다. 그것이 사람이 예수님을 찾을 수 있는 유일한 길입니다.

저와 여러분은 예수님을 찾은 사람입니다. 그 이유는 우리가 각자가 예수님의 복음을 마음으로 믿었기 때문입니다. 그래서 예수님이 저와 여러분 마음속에 계시기 때문입니다. 우리가 어느 곳에 있든지 우리는 주 예수님과 함께 있습니다.

우리가 찬송을 부르고, 기도하고, 말씀을 보고, 들을 때, 내 안에 계시는 주 예수 그리스도께서 역사하십니다.

골로새서 1장 27절을 보시면 "하나님께서는 이방인들 가운데서 이 신비의 영광의 풍성함이 무엇인지 자신의 성도들에게 알리려 하시는데 이 신비는 너희 안에 계신 그리스도 곧 영광의 소망이시니라"

이 말씀에서 하나님께서 말씀하시기를 "너희 안에 계신 그리스도"라 하십니다.

예수 그리스도께서는 지금 구원을 받은 저와 여러분 안에 계십니다.

28절에서 말씀하시기를 "우리가 그분을 선포하며 각 사람에게 경고하고 모든 지혜로 각 사람을 가르치나니 이것은 우리가 각 사람을 그리스도 예수님 안에서 완전한 자로 드리려 함이니라" 하셨습니다. 이 말씀에서 "우리가 그분을 선포"한다고 하였습니다. 여기서 말씀하신 그분은 "너희 안에 계신 그리스도" 그분이십니다.

교회 안에서 끊임없이 선포 되어져야 할 분은 바로 그분이십니다. 예수님이십니다. 그분이 저와 여러분의 구원자이시기 때문입니다. 그분이 살아 계신 하나님이시기 때문입니다. 그분이 저와 여러분의 주님이시기 때문입니다. 그분은 "너희 안에 계신"다고 말씀하신 그분이십니다. 우리는 지금 우리 각자 안에서 예수님을 찾을 수 있습니다. 그분은 바로 내 안에 계시기 때문입니다.

29절에서 말씀하시기를 "이 일을 위해 나도 내 속에서 강력하게 일하시는 그분의 활동에 따라 싸우며 수고하노라" 하셨습니다.

바울이 말하기를 "나도 내 속에서 강력하게 일하시는 그분의 활동에 따"른다고 했습니다. 바울은 자기 속에 계신 그리스도를 따르고 있었습니다.

하나님이 원하시는 대로 바울은 자기 속에 계신 그분을 따라간 것입니다. 그분은 강력하게 일하시는 분이십니다.

이와 같이 저와 여러분 속에 계신 예수 그리스도를 따르기를 원합니다.

그분은 우리 각자 속에서 강력하게 일하십니다. 그래서 그분의 사랑을 경험하고, 그분의 능력을 더욱 경험하기를 원합니다. 또한, 주 예수 그리스도께서는 교회 한가운데 계십니다.

히브리서 2장 12절 말씀에서 "이르시되, 내가 주의 이름을 내 형제들에게 밝히 보이고 교회의 한가운데서 노래로 주를 찬양하리이다, 하시며" 이 말씀에서 "내가"라고 말씀하신 분은 예수님이십니다.

그분께서는 어디에 계십니까? "교회의 한가운데서"라 하셨습니다.

예수님은 우리 각자 속에 계시며, 또한 우리가 함께 모이는 교회 한가운데 계십니다. 우리가 교회 한가운데서 예수님을 찾을 수 있습니다.

우리가 교회로 모여서 하나님을 찬양할 때, 함께 기도할 때, 함께 말씀을 들을 때, 교회의 한가운데 계시는 예수님을 찾을 수 있습니다.

마태복음 18장 20절 말씀에서는 "두세 사람이 내 이름으로 함께 모인 곳, 거기에 나도 그들의 한가운데 있느니라, 하시니라"

이 말씀에서 "두세 사람이 내 이름으로 함께 모인 곳"이라 하셨습니다.

주 예수 그리스도의 이름으로 모인 곳, 예수님을 믿는 자들이 모인 그

모임에 예수님이 그 한가운데 계십니다. 주 예수님은 교회의 한가운데 계십니다.

우리는 그곳에서 예수님을 찾을 수 있습니다. 그래서 주께서는 우리가 함께 모이라고 말씀하시는 것입니다. 그 한가운데 예수님이 계시기 때문입니다.

이와 같이 우리가 우리 각자 속에 예수님이 계시기 때문에 그분과 교제할 수 있고, 교회 한가운데 계시기 때문에 우리가 함께 모임으로써 그분을 만나고 교제할 수 있습니다.

이제 다시 본문의 말씀 누가복음 24장 13절을 보시면 "보라, 바로 그날 그들 중의 두 사람이 예루살렘에서 육십 스타디온쯤 떨어진 엠마오라 하는 마을로 가면서"

이 말씀에서 예수님의 제자들 중의 두 사람이 예루살렘을 출발해서 엠마오라 하는 마을로 가고 있었습니다.

14절을 보시면 "일어난 이 모든 일들에 관하여 함께 이야기하더라" 하였습니다.

그들은 엠마오로 가면서 예수님에 대해서 함께 이야기하고 있었습니다.

그분의 죽으심에 대해서 그리고 그분의 부활에 대해서 이야기하고 있었습니다.

20절을 보시면 "수 제사장들과 우리의 치리자 들이 그분을 넘겨주어 정죄받아 죽게 하고 십자가에 못 박았느니라" 하였습니다.

그들은 예수님의 죽으심에 대해서 이야기하고 있었습니다. 그리고 21절에서 24절을 보시면 "그러나 우리는 그분께서 이스라엘을 구속할 분이

시라고 믿었노라. 이 모든 것 외에도 오늘은 이런 일들이 이루어진 뒤 셋째 날이요,

참으로 우리 일행 중의 어떤 여자들도 우리를 놀라게 하였으니 그들이 일찍 돌무덤에 갔다가 그분의 몸은 보지 못하고 와서 말하기를 자기들이 그분께서 살아 계신다고 말한 천사들의 환상을 또한 보았다고 하였으며

또 우리와 함께 있던 자들 중의 어떤 사람들이 돌무덤에 가서 정황이 여자들이 말한 바와 참으로 같음을 보았으나 그분은 보지 못하였느니라, 하니라"

이 말씀에서 엠마오로 가는 두 사람이 어떤 이야기를 했는지를 알 수 있습니다.

그것은 주님의 부활에 대한 것입니다. 돌무덤에 예수님이 없어졌다는 것입니다.

그들은 슬픔에 빠져 있었습니다. 그런데, 15절에서 다음의 말씀이 있습니다.

"그들이 함께 이야기를 나누며 추론할 때에 예수님께서 친히 가까이 오사 그들과 같이 가셨으나" 이 말씀에서 "그들이 함께 이야기를 나누며 추론"하였다 했습니다.

추론이라는 것은 예수님에 대해서 추론하는 것입니다. 서로 의견을 나누는 것입니다. '너는 어떻게 생각하니?'라고 '나는 이렇게 생각해'라는 것입니다. 예수님의 죽으심에 대해서 그리고 예수님이 돌무덤에서 없어졌다는 것에 대해서 추론하는 것입니다. 그것은 그들의 생각으로 추론하는 것입니다.

그리고 '그것은 이것 때문일 거야'라고 나름대로 판단을 내리는 것입니다.

'이런 가능성이 있어'라고 판단하는 것입니다. 그런데, 15절 하반 절의 말씀을 보시면 다음과 같이 기록되어 있습니다. "예수님께서 친히 가까이 오사 그들과 같이 가셨으나" 이 말씀에서 그 엠마오로 가는 두 사람에게 예수님께서 친히 가까이 오셨습니다. 그리고 주님이 그들과 같이 가셨습니다.

16절을 보시면 "그들의 눈이 가려져서 그들이 그분을 알아보지 못하더라"하였습니다. 그들은 예수님을 따랐던 제자들이었습니다.

그런데, 예수님께서 그들에게 친히 가까이 오셔서 그들과 같이 가시는데, 그들이 예수님을 알아보지 못하고 있었습니다. 그 이유는 눈이 가려져서 그랬다고 기록되어 있습니다. 그리고 주님께서 17절에서 다음과 같이 그들에게 말씀하셨습니다.

"그분께서 그들에게 이르시되, 너희가 걸으면서 서로 주고받는 이것들이 무슨 대화이기에 너희가 슬퍼하느냐? 하시니" 예수님께서 그들에게 물으셨습니다.

"너희가 걸으면서 서로 주고받는 이것들이 무슨 대화이기에 너희가 슬퍼하느냐?"

그들은 예수님에 대해서 서로 주고받으며 대화하고 있었습니다.

예수님의 죽으심에 대해서, 그분의 몸이 돌무덤에 없어졌다는 사실에 대해서 대화하고 있었습니다. 그리고 슬퍼하고 있었습니다.

그것은 그들이 주님의 부활을 믿지 못하고 있었기 때문이었습니다. 그것은 그들이 하나님의 말씀을 믿지 못하는 것입니다.

이 말씀에서 우리는 예수님이 곁에 계시지만 그분을 알아보지 못하는 두 사람을 볼 수 있습니다. 그래서 그들은 일어난 사건들에 대해서 서로 자기의 생각들 속에서 추론하고 대화하고 있었으며, 결론은 슬픈 것입니다. 여전히 비관적입니다. 여전히 낙심됩니다.

이것이 그들의 생각 속에서 생각하며 여러 가지 가능성 들을 말하면서 추론하였을 때였습니다. 이처럼 우리는 우리 속에 계시는 예수님을 알아보지 못하고, 우리 육신의 생각들 속에서 추론하는 것을 보게 됩니다.

그런 생각들 속에서 서로 대화도 나누지만 결론은 비관적입니다. 여전히 어둡고 낙심이 되는 것입니다. 그 이유는 우리가 주님을 알아보지 못하고 있기 때문입니다.

저와 여러분 각자 속에 계시는 그분, 교회의 한가운데 계시는 그분을 알아보지 못하는 것입니다. 그 이유는 눈이 가려졌기 때문입니다.

30절과 31절 말씀을 보시면 "그분께서 그들과 함께 음식 앞에 앉으셨을 때에 빵을 집어 축복하시고 떼어 그들에게 주시매 그들의 눈이 열려 그들이 그분을 알아보았으나 그분께서는 그들의 시야에서 사라지셨더라"

이 말씀에서 "그들의 눈이 열"렸다고 기록되어 있습니다. 그래서 "그분을 알아보았"다 했습니다. 이것은 영적인 눈을 의미하는 것입니다.

이와 같이 우리의 영적인 눈을 가리는 것은 우리의 육신입니다.

육신과 성령은 서로 반대이기 때문입니다. 그래서 우리에게 필요한 것은 우리 육신이 주 예수님과 함께 십자가에 못 박혀 죽었음을 믿는 것입니다.

그럴 때, 우리 속에 계시는 성령님의 역사로 우리의 눈이 열려서 내 안에 계시는 예수님을 알아보게 되는 것입니다. 그럴 때, 우리는 예수님이 내 안에 계심을 의식하게 되고, 그분과 교제하게 됩니다.

주님께서 우리 속에서 역사하실 때, 우리는 더 이상 추론하지 않습니다. 그것은 우리가 주님의 생각을 알았기 때문입니다.

로마서 8장 5절과 6절 말씀을 보시면 "육신을 따르는 자들은 육신의 일들을 생각하되 성령을 따르는 자들은 성령의 일들을 생각하나니 육신적으로 생각하는 것은 사망이요 영적으로 생각하는 것은 생명과 화평이니라"

이 말씀에서 저와 여러분이 "성령의 일들을 생각"할 수 있다고 말씀하십니다.

이것은 그리스도 예수님의 생각입니다.

그것은 주께서 저와 여러분 속에 계시기 때문에 그분의 생각을 저와 여러분이 하게 되는 것입니다. 그럴 때, 우리에게는 생명과 화평이 있습니다.

고전 2장 16절을 보시면 "누가 주의 생각을 알아서 그를 가르치겠느냐? 그러나 우리는 그리스도의 생각을 가지고 있느니라" 이 말씀에서 "우리는 그리스도의 생각을 가지고 있"다 하십니다. 저와 여러분이 주님의 생각을 가질 수 있습니다.

그 이유는 주께서 저와 여러분 각자 속에 계시기 때문입니다.

본문으로 돌아가서 누가복음 24장 32절 말씀을 보시면 "그들이 서로 이르되, 그분께서 길에서 우리와 말씀하시고 우리에게 성경기록들을 열어 주실 때에 우리 마음이 우리 속에서 뜨겁지 아니하더냐? 하고는"

이 말씀에서 "우리 마음이 우리 속에서 뜨겁지 아니하더냐?" 했습니다.

주 예수님께서 엠마오로 가는 두 사람에게 말씀하셨을 때, 그들의 마음이 속에서 뜨거웠다는 것입니다. 그것은 그들이 더 이상 슬퍼하지 않았다는 것을 의미합니다.

주께서 저와 여러분에게 말씀하실 때 우리의 마음이 뜨겁습니다.

그것은 우리가 주의 생각을 가질 때입니다. 주의 생각을 가질 때, 우리 마음이 속에서 뜨겁습니다. 생명과 화평이 있습니다.

저와 여러분이 주의 생각을 가지기를 원합니다. 그 길은 주님을 알아보는 것입니다. 35절에서는 "길에서 이루어진 일들과 그분께서 빵을 떼실 때에 자기들이 그분을 알게 된 일을 고하니라" 했습니다.

제자들이 주님을 알아보지 못하였다가 눈이 열려서 그분을 알아보았다는 것을 증거하고 있습니다.

주 예수 그리스도께서는 살아 계십니다. 그분은 하늘에 하나님의 오른편에 앉아 계십니다. 그리고 그분은 저와 여러분 각자 속에 계십니다. 그분의 영이 저와 여러분 속에 들어와 계십니다.

주 예수 그리스도께서는 저와 여러분 안에 계시는 것이 분명하기 때문에 우리는 그분을 알아볼 수 있습니다. 그것은 우리의 눈이 열릴 때입니다.

우리가 주와 함께 십자가에 못 박혀 죽은 자로 여길 때, 주님께서 우리 속에서 역사하심으로 우리의 눈이 열리고 주님을 알아볼 것입니다. 그래서 우리가 그분의 생각을 갖게 될 것입니다.

그럴 때, 우리는 더 이상 방황하지 않고, 낙심하지 않고, 마음이 뜨거워지고, 생명과 화평으로 가득한 삶을 살 수 있는 것입니다.

우리가 내 안에 계시는 주님을 알아보는 가운데 성경 기록을 볼 때마다 그 말씀들이 우리 안에서 강력하게 역사하시는 것을 경험하게 됩니다.

사도행전 2장 36절 말씀을 보시면 "그러므로 이스라엘 온 집은 이것을 확실히 알지니 곧 너희가 십자가에 못 박은 그 동일한 예수님을 하나님께서 주와 그리스도로 삼으셨느니라, 하니라" 이 말씀에서 우리는 사도 베드로를 볼 수 있습니다.

그는 유대인들에게 주 예수 그리스도를 선포하였습니다.

그때 그는 성경기록을 인용했는데, 34절과 35절에서 "다윗은 하늘들로 올라가지 아니하였으나 친히 이르되, 주께서 내 주께 말씀하시기를, 내가 네 원수들을 네 발 받침으로 삼을 때까지 너는 내 오른쪽에 앉아 있으라, 하셨도다, 하니라"

이 말씀에서 베드로는 시편의 말씀을 인용했습니다.

그것은 베드로가 아니라 그 안에 계시는 예수님께서 그로 하여금 그 말씀을 인용하게 하신 것입니다. 그리고 주님은 베드로가 36절의 말씀을 하게 하셨습니다.

그럴 때, 그 말씀들이 듣는 이들의 마음을 찔렀습니다.

37절 "이때에 그들이 이 말을 듣고 마음이 찔려 베드로와 나머지 사도들에게 이르되, 사람들아 형제들아, 우리가 어찌할까? 하므로" 그리고 그들이 모두 구원을 받았습니다.

베드로가 자기 안에 계신 예수 그리스도를 통해 성경 기록들을 인용했을 때, 그리고 예수님을 따라 말씀을 선포했을 때, 그 말씀들이 베드로 안에서 강력하게 역사하시고, 듣는 유대인들에게 강력하게 역사하셨습니다.

이와 같이 저와 여러분이 우리 각자 속에 계시는 예수님을 알아보기를 원합니다. 그리고 그분과 동행하기를 원합니다.

그래서 그분의 생각으로 생각하고, 그분으로 성경 기록을 보기를 원합니다.

그럴 때, 우리가 마음이 뜨거워지고 말씀이 강력하게 일하시는 것을 경험하게 될 것입니다.

우리의 기도

사랑하는 성도 여러분, 오늘날 수많은 사람들이 예수님을 찾으려고, 오늘 본문에서 돌무덤을 찾아갔던 여인들처럼 특정 장소에 가기도 합니다.

그러나 예수님은 거기 계시지 않습니다. 예수님은 하늘에 올라가셨고, 복음을 통해 믿는 자들 속에 들어오시는 분이십니다. 오직 예수님의 복음을 믿을 때, 예수님을 만날 수가 있습니다. 이미 믿은 그리스도인들이 눈이 가려져서 예수님을 알아보지 못할 때가 많이 있기 때문에 일어난 사건들에 대해서 추론하는 경우가 많이 있습니다.

그러나 주님의 생각을 가지면 더 이상 추론하지 않습니다. 분명한 하나님의 뜻이기 때문입니다. 우리 자신을 그리스도와 함께 십자가에 못 박혀 죽은 자들로 여기고, 내 안에 사시는 주님을 의지할 때, 우리는 그분을 알아봄으로써 마음이 뜨거워지고, 생명과 화평의 생각을 갖게 될 것입니다. 우리가 전하는 말씀들이 능력으로 역사하게 될 것입니다.

이 시간 하나님께서 주신 말씀에 따라 반응하며 주님과 동행하길 원합니다. 아멘.

24. 요시야의 부흥

요시야는 통치하기 시작할 때에 팔 세였으며 그는 예루살렘에서 삼십일 년 동안 통치하였더라. 그의 어머니의 이름은 여디다이며 그녀는 보스갓의 아다야의 딸이더라.

그가 주께서 보시기에 옳은 것을 행하여 자기 조상 다윗의 모든 길로 걷고 오른쪽으로나 왼쪽으로나 치우치지 아니하였더라.

요시야 왕의 제십팔년에 왕이 므술람의 손자요, 아살리야의 아들인 서기관 사반을 주의 집으로 보내며 이르되,

대제사장 힐기야에게 올라가서 백성이 주의 집으로 가져온 은 곧 문 지키는 자들이 백성에게서 거두어들인 은을 그가 세게 하고

또 그들이 주의 집을 감독하는 자들 즉 일하는 자들의 손에 그것을 넘겨주게 하며 저들은 주의 집에서 일하는 자들에게 그것을 주어 그 집의 무너진 곳들을 보수하게 하되 - 열왕기하 22:1~5 -

본문의 말씀에서 우리는 요시야 왕을 볼 수 있습니다. 그에 대해서 1절에서 다음과 같이 기록하고 있습니다. "요시야는 통치하기 시작할 때에 팔 세였으며 그는 예루살렘에서 삼십일 년 동안 통치하였더라. 그의 어머니의 이름은 여기다이며 그녀는 보스갓의 아다야의 딸이더라"

이 말씀에서 요시야는 왕이 되었을 때, 나이가 팔 세였습니다. 그는 예

루살렘에서 31년 동안 통치하였는데 그는 하나님을 두려워하는 왕이었습니다.

2절을 보시면 "그가 주께서 보시기에 옳은 것을 행하여 자기 조상 다윗의 모든 길로 걷고 오른쪽으로나 왼쪽으로나 치우치지 아니하였더라" 하셨습니다.

요시야 왕은 "주께서 보시기에 옳은 것을 행하"였습니다. 그 이유는 그가 주님을 두려워했기 때문입니다. 하나님께서 모든 만물을 창조하셨으며, 모든 사람들의 호흡을 주장하시는 분이시라는 것, 그분이 이스라엘을 통치하시고 전세계를 통치하시는 분이심을 알고 있었던 것입니다.

그래서 그는 "주께서 보시기에 옳은 것을 행하"였습니다. 그가 "자기 조상 다윗의 모든 길로" 걸었다는 것은 그가 얼마나 주님을 따랐는가를 보여 주고 있습니다.

그리고 "오른쪽으로나 왼쪽으로나 치우치지 아니하였"다는 말씀 또한 그가 얼마나 주님을 두려워했는지를 보여 주고 있습니다.

그가 주님을 따라 행한 첫 번째 일이 3절 이하의 말씀에 기록되어 있습니다.

3절에서 5절까지의 말씀을 보시겠습니다. "요시야 왕의 제십팔년에 왕이 므술람의 손자요, 아살리야의 아들인 서기관 사반을 주의 집으로 보내며 이르되,

대제사장 힐기야에게 올라가서 백성이 주의 집으로 가져온 은 곧 문 지키는 자들이 백성에게서 거두어들인 은을 그가 세게 하고

또 그들이 주의 집을 감독하는 자들 즉 일하는 자들의 손에 그것을 넘

겨주게 하며 저들은 주의 집에서 일하는 자들에게 그것을 주어 그 집의 무너진 곳들을 보수하게 하되" 이 말씀에서 "주의 집"을 볼 수 있습니다. 이 집은 성전을 말하고 있습니다.

하나님께서 거하시는 성전입니다. 그런데, 그 성전이 무너진 곳들이 있었습니다.

요시야는 그것을 알고 "그 집의 무너진 곳들을 보수하게" 했습니다. 그것은 그가 주님을 두려워했기 때문입니다. 그리고 성전의 무너진 곳들이 있었다는 것은 그 당시의 영적인 상황을 보여 주고 있습니다. 이스라엘 전체에 하나님을 두려워함이 없었다는 것입니다. 요시야 전에 있었던 므낫세라는 왕이 이스라엘 안에 수많은 우상들을 들여왔기 때문입니다.

열왕기하 21장 9절 말씀에서는 "그러나 그들이 귀를 기울이지 아니하였으며 므낫세가 그들을 꾀어 주께서 이스라엘 자손 앞에서 멸하신 민족들보다 악을 더 많이 행하게 하였더라" 고 기록되어 있습니다.

이 말씀에서 므낫세가 이스라엘 자손을 꾀었습니다. 주님을 떠나게 했던 것입니다.

우상들을 이스라엘 땅 안에 들여왔습니다. 그래서 그는 이스라엘 자손이 "주께서 이스라엘 자손 앞에서 멸하신 민족들보다 악을 더 많이 행하게" 했습니다.

이것이 이스라엘 안에 있었던 영적인 상황이었습니다. 그들에게 하나님을 두려워함이 없었던 것입니다. 그 대표적인 예가 성전에 무너진 곳들이 있었다는 것입니다.

성전은 하나님이 거하시는 처소입니다. 바로 그 성전을 요시야가 보수

했습니다.

저와 여러분은 예수님의 피로 구원을 받아 하나님의 아들들이 되었습니다. 이 교회가 하나님의 성전입니다. 그리고 저와 여러분 한 사람이 성전입니다.

그것은 하나님께서 이 교회 안에 거하시기 때문이며, 우리 각자 안에 거하시기 때문입니다. 저와 여러분이 구원을 받은 날 우리는 하나님을 만났고, 그분을 사랑하게 되었습니다.

주님을 두려워하게 되었고, 주님을 따르게 되었습니다. 그것은 저와 여러분 각자 안에 거하시는 성령님께서 우리를 이끌어 주셨기 때문입니다.

빌립보서 2장 13절에서 말씀하십니다. "자신의 선한 기쁨에 따라 너희 안에서 일하사 원하게도 하시고 행하게도 하시는 분은 하나님이시니라"

저와 여러분 안에 하나님께서 계셔서 그분이 일하고 계십니다. 그분은 성령님이십니다. 그분께서 하나님의 선한 기쁨에 따라 원하게 하시고 행하게 하십니다.

우리는 그분을 사랑하고 있으며, 따르고 싶어 합니다.

오늘 본문에서 요시야 왕이 성전을 보수하였던 것처럼, 저와 여러분이 더욱 더 하나님의 성전인 교회를 섬기고 더욱 더 사랑하기를 원합니다. 주께서 저와 여러분에게 은혜를 주시고, 이 일에 능력을 주시기를 원합니다.

그것이 주님을 두려워하는 것이기 때문입니다. 그분은 사랑이시며, 또한 거룩하신 지극히 높으신 분이십니다. 그분을 사랑함과 동시에 그분 앞에 떠는 것이 그분을 아는 자들의 모습입니다.

요한계시록 1장 17절 말씀을 보시면 "내가 그분을 볼 때에 죽은 자같이 그분의 발 앞에 쓰러지매 그분께서 오른손을 내 위에 얹으시며 내게 이르시되, 두려워하지 말라. 나는 처음이요 마지막이니"

이 말씀에서 요한이 주 예수 그리스도를 보았을 때의 일을 기록하였습니다.

요한이 밧모섬에 있었을 때, 주 예수 그리스도께서 그에게 나타나셨습니다. 주님은 영광의 하나님이십니다. 요한이 그분을 보았을 때, 그는 죽은 자같이 그분의 발 앞에 쓰러졌습니다. 그것은 그분이 하나님이시기 때문입니다. 그러자, 하나님이신 예수님께서 그에게 말씀하시기를 "두려워하지 말라. 나는 처음이요 마지막이"라 하셨습니다.

주님을 아는 자들은 그분을 사랑하며 또한 그분 앞에 떱니다. 그분은 거룩하신 분이시며, 지극히 높으신 분이시기 때문입니다. 이 교회는 그분의 성전이며, 그분께서 거하고 계십니다. 그러므로 주님을 두려워함으로 주님을 사랑하며 섬기기를 원합니다.

이제 다시 본문으로 돌아가서 열왕기하 22장 8절을 보시면 "대제사장 힐기야가 서기관 사반에게 이르되, 내가 주의 집에서 율법책을 발견하였노라, 하며 그 책을 사반에게 주니 그가 그것을 읽으니라" 이 말씀에서 성전 보수 과정에서 "율법책"이 발견되었습니다. 이것은 성경책이 발견되었다는 것을 의미합니다. 그것은 그동안 이스라엘은 성경이 읽혀 지지 않았음을 의미합니다. 이스라엘 백성은 하나님의 말씀을 들을 수 없었습니다. 하나님의 말씀이 없는 곳에는 영적으로 어둠입니다.

그것은 말씀이 빛이시기 때문입니다. 모든 것이 빛에 의해서 드러나집니다.

모든 사실이 하나님의 말씀으로 드러나집니다.

10절과 11절을 보시면 "또 서기관 사반이 왕에게 보여 주며 이르되, 제사장 힐기야가 내게 책을 넘겨주었나이다, 하고 왕 앞에서 그 책을 낭독하매

왕이 율법책의 말씀들을 듣고는 자기 옷을 찢으니라" 이 말씀에서 요시야 왕이 성경에 기록된 하나님의 말씀을 들었을 때, 옷을 찢었습니다. 그것은 그가 지금 상황을 깨달은 것입니다. 13절에서 "너희는 가서 나와 백성과 온 유다를 위해 지금 발견된 이 책의 말씀들에 관하여 주께 여쭈라. 우리 조상들이 이 책의 말씀들에 귀를 기울이지 아니하고 우리에 관하여 기록된 모든 것대로 행하지 아니하였으므로 우리를 향해 타오른 주의 진노가 크도다, 하니라"

이 말씀에서 요시야왕이 성경을 통해서 깨달은 것은 "우리 조상들이 이 책의 말씀들에 귀를 기울이지 아니하"였다는 것입니다. "우리에 관하여 기록된 모든 것대로 행하지 아니하였"다는 것입니다. 그리고 "우리를 향해 타오른 주의 진노가 크"다는 것입니다. 요시야가 그것을 깨달은 이유는 성경을 읽었기 때문입니다.

하나님의 말씀은 빛입니다. 사실을 드러내 줍니다. 지금 상황을 드러내 줍니다.

이 말씀이 오늘 저와 여러분에게 전해지고 있습니다. 이 말씀은 빛입니다. 이 말씀이 저와 여러분을 드러내 줍니다. 우리의 상황을 드러내 줍니다.

우리가 어떤 길로 가는지 드러내 줍니다. 우리 마음의 생각을 드러내 주고 우리의 의도를 드러내 줍니다. 하나님의 말씀은 빛입니다.

히브리서 4장 12절과 13절 말씀에서 "하나님의 말씀은 살아 있고 권능이 있으며 양날 달린 어떤 검보다도 예리하여 혼과 영과 및 관절과 골수를 찔러 둘로 나누기까지 하고 또 마음의 생각에 의도를 분별하는 분이시니

그분의 눈앞에서 드러나지 아니하는 창조물이 하나도 없고 모든 것이 우리와 상관하시는 분의 눈에 벌거벗은 채 드러나 있느니라"

하나님의 말씀은 살아 있습니다. 하나님의 말씀은 권능이 있습니다. 하나님의 말씀은 검입니다. 그래서 저와 여러분의 혼과 영 및 관절과 골수를 찔러 둘로 나눕니다. 저와 여러분의 마음에 생각과 의도를 분별하십니다.

말씀이 그것을 드러냅니다. 나의 생각이 무엇인지, 나의 의도가 무엇인지, 하나님께서 원하시는 것인지, 아닌지를 드러냅니다. 말씀이 빛입니다. 빛이 없는 곳이 어둠입니다. 말씀이 없으면 어둠입니다. 저와 여러분에게 말씀이 있어서 하나님의 빛을 보게 하심을 감사드립니다. 오늘도 빛으로 말씀이 역사하셔서 우리를 인도해 주시기를 원합니다. 저와 여러분이 성령님을 따르게 하시기를 원합니다.

저와 여러분이 성령님으로 충만하게 되는 것은 말씀으로 가득 채워질 때입니다.

말씀이 채워질 때, 성령님께서 우리 속에서 강력하게 역사하십니다.

주 예수님께서 "내가 너희에게 이르는 말들, 그것들은 영이요 생명이니

라" 하셨듯이 주의 말씀이 저와 여러분에게 성령님으로 채워지게 하시기를 원합니다.

그래서 성령 충만한 삶을 살게 하시기를 원합니다. 말씀이 빛입니다.

매일 아침마다 말씀 앞으로 나아가서 빛을 보시기 바랍니다. 설교 시간마다 말씀을 통해서 빛을 보시기 바랍니다. 그래서 우리의 길을 깨닫고 주님을 따르기를 원합니다. 다시 본문으로 돌아가서 왕하 22장 15절과 16절의 말씀을 보시면,

"그녀가 그들에게 이르되, 주 이스라엘의 하나님께서 이같이 말씀하시느니라. 너희를 내게 보낸 사람에게 고하기를,

주가 이같이 말하노라. 보라, 내가 이곳과 이곳 거주민들에게 해악을 가져오되 곧 유다 왕이 읽은 책의 모든 말들을 가져오리니"

이 말씀에서 하나님께서 말씀하시는 것은 "유다 왕이 읽은 책의 모든 말들을 가져"오실 것이라는 것입니다. 하나님께서는 성경에 기록되어진 대로 역사하십니다.

그것은 성경이 그분의 말씀이기 때문입니다. 저와 여러분이 온 우주 만물을 창조하신 하나님을 어떻게 알 수 있습니까? 성경을 통해서 알 수 있습니다.

저와 여러분이 그 하나님과 어떻게 교제합니까? 성경을 통해서 교제합니다.

물론 그분은 지금 저와 여러분 각자 안에 거하고 계십니다. 그러나 주님은 우리가 하나님의 말씀에 귀를 기울일 때 역사하십니다. 그것은 오

늘 본문에서 "유다 왕이 읽은 책의 모든 말들을 가져오리니"라고 말씀하셨듯이 하나님은 성경에 기록되어진 대로 역사하시기 때문입니다. 지금이 시간 이 말씀을 통해서 하나님께서 저와 여러분 각자를 만나시고, 은혜를 주시기를 원합니다. 이 말씀을 통해서 하나님께서 저와 여러분 각자를 고치시고 회복시켜 주시기 원합니다.

이 말씀을 통해서 하나님께서 저와 여러분을 강력하게 하시고, 이 말씀하신 대로 역사하시는 것을 우리 모두가 경험하게 되기를 원합니다.

베드로전서 5장 6절과 7절을 보시면 "그러므로 하나님의 강력한 손 밑에서 너희 자신을 낮추라. 그러면 정해진 때에 그분께서 너희를 높이시리라.

너희의 모든 염려를 그분께 맡기라. 그분께서 너희를 돌보시느니라" 이 말씀대로 하나님께서 역사하십니다.

"유다 왕이 읽은 책의 모든 말들을 가져오리니"라 하셨던 것처럼, 하나님께서는 지금 저와 여러분이 읽은 책의 모든 말들을 가져오십니다. 지금 저와 여러분이 하나님의 강력한 손 밑에 있습니다. 우리가 그분의 손 밑에서 우리 자신을 낮추기를 원합니다. 그럴 때, 정해진 때에 주님이 우리를 높이실 것입니다. 그리고 우리의 모든 염려를 주님께 맡기기를 원합니다. 주께서 우리를 돌보고 계십니다.

저와 여러분이 하나님께서는 성경대로 일하신다는 것을 기억하시기를 바랍니다.

다시 본문으로 돌아가서 열왕기하 22장 19절을 보시면 "내가 이곳과 이곳 거주민들을 대적하여 말한 것 즉 그들이 황폐함이 되고 저줏거리가 되리라고 말한 것을 네가 들을 때에 네 마음이 부드럽게 되어 네가 주 앞에서 너 자신을 낮추고 네 옷을 찢으며 내 앞에서 울었으므로 나도 네 말을 들었노라. 주가 말하노라"

이 말씀에서 하나님께서 어떻게 하셨는지를 우리가 알 수 있습니다.

"네가 들을 때에 네 마음이 부드럽게 되어 네가 주 앞에서 너 자신을 낮추고 네 옷을 찢으며 내 앞에서 울었으므로" 하나님은 요시야 왕이 말씀에 대해서 어떻게 생각했는지 어떻게 행했는지 다 보셨습니다.

저와 여러분에게 하나님이 계시며, 그분은 저와 여러분의 모든 것을 보십니다.

우리의 생각을 아시고, 우리의 마음을 아십니다. 우리가 행하는 것을 다 보십니다. 우리가 하는 말들을 다 들으십니다. 주님은 특별히 요시야 왕이 하나님의 말씀에 대해서 그가 어떻게 했는지를 말씀하셨습니다. 이것은 저와 여러분이 하나님의 말씀을 들을 때, 우리가 어떻게 반응하는지를 하나님께서 보신다는 것을 의미합니다.

그분의 말씀이기 때문입니다. 저와 여러분이 성경을 읽을 때, 그분의 말씀을 들을 때, 성령님을 의지하길 원합니다. 그분은 우리 마음에 역사하시고 우리의 생각에 역사하십니다. 그래서 말씀에 대해서 실감하게 하십니다. 말씀에 떨게 하십니다.

말씀에 귀를 기울이게 하시고, 말씀에 사로잡히게 하십니다. 말씀의 능력을 체험하게 하십니다. 이와 같이 저와 여러분이 하나님의 말씀 앞에 성령님을 통해 반응하여 하나님을 기쁘시게 해 드리기를 원합니다. 이제 열왕기하 23장 21절을 보시면,

"왕이 온 백성에게 명령하여 이르되, 이 언약 책에 기록된 대로 주 너희 하나님께 유월절을 지키라, 하였는데"

요시야왕은 하나님의 말씀에 기록된 대로 모든 것을 행했습니다.

그 가운데 유월절이 다가오고 있음을 알고, 그는 온 백성에게 명령하여 말하기를 "이 언약 책에 기록된 대로 주 너희 하나님께 유월절을 지키라" 했습니다.

하나님께서는 이스라엘 백성에게 유월절을 지키라고 명령하셨기 때문입니다.

22절과 23절 말씀을 보시면 "이스라엘을 재판한 재판관들의 시대 이후로 이스라엘 왕들이나 유다 왕들의 모든 시대에 백성이 이렇게 유월절을 지킨 적이 참으로 없었더라. 그러나 요시야왕의 제18년에 예루살렘에서 그들이 주께 이 유월절을 지켰더라" 요시야왕은 하나님께서 성경에 기록하신 대로 유월절을 지켰습니다.

유월절은 이스라엘 백성이 이집트에서 나올 때, 하나님께서 이집트에 보내신 마지막 재앙 즉 장자 죽음의 재앙에서 구원을 받은 날입니다.

이집트인과 이스라엘 백성 모두에게 내리시는 재앙이었습니다. 각 가정의 첫째 아들이 죽는 것입니다. 이것은 모든 사람이 죄 때문에 죽어야 한다는 것을 보여 주십니다. 그러나 하나님께서 넘어가시는 집이 있습니다.

재앙이 넘어가는 것입니다. 죄에 대한 심판이 넘어가는 것입니다. 그 집은 어린양의 피가 뿌려진 집입니다. 그래서 어린양의 피가 뿌려진 집은 하나님께서 심판하지 아니하시고 넘어가셨습니다. 그래서 영어로

Passover 즉 유월절입니다.

오늘 본문에서 요시야왕이 바로 그 유월절을 지킨 것입니다. 이것은 무엇을 증거하는 것입니까? 그것은 주 예수 그리스도의 피를 증거하고 있습니다.

요한복음 1장 29절 말씀에서는 "다음 날 요한이 예수님께서 자기에게 오시는 것을 보고 이르되, 세상 죄를 제거하시는 하나님의 어린양을 보라" 예수님께서 "세상 죄를 제거하시는 하나님의 어린양"이십니다. 저와 여러분은 죄인들이었기 때문에 죄 때문에 죽어야 했지만 하나님의 어린양이신 예수님의 피로 구원을 받았습니다.

그분의 피로 우리 죄를 씻으셨습니다. 그분의 피로 심판이 우리를 넘어갔습니다.

그분의 피로 우리는 영원한 생명을 얻었습니다.

오늘 본문에서 요시야왕이 유월절을 지켰을 때, 하나님께서 그에게 큰 은혜를 베푸셨음은 의심의 여지가 없습니다. 그것이 요시야의 부흥입니다.

오늘날 우리는 유월절을 지키지 않습니다. 유월절은 이미 성취되었습니다.

이미 예수님의 피가 흘려졌기 때문에 누구든지 주 예수님을 마음으로 믿으면 구원을 받습니다. 우리는 예수님의 피로 구원을 받았습니다.

저와 여러분이 예수님의 피를 기억하고, 그분의 피만을 의지하여 하나님께 나아갈 때, 하나님께서 우리에게 은혜를 베푸십니다. 히브리서 4장 16절을 보시면,

"그러므로 우리가 긍휼을 얻고 필요한 때에 도우시는 은혜를 얻기 위해 은혜의 왕좌로 담대히 갈 것이니라" 하나님은 저와 여러분에게 예수님의 피로 은혜를 주십니다. 오직 예수님의 피 때문에 긍휼을 베푸시고 은혜를 주십니다.

우리가 예수님의 피로 인한 구원의 감격을 회복하고, 주님의 은혜를 풍성히 받아 내 안에 사시는 그리스도로 충만할 때 그것이 부흥입니다.

오늘 이 시간 주께서 저와 여러분 안에 계시니 우리가 그분과 함께 죽었음을 믿는 가운데 그리스도께서 저와 여러분 안에 충만하게 되시기를 원합니다.

우리가 주님의 피를 의지하여 주께 그것을 구하면 그렇게 역사하실 것입니다.

우리의 기도

사랑하는 여러분, 하나님의 말씀이 빛입니다. 날마다, 아침마다 말씀 앞에 가는 이유는, 빛을 보기 위해서입니다. 요시야왕에게 하나님의 말씀이 낭독되어졌을 때, 그는 비로소 자기의 상황을 정확하게 깨달았습니다.

하나님 말씀을 아침마다 읽을 때, 우리는 빛을 보기 때문에 우리의 상황을 정확하게 깨닫고, 내가 어떤 길로 가야 할지 깨닫는 시간이 되는 것입니다. 설교 시간도 마찬가지입니다. 빛이신 말씀이, 말씀이 빛이기 때문에 우리의 마음을 드러내 주시고, 인도해 주시는 것입니다.

하나님의 말씀 앞에 늘 떨며, 엎드리고 살아계신 하나님께 경배를 더욱

드리시기를 바라고 또한, 우리를 구원하시는 것이 무엇인가를 기억하는 가운데 오직 예수님의 피만이 나를 구원 했다라는 사실을 기억하시고, 그 분께 감사와 찬양을 돌리며, 나는 죽고 주님이 내 안에 사시는 삶을 경험할 때, 이것이 부흥하는 것입니다.

주님의 보혈의 공로를 늘 의지하시고, 내 안에 사시는 그리스도를 의지하시기를 바라고, 이 시간 각자 하나님 앞에 받은 말씀에 따라 하나님께 간구드리시되, 주님! 제가 하나님 말씀으로 충만하게 되고, 주님의 보혈의 능력으로 충만하게 된 주 예수님으로 충만하게 된 삶을 살게 해 주시길 원합니다. 아멘.

25. 주 엘리야의 하나님은 어디 계시나이까?

주께서 회오리바람으로 엘리야를 하늘로 들어 올리려 하실 때에 엘리야가 엘리사와 함께 길갈에서 나가더라.

엘리야가 엘리사에게 이르되, 원하건대 여기에 머무르라. 주께서 나를 벧엘로 보내셨느니라, 하매 엘리사가 그에게 이르되, 주께서 살아 계심과 당신의 혼이 살아 있음을 두고 맹세하노니 내가 당신을 떠나지 아니하겠나이다, 하므로 이에 그들이 벧엘로 내려가니

벧엘에 있는 대언자들의 아들들이 엘리사에게 나아와 그에게 이르되, 주께서 오늘 당신의 주인을 당신 머리 위로 데려가실 줄을 아시나이까? 하매 그가 이르되, 참으로 내가 아노니 너희는 잠잠히 있으라, 하니라. - 열왕기하 2:1~3 -

본문의 말씀에서 우리는 엘리야를 볼 수 있습니다. 엘리야는 이스라엘의 강력한 대언자였습니다. 변화산에서 예수님께 모세와 함께 나타났던 인물이 비로 엘리아였습니다. 바로 그가 주님의 일들을 그동안 했었고, 오늘 본문에서 주께서 그를 데려가시려 하십니다.

1절을 보시면 "주께서 회오리바람으로 엘리야를 하늘로 들어 올리려 하실 때에 엘리야가 엘리사와 함께 길갈 에서 나가더라" 하였습니다.

이 말씀에서 "주께서 회오리바람으로 엘리야를 하늘로 들어 올리려 하" 였습니다.

그것은 주께서 엘리야를 데려가시려는 것입니다. 성경에서 하나님께서 데려가신 사람을 보면 에녹을 볼 수 있습니다.

창세기 5장 24절 말씀을 보시면 "에녹이 하나님과 함께 걸었는데 하나님께서 그를 데려가셨으므로 그가 세상에 있지 아니하더라" 이 말씀에서 "하나님께서 그를 데려가셨"다고 기록되어 있습니다. 에녹이 이 세상에서 살면서 하나님과 함께 걸었습니다. 하나님께서 그와 함께하셨고, 그는 하나님과 교제했습니다.

그 즐거움이 이루 말할 수 없었을 것입니다. 그리고 어느 날 하나님께서 그를 데려가셨습니다. 그래서 "그가 세상에 있지" 않았다고 기록되어 있습니다.

우리는 구약에 살았던 성도들이 예수님이 오시기 전에 어디로 갔는지를 알고 있습니다. 즉 낙원에 갔습니다. 그곳은 지구 중심에 있었습니다.

그들이 그곳에 있다가 예수님께서 이 땅에 오셨을 때, 그들은 비로서 하늘로 갈 수 있었습니다. 셋째 하늘로 올라갈 수 있었습니다. 그것은 예수님의 피 없이는 하늘 지성소인 셋째 하늘에 들어갈 수 없기 때문입니다.

우리는 엘리야도 에녹도 이 땅에서 주님과 함께 걸었다가 낙원에 갔었고, 예수님께서 피 흘리셨을 때, 셋째 하늘로 올라갔음을 이미 알고 있습니다.

저와 여러분이 하늘에 엘리야도 보고 에녹도 보게 될 것입니다.

요한복음 3장 13절에서 예수님께서 말씀하셨습니다. "하늘로부터 내려온 자 곧 하늘에 있는 사람의 아들 외에는 아무도 하늘에 올라가지 아니하였느니라"

이 말씀에서 주님께서 증거하십니다.

"하늘에 있는 사람의 아들 외에는 아무도 하늘에 올라가지 아니하였느니라"

예수님은 하나님이시기 때문에 이 땅에 오셨지만 "하늘에 있는 사람의 아들"이라고 하셨습니다. 그리고 말씀하시기를 "아무도 하늘에 올라가지 아니하였"다고 하셨습니다. 어떤 사람도 하늘에 올라가지 않은 것입니다. 그것은 예수님의 피 없이는 하늘에 갈 수 없기 때문입니다.

에베소서 4장 8절 말씀에서 "그러므로 그분께서 이르시기를, 그분께서 높은 곳으로 올라가실 때에 포로로 사로잡힌 자들을 포로로 이끄시고 사람들에게 선물들을 주셨도다, 하시느니라" 이 말씀에서 "그분께서 높은 곳으로 올라가실 때에"라 하셨습니다. 예수님께서 이 땅에 내려오셨고, 그분께서 십자가에서 저와 여러분을 위해 죽으셨고 부활하셨습니다. 그리고 그분은 높은 곳으로 즉 하늘로 올라가셨습니다.

그때 주님은 "포로로 사로잡힌 자들을 포로로 이끄"셨습니다.

이 말씀은 지구 중심에 있었던 낙원에 있던 성도들을 하늘로 이끄시는 것입니다.

여기에 엘리야도 있고 에녹도 있습니다. 그것은 예수님의 피가 흘려졌기 때문입니다. 저와 여러분 또한 예수님의 피로 죄 사함을 받았습니다. 우리의 모든 죄들은 예수님의 피로 씻겼습니다. 우리는 예수님의 피로 의로운 자들이 되었습니다.

우리 또한 장차 하늘에 갈 것입니다. 저와 여러분에게 이러한 소망을 주신 하나님께 감사드립니다.

이 땅을 살아가면서 저와 여러분이 예수님을 더욱 사랑하며, 그분을 의지하고, 그분만을 따르기를 원합니다. 그래서 하늘에서 저와 여러분이 많은 보상을 받게 되기를 원합니다. 다시 본문으로 돌아가겠습니다.

열왕기하 2장 1절을 보시면 "주께서 회오리바람으로 엘리야를 하늘로 들어 올리실 때에 엘리야가 엘리사와 함께 길갈에서 나가더라"

이 말씀에서 "주께서 회오리바람으로 엘리야를 하늘로 들어 올리"려 하셨습니다.

그것은 주께서 엘리야를 데려가시려는 것입니다. 우리는 그가 하늘로 들어올려졌다가 어디로 갔는지 알고 있습니다. 바로 낙원입니다. 그런데, 2절에서 다음과 같이 말씀하십니다. "엘리야가 엘리사에게 이르되, 원하건대 여기에 머무르라. 주께서 나를 벧엘로 보내셨느니라, 하매 엘리사가 그에게 이르되, 주께서 살아 계심과 당신의 혼이 살아 있음을 두고 맹세하노니 내가 당신을 떠나지 아니하겠나이다, 하므로 이에 그들이 벧엘로 내려가니" 이 말씀에서 우리는 엘리사를 볼 수 있습니다.

그는 엘리야를 따르는 자였습니다. 엘리야는 주께서 자기를 데려가시려 하신다는 것을 알고 있었습니다. 그런데, 엘리사가 자기를 따라오는 것입니다. 그래서 엘리야는 "주께서 나를 벧엘로 보내셨느니라" 하였습니다. 그러자, 엘리사는 "주께서 살아 계심과 당신의 혼이 살아 있음을 두고 맹세하노니 내가 당신을 떠나지 아니하겠나이다" 하였습니다. 엘리사는 엘리야를 떠나려 하지 않았습니다.

그 이유는 엘리사도 주께서 엘리야를 데려가시려고 하신다는 것을 알고 있었기 때문입니다. 그래서 엘리사는 "내가 당신을 떠나지 아니하겠나이다" 한 것입니다.

3절을 보시면 "벧엘에 있는 대언자들의 아들들이 엘리사에게 나아와 그에게 이르되, 주께서 오늘 당신의 주인을 당신 머리 위로 데려가실 줄을 아시나이까? 하매 그가 이르되, 참으로 내가 아노니 너희는 잠잠히 있으라, 하니라"

여기서 엘리사는 주께서 엘리야를 데려가시려 하신다는 것을 알고 있었음을 보여 주십니다. 그래서 엘리사는 엘리야를 떠나려 하지 않았습니다.

4절을 보시겠습니다. "엘리야가 그에게 이르되, 엘리사야, 원하건대 여기에 머무르라. 주께서 나를 여리고로 보내셨느니라, 하매 그가 이르되, 주께서 살아 계심과 당신의 혼이 살아 있음을 두고 맹세하노니 내가 당신을 떠나지 아니하겠나이다, 하므로 이에 그들이 여리고로 가니" 여기서 엘리야는 주께서 자기를 여리고로 보내셨다고 말했습니다. 이것은 거짓이 아니었습니다. 주께서 엘리야를 여리고로 보내셨습니다. 그렇다면, 주께서 왜 엘리야를 즉시 데려가시지 아니하시고, 벧엘로 보내시고, 여리고로 보내셨습니까? 그 이유는 엘리사 때문이었습니다.

엘리사는 주께서 엘리야를 데려가시려고 하신다는 것을 알고 있었습니다. 그리고 그는 하나님께 원함이 있었습니다. 그 원함은 영적인 원함이었습니다.

그것은 자기 엘리야의 영의 두 몫을 받는 것이었습니다. 그것은 엘리야가 했던 모든 하나님의 역사의 두 몫을 엘리사가 하고자 하는 원함이었습니다.

주께서 그것을 보셨습니다. 엘리사가 그것을 원한다는 것을 보셨습니다.

그래서 그가 정말 간절히 원하는지를 보시길 원하셨습니다.

그래서 엘리야를 벧엘로 보내셨다가 여리고로 보내셨습니다. 그래서 엘리사가 엘리야를 떠나지 아니하는 것을 보셨습니다. 6절을 보시면,

"또 엘리야가 그에게 이르되, 원하건대 여기에 머무르라. 주께서 나를 요르단으로 보내셨느니라, 하매 그가 이르되, 주께서 살아 계심과 당신의 혼이 살아 있음을 두고 맹세하노니 내가 당신을 떠나지 아니하겠나이다, 하고 그들 둘이 계속해서 가니라" 이번에는 주께서 엘리야를 요르단으로 보내셨습니다. 그래도 엘리사는 엘리야를 떠나지 않았습니다.

그는 말하기를 "주께서 살아 계심과 당신의 혼이 살아 있음을 두고 맹세하노니 내가 당신을 떠나지 아니하겠나이다" 하였습니다. 엘리사는 주께서 엘리야를 데려가실 때, 자기에게 엘리야의 영의 두 몫을 간절히 원하고 있었습니다.

8절을 보시면 "엘리야가 자기 겉옷을 취해 둘둘 말아 물들을 치매 물들이 여기저기로 갈라지므로 그들 둘이 마른땅 위로 건너가니라" 이 말씀에서 엘리야가 요르단 앞에 섰습니다. 그리고 자기 겉옷을 취해 둘둘 말아 물들을 쳤습니다.

그랬을 때, 하나님께서 그 요르단을 가르셨습니다. 주께서 엘리야에게 이와 같이 역사하셨습니다.

이제 9절을 보시면 "그들이 건너갔을 때에 엘리야가 엘리사에게 이르되, 그분께서 나를 네 앞에서 데려가시기 전에 내가 너를 위해 무엇을 해

야 할지 구하라, 하니 엘리사가 이르기를, 원하건대 당신 영의 두 몫이 내 위에 있기를 원하나이다, 하매" 이 말씀에서 "당신 영"이라 했습니다. 이 말씀은 엘리야의 사람의 영이 아니고 엘리야에게 역사하셨던 하나님의 영을 의미하는 것입니다.

엘리야의 사람의 영은 그의 속에 있었고, 엘리야에게 역사하셨던 하나님의 영은 그의 위에 있었습니다.

그래서 엘리사는 "당신 영의 두 몫이 내 위에 있기를 원하나이다"하였습니다.

이것이 엘리사의 원함이었습니다. 그는 엘리야의 영의 두 몫을 원하고 있습니다.

그것은 그가 엘리야보다 두 배의 하나님의 역사를 보기를 원하는 것입니다.

그것은 그의 개인적인 원함이 아니었습니다. 이스라엘을 위한 원함이었고, 하나님을 위한 원함이었습니다. 오늘 이 시간 저와 여러분 또한 이러한 원함을 갖기를 원합니다. 우리 개인의 원함이 아니라 세상 사람들을 위한 원함, 하나님을 위한 원함을 갖기를 원합니다. 그 원함으로 우리가 성경에 나오는 사람들에게 역사하셨던 성령님의 강력한 역사를 구하기를 원합니다.

오늘 이 시간 하나님께서 저와 여러분에게 물으십니다. "내가 너를 위해 무엇을 해야 할지 구하라" 우리가 하나님께 무엇을 구해야 하겠습니까?

우리는 여러 가지 개인적인 기도제목들을 가지고 있고 그것을 하나님께 구할 수 있고 하나님께서는 저와 여러분의 기도를 들으시고 응답하십니다. 그러나 우리가 하나님께 구하기를 원하는 것은 성령 충만입니다. 에베소서 5장 18절 말씀을 보시면,

"술 취하지 말라. 그것에는 과도함이 있나니 오히려 성령으로 충만할지니라"

하나님께서 저와 여러분에게 말씀하십니다. "오히려 성령으로 충만할지니라"

하나님께서 저와 여러분이 구하기를 원하시는 것은 성령 충만입니다.

지금 저와 여러분 각자 안에는 성령님께서 계십니다. 그분이 우리 각자를 충만하게 채우시기를 원합니다. 우리가 성경에서 바울의 삶을 들었습니다.

그가 세상을 위해 하나님을 위해 어떤 일을 했는지를 읽을 수 있습니다.

골로새서 1장 29절에서 말씀하고 있습니다. "이 일을 위해 나도 내 속에서 강력하게 일하시는 그분의 활동에 따라 싸우며 수고하노라"

이 말씀에서 "나도 내 속에서 강력하게 일하시는 그분"이라 했습니다. 바울은 자기 속에서 강력하게 일하시는 주님을 체험했습니다. 그는 그분의 활동에 따라 싸우며 수고했습니다. 그의 모든 사역이 그러했습니다. 자기 속에 계시는 성령님을 따라 싸우며 수고했습니다. 성령님께서 그의 속에서 강력하게 일하셨습니다.

그래서 세계가 복음을 들었습니다. 하나님의 일들이 일어났습니다. 수많은 사람들이 구원을 받았고, 교회들이 세워졌습니다. 저와 여러분이 하나님께 구하는 간절한 원함이 바로 그것이 되기를 원합니다. 성령충만

을 구하시기를 원합니다.

바울과 같이 우리도 우리 각자 속에서 강력하게 일하시는 성령님을 체험하기를 구하시기를 원합니다.

그것은 지금도 많은 사람들이 죽어가고 있기 때문입니다. 그들이 예수님을 알지 못한 채 지옥으로 가고 있습니다. 우리 주변만이 아니라 전 세계적으로 일어나고 있습니다. 매일 그 일이 일어나고 있습니다. 사람이 구원을 받을 수 있는 길은 오직 복음을 믿는 것입니다.

지금 저와 여러분 속에 계시는 성령님께서 우리가 복음을 전했을 때 역사해 오셨습니다. 그러나 우리는 더 많이 더 강력하게 역사하시기를 구하기를 원합니다.

우리가 바울보다 더 많이 일하기를 원합니다. 베드로보다 더 많이 일하기를 원합니다. 더 큰 일들을 보기를 원합니다.

본문에서 엘리사는 그동안 엘리야를 섬기면서 엘리야가 어떤 일들을 했는지를 보았습니다. 갈멜산에서 불이 하늘에서 내려와 제단을 태우는 것도 보았습니다.

수많은 기적들과 강력한 대언들을 들었습니다. 그러나 엘리사는 자기기 엘리야처럼 되기를 구하지 않았습니다.

그가 구하는 것은 "당신 영의 두 몫이 내 위에 있기를 원하나이다" 했습니다.

엘리야의 두배를 구했습니다. 두 배의 하나님의 역사를 구했습니다.

저와 여러분 또한 바울보다 더 많은 하나님의 역사를 보기를 구하기를 원합니다.

오늘 본문에서 주께서 엘리사를 보셨습니다. 엘리사가 어떤 원함을 가지고 있는지 주께서 알고 계셨는데, 엘리야를 벧엘로 보내시고, 여리고로 보내시고, 요르단으로 보내시면서 정말 엘리사가 그것을 얼마나 원하는지 알고자 하셨습니다.

엘리사는 말하기를 "주께서 살아 계심과 당신의 혼이 살아 있음을 두고 맹세하노니 내가 당신을 떠나지 아니하겠나이다" 했습니다. 주께서 그것을 보셨습니다. 오늘날 주께서 저와 여러분에게 보시고자 하시는 것은 바로 그것입니다. 그것을 정말 원하는가입니다. 성령 충만을 원하는가입니다.

성령님의 강력한 역사를 원하는가입니다. 사도행전 1장 8절에서 "오직 성령님께서 너희에게 오신 뒤에 너희가 권능을 받고 예루살렘과 온 유대와 사마리아와 땅의 맨 끝 지역까지 이르러 나를 위한 증인들이 되리라, 하시니라"

이 말씀은 성령님께서 저와 여러분 안에 들어오시는 것에 대해서 하시는 말씀이며, 그분이 어떻게 우리를 인도하실 것인지에 대해서 말씀하시는 것입니다.

"땅의 맨 끝 지역까지"라고 하셨습니다. 저와 여러분에게 이 말씀에 따라 원함을 하나님께 구하기를 원합니다. 전 세계에 복음을 전하기 위해 성령충만을 구하기를 원합니다. 하나님은 우리가 그것을 정말 원하는지 보십니다. 우리가 주께서 주실 때까지 기도하기를 원하십니다. 하나님의 은혜는 모두에게 열려 있지만, 하나님께서 응답하실 때까지 구하는 자에게 그 은혜가 주어집니다.

히브리서 11장 6절을 보시면 "그러나 믿음이 없이는 하나님을 기쁘게 할 수 없나니 그분께 가는 자는 반드시 그분께서 계시다는 것과 또 그분께서 부지런히 자신을 찾는 자들에게 보상해 주는 분이시라는 것을 믿어야 하느니라" 주님은 우리가 "부지런히" 하나님을 찾기를 원하십니다. 그래서 하나님께서 주시는 보상을 받기를 원합니다. 그것은 믿음의 보상입니다. 어떤 믿음입니까?

내가 구하는 하나님께서 계시다는 것과 그분께서 내가 하는 기도에 귀를 기울이시고 응답하신다는 믿음입니다. 그래서 우리가 성령충만한 사람들로서 우리 각자 속에서 강력하게 일하시는 성령님의 활동을 따라 싸우며 수고하기를 원합니다.

수많은 사람들을 지옥으로부터 건지는 일을 하기를 원합니다. 우리가 믿음으로 구할 때, 하나님께서 응답하십니다.

다시 본문으로 돌아가서 열왕기하 2장 10절을 보시면 "그가 이르되, 네가 어려운 일을 구하였도다. 그럼에도 불구하고 그분께서 나를 네 앞에서 데려가시는 것을 네가 보면 그 일이 그렇게 네게 이루어지겠지만 보지 못하면 그렇게 이루어지지 아니하리라, 하니라" 이 말씀에서 엘리야는 엘리사의 원함에 대해서 말했습니다.

"네가 어려운 일을 구하였도다" 사람의 힘으로는 어려운 일입니다. 그러나 하나님께는 모든 것이 가능합니다.

저와 여러분이 세계 선교를 생각할 때, 그것은 어려운 일이 될 것입니다. 우리가 바울처럼 삶을 살아가는 것은 어려운 일이 될 것입니다. 바울보다 더 강력한 삶을 사는 것은 더 어려운 일이 될 것입니다. 그러나 하나님께는 모든 것이 가능합니다.

모든 역사의 전환점은 어려운 일을 구하였을 때였습니다. 사람의 힘으로는 어려운 일이지만 하나님께는 모든 것이 가능합니다.

우리가 반드시 해야 하는 일이라면, 그것이 주님의 뜻이라면, 그것이 어렵다고 느껴질 때, 우리는 믿음으로 구하기를 원합니다.

우리나라가 6.25 때 거의 북한에 의해서 함락당하게 되었을 때, 인천상륙작전으로 전환기를 맞이했습니다. 지금 우리가 자유를 누리게 된 것은 그 일 때문이었습니다. 인천상륙작전은 어려운 일이었습니다. 그런데, 하나님의 은혜로 그 일이 일어났고, 역사가 바뀌었습니다.

우리에게 주어진 세계 선교를 생각할 때, 그것은 어려운 일이지만, 하나님의 힘으로 가능한 것입니다. 마태복음 28장 18절에서 20절까지의 말씀을 보시면,

"예수님께서 그들에게 오셔서 말씀하여 이르시되, 하늘과 땅에 있는 모든 권능이 내게 주어졌으니 그러므로 너희는 가서 모든 민족들을 가르치고 아버지와 아들과 성령의 이름으로 그들에게 침례를 주며

무엇이든지 내가 너희에게 명령한 모든 것을 그들에게 가르쳐 지키게 하라. 보라, 내가 세상의 끝까지 항상 너희와 함께 있느니라, 하시니라. 아멘"

지금도 수많은 사람들이 죄에 속박되어 있고, 사탄에게 속박되어 있습니다. 그들을 자유롭게 하는 것은 예수님의 복음입니다.

주께서 저와 여러분에게 말씀하시는 것은 "너희는 가"라는 것입니다. "모든 민족들을 가르치"라 하십니다. "아버지와 아들과 성령의 이름으로

그들에게 침례를 주"라 하십니다. "무엇이든지 내가 너희에게 명령한 모든 것을 그들에게 가르쳐 지키게 하라" 하십니다. 이 일은 어려운 일입니다. 그러나 하나님께는 모든 것이 가능합니다. 주께서 말씀하시기를 "보라, 내가 세상의 끝까지 항상 너희와 함께 있느니라" 하셨습니다.

주 예수 그리스도께서 저와 여러분 각자와 함께 계시고, 우리 교회와 함께 계십니다. 그분은 어떤 분이십니까? 18절의 말씀을 보시면 "예수님께서 그들에게 오서서 말씀하여 이르시되, 하늘과 땅에 있는 모든 권능이 내게 주어졌으니"라고 하셨습니다. 주 예수님은 하늘과 땅에 있는 모든 권능이 있으신 분이십니다. 그분께는 불가능한 것이 없습니다.

복음을 통해 중국의 악한 영이 무너질 수 있습니다. 러시아의 악한 영이 무너지며, 중동의 악한 영이 무너질 수 있습니다. 복음을 통해 모든 이단들이 무너지고, 북한의 악한 영이 무너질 수 있습니다. 복음을 통해 일본의 악한 영이 무너지고, 동남아의 악한 영이 무너질 수 있습니다. 복음에 의해서 모든 악한 세력들이 무너질 수 있습니다.

주 예수 그리스도의 사랑으로 모든 믿지 않는 자들의 마음이 녹아지고, 그들이 구원을 받을 수 있습니다. 주 예수님은 하늘과 땅에 있는 모든 권능을 가지고 계시기 때문입니다. 사람은 어렵지만 그분께는 모든 것이 가능합니다.

저와 여러분이 그 어려운 것을 구하는 이유는 주께서 그것을 원하고 계시기 때문입니다. 모든 사람들에게는 구원이 필요하기 때문입니다.

오늘 이 시간 저와 여러분이 세계 선교를 위한 성령충만을 구하기를 원합니다.

끝으로 열왕기하 2장 11절에서 14절까지의 말씀을 보시면,

"그들이 여전히 가면서 이야기하는데, 보라, 불 병거와 불 말들이 나타나 그들 둘을 갈라놓으매 엘리야가 회오리바람을 타고 하늘로 올라가더라.

엘리사가 그것을 보고 외치되, 내 아버지여, 내 아버지여, 이스라엘의 병거와 그것의 기병들이여, 하였으며 그가 다시는 엘리야를 보지 못하였더라. 이에 그가 자기 옷을 잡아 두 조각으로 찢은 뒤

또한 엘리야에게서 떨어진 그의 겉옷을 주워 들고 돌아와 요르단의 둑 곁에 서서

엘리야에게서 떨어진 그의 겉옷을 가지고 물들을 치며 이르되, 주 엘리야의 하나님은 어디 계시나이까? 하더라. 엘리사도 물들을 치매 물들이 여기저기로 갈라져서 그가 건너가니"

여기서 엘리야가 회오리바람을 타고 하늘로 올라가는 것을 엘리사가 보았습니다.

그는 엘리야의 영의 두 몫이 그의 위에 있게 된 것입니다.

그때, 엘리야는 요르단을 치며 외치기를 "주 엘리야의 하나님은 어디 계시나이까?" 하였습니다. 그때, 물들이 여기저기로 갈라졌습니다. 주 엘리야의 하나님이 엘리사의 하나님이십니다. 바울의 하나님이 저와 여러분의 하나님이십니다.

그분은 어디 계십니까? 지금 저와 여러분 각자 속에 계십니다. 우리가 있는 이곳 한 가운데 계십니다. 주 예수 그리스도. 그분이 계십니다. 저와 여러분이 그분을 의지하여 그분으로 충만해져서 그분의 길을 가기를 원

합니다.

오늘 우리는 세 가지를 보았습니다.

첫째, 저와 여러분은 예수님의 피로 하늘에 가는 사람들이다. 둘째, 하나님은 저와 여러분이 성령 충만을 구하기를 원하고 계시고, 그것을 정말로 원하는지 보신다. 셋째, 바울의 하나님은 저와 여러분의 하나님이시다.

우리가 내 안에 거하시는 하나님 주 예수 그리스도를 믿음으로 하나님께 구하여 바울보다 더 많은 하나님의 역사를 보기를 원합니다.

우리의 기도

저와 여러분들에게는 예수님의 피가 흘려졌기 때문에, 예수님의 피를 믿었기 때문에 우리는 하늘에 갈 사람들입니다. 우리가 오늘 이 시간 간절히 엘리사가 원하고 있었던 것, 주님이 그것을 보신다라는 것을 살펴보았습니다.

정말로 하나님께서 저와 여러분들 마음속에 보기를 원하시는 것은 성령 충만함을 정말 원하는지, 다름 아닌 세계 선교를 위해서 성령 충만함을 원하고 있는지를 보고 계십니다.

엘리사는 거듭 말했습니다. 떠나지 않겠다고 받을 때까지 우리도 하나님께 기도할 때, 응답하실 때까지 기도하시기를 바랍니다. 바울의 하나님은 저와 여러분들의 하나님이십니다. "주 엘리야의 하나님은 어디 계시나이까?" 주 엘리야의 하나님이 엘리사의 하나님이 되셨습니다. 저와 여러분들 속에 계시는 주님을 의지하여 하나님께 나아가서 간절한 원함을 구하는 시간 갖기를 바랍니다. 각자 받으신 말씀에 따라 하나님께 기도하길 바랍니다. 아멘.

26. 복음의 전사

한편 블레셋 사람들이 싸우기 위해 자기들의 군대를 함께 모으고 유다에 속한 소고에 함께 모여 소고와 아세가 사이에 있는 에베스담밈에 진을 치므로

사울과 이스라엘 사람들이 함께 모여 엘라 골짜기 옆에 진을 치고 블레셋 사람들을 마주 보며 전투대형을 갖추니

블레셋 사람들은 이쪽 산에 섰고 이스라엘은 저쪽 산에 섰으며 그들 사이에는 골짜기가 있더라.

가드 출신으로 골리앗이라 하는 투사가 블레셋 사람들 진영에서 나오는데 그의 키는 육 큐빗 한 뼘이며

그는 머리에 놋투구를 썼고 쇠 그물 옷으로 무장하였는데 그 옷의 무게는 놋 오천 세겔이더라.

그가 다리에 놋으로 된 정강이 가리개를 찼고 자기 어깨 사이에 놋 방패를 메었으며

그의 창 자루는 베틀 채 같았고 그의 창 촉의 무게는 쇠 육백 세겔이며 방패를 든 자가 그의 앞에서 가더라. - 사무엘상 17:1~7 -

오늘 본문의 말씀에서 우리는 이스라엘 백성이 블레셋과 싸워야 하는 상황을 볼 수 있습니다. 블레셋은 이스라엘 주변 국가였는데, 그들이 이스라엘을 침공한 것입니다. 1절을 보시면 "한편 블레셋 해 사람들이 싸우

기 위자기들의 군대를 함께 모으고 유다에 속한 소고에 함께 모여 소고와 아세가 사이에 있는 에베스담밈에 진을 치므로" 이 말씀에서 블레셋 사람들이 이스라엘과 싸우려고 합니다.

그때 2절을 보시면 "사울과 이스라엘 사람들이 함께 모여 엘라 골짜기 옆에 진을 치고 블레셋 사람들을 마주 보며 전투대형을 갖추니"라고 기록되어 있습니다.

사울과 이스라엘 사람들이 블레셋 사람들과 맞서 싸우려고 모였습니다. 그런데, 블레셋 진영에 강력한 자가 나타났습니다. 4절을 보시면 "가드 출신으로 골리앗이라 하는 투사가 블레셋 사람들 진영에서 나오는데 그의 키는 육큐빗 한 뼘이며"라고 기록되어 있습니다. 여기에 우리는 골리앗을 볼 수 있습니다.

그는 블레셋 사람들의 진영에 있었습니다. 그의 키는 육큐빗 한 뼘이었는데, 이것은 그가 3미터 정도 되는 거인이라는 것을 보여줍니다.

그리고 5절에서 7절까지의 말씀을 보시면, 그가 얼마나 자기를 강력하게 보호하고 있는지를 보여줍니다. "그는 머리에 놋투구를 썼고 쇠 그물 옷으로 무장하였는데 그 옷의 무게는 놋 오천 세겔이더라. 그가 다리에 놋으로 된 정강이 가리개를 찼고 자기 어깨 사이에 놋방패를 메었으며

그의 창 자루는 베틀 채 같았고 그의 창 촉의 무게는 쇠 육백 세겔이며 방패를 든 자가 그의 앞에 서 가더라"

이 말씀에서 골리앗이 얼마나 강력하게 자기를 보호하고 있는지, 그리고 그가 든 창이 얼마나 크고 강한지 보여 줍니다. 그리고 방패를 든 자가 그의 앞에 서 있습니다. 그의 모습을 보는 것만으로 압도되는 것입니다.

게다가 그는 어려서부터 전사였기 때문에 싸움에 능한 자였습니다.

그런데, 바로 그 사람이 8절에서 "그가 서서 이스라엘 군대를 향해 외치며 그들에게 이르되, 어찌하여 너희가 나와서 전투대형을 갖추었느냐? 나는 블레셋 사람이 아니며 너희는 사울의 종들이 아니냐? 너희는 너희를 위해 한 사람을 택하고 그를 내게로 내려오게 하라" 했습니다. 골리앗은 이스라엘 군대를 가소롭게 보고 있습니다. 블레셋 군대 전체가 싸울 필요가 없는 싸움이라고 생각하고 있었습니다.

그래서 골리앗은 그의 압도적인 전투력과 큰 키와 강한 힘을 가지고, 그가 가지고 있는 강력한 무기를 가지고 이스라엘을 위협하고 그들이 스스로 무너지게 하는 것입니다. 그래서 "너희는 너희를 위해 한 사람을 택하고 그를 내게로 내려오게 하라" 했습니다.

그리고 9절과 10절에서 "그가 나와 싸워 나를 죽일 수 있으면 우리가 너희 종이 될 것이나 만일 내가 그를 이겨 그를 죽이면 너희가 우리 종이 되어 우리를 섬길 것이니라, 하고 또 그 블레셋 사람이 이르되, 내가 이날 이스라엘 군대에 도전하노니 내게 사람을 내주어 우리가 서로 싸우게 하라, 하므로" 골리앗은 한 사람을 내보내어 자기와 싸우게 하라는 것입니다. 그래서 이긴 쪽이 이 싸움에서 승리를 가져가자는 것입니다. 그는 자신감으로 가득 차 있었습니다.

블레셋 진영에서 그 골리앗 한 사람이 있는 것만으로도 이스라엘은 전의를 상실하였습니다. 11절에서 "사울과 온 이스라엘이 그 블레셋 사람의 그 말들을 듣고는 놀라서 크게 두려워하더라" 했습니다. 이것은 전투 경험이 많고 노련한 사울도 두려워하는 상황입니다. 골리앗을 쓰러뜨린다는 것은 불가능한 일입니다.

오늘날 저와 여러분에게 골리앗이 있을 수 있습니다. 그 사람이 강력한 거인이었던 것처럼 저와 여러분 그리고 우리 교회 앞에 그 거인이 있는 것입니다.

그것이 어떤 문제일 수 있고, 어떤 사람일 수 있습니다. 그리고 그들 배후에 역사하는 사탄입니다. 우리는 저와 여러분에게 있는 모든 문제들에 대해서 그 배후에 무엇이 역사하고 있는가를 주목하기를 원합니다. 그것은 하나님께서 다음과 같이 우리에게 말씀하시기 때문입니다.

에베소서 6장 11절과 12절 "너희는 마귀의 간계들을 대적하여 설 수 있도록 하나님의 전신갑주를 입으라. 우리는 살과 피와 맞붙어 싸우지 아니하고 권력들과 권능들과 이 세상 어둠의 치리자들과 높은 처소들에 있는 영적 사악함과 맞붙어 싸우느니라" 주님께서 저와 여러분에게 눈에 보이지 아니하는 싸움을 보여 주십니다.

여기에 "마귀의 간계들"이 있습니다. 마귀가 간계 들을 부리고 있다고 말씀하십니다. 그것은 저와 여러분을 공격하는 것입니다. 오늘 본문에 나오는 블레셋 군대가 이스라엘을 공격하는 것과 마찬가지입니다. 사탄이 우리를 공격하는 것입니다.

그리고 사탄은 거대한 군대를 가지고 있습니다.

12절에서 "권력들과 권능들과 이 세상 어둠의 치리자 들과 높은 처소들에 있는 영적 사악함"이 바로 사탄의 군대입니다. 이것은 눈에 보이지 않습니다.

그러나 성경은 우리에게 그 군대를 보여 주십니다. 그들은 강력한 자들입니다.

거인 골리앗과 같이 거대하고 무장하고 있으며, 스스로를 보호하고 있는 강한 자들입니다. 그들의 이름들 가운데 "권능들"이 있다는 것을 주목하시길 바랍니다. 권능들, 영어로는 Powers입니다. 그들은 초자연적인 존재들이며, 강력한 자들입니다.

성경은 이들이 저와 여러분을 공격하고 있다고 말씀하십니다.

또한, 12절에서 "우리는 살과 피와 맞붙어 싸우지 아니하고"라 기록되어 있습니다. 주께서 말씀하시는 "살과 피"는 사람을 의미합니다. 우리는 사람과 맞붙어 싸우는 것이 아니라 하십니다. 어떤 사람들이 우리에게 손해를 보게 하고, 해를 끼치려 할 때, 우리는 그들을 두려워하지만 주님은 그들이 아니라 그들 배후에 있는 자들을 보라고 하시는 것입니다. 바로 "권력들과 권능들과 이 세상 어둠의 치리자들과 높은 처소들에 있는 영적 사악함"이 우리를 공격하고 있으며, 우리는 그들과 싸우는 것이라고 말씀하십니다. 이것이 바로 성경대로 보는 것입니다.

본문의 말씀에서 골리앗을 본 사울이 그의 강력함과 거대함에 압도되었습니다.

이와 같이 우리 자신이 우리와 싸우고 있는 자들을 볼 때, 압도될 수밖에 없습니다. 그들은 강력한 자들이며 초자연적인 존재들이기 때문입니다. 마귀들입니다.

성경은 우리가 마귀들과 싸운다고 말씀하십니다.

12절 처음에 "우리는"이라고 하시고, 끝에 "싸우느니라" 하셨습니다.

오늘 이 시간 이 사실을 직시 하시기 바랍니다. 우리는 우리가 싸우는 대상을 알아야 합니다. 그 사람이 아닙니다. 그 사람 배후에 역사하는 마귀들입니다.

마가복음 5장 1절과 2절 말씀을 보시면 "그들이 바다 저쪽으로 가서 가다라 사람들의 지역으로 들어가니라. 그분께서 배에서 나오실 때에 즉시 부정한 영들린 사람이 무덤들에서 나와 그분을 만났는데" 여기에 "부정한 영 들린 사람"을 볼 수 있습니다. 다른 말로 하면 마귀 들린 사람입니다.

6절에서 8절을 보시면 "그러나 그가 멀리서 예수님을 보고 달려와 그분께 경배하고 큰 소리로 부르짖으며 이르되, 지극히 높으신 하나님의 아들 예수님이여, 내가 당신과 무슨 상관이 있나이까? 하나님을 두고 간청하건대 나를 괴롭히지 마옵소서, 하니

이는 그분께서 그에게 이르시기를, 너 부정한 영아, 그 사람에게서 나오라, 하셨기 때문이더라" 이 말씀에서 그 부정한 영들린 사람은 예수님께 경배하고 큰 소리로 말하면서 자기를 괴롭히지 말아 달라고 말합니다. 그러나 우리가 보아야 하는 것은 그 사람이 아니라 그 사람 속에서 역사하는 영입니다.

그것은 주께서 그에게 "너 부정한 영아, 그 사람에게서 나오라" 하셨기 때문입니다.

부정한 영이 사람 속에 들어갈 수 있는 것입니다. 그래서 주님은 그 영에게 나오라고 하셨습니다.

그리고 9절을 보시면 "그분께서 그에게 물으시되, 네 이름이 무엇이냐? 하시매 그가 대답하여 이르되, 내 이름은 군단이니 이는 우리가 많기 때

문이니이다, 하고"

여기서 그 부정한 영의 이름이 군단이라 하였습니다. 군단은 군대의 단위를 가리킵니다. 군단은 로마 시대를 기준으로 보면 5천 명입니다. 그 많은 마귀들이 그 한 사람 속에 들어가 있었습니다. 이것은 실제적인 사건입니다.

그리고 에베소서 2장 2절 말씀에서는 "지나간 때에는 너희가 그것들 가운데서 이 세상 행로를 따라 걸었고 공중의 권세 잡은 통치자 곧 지금 불순종의 자녀들 안에서 활동하는 영을 따라 걸었느니라"

이 말씀에서 우리가 주목할 말씀은 "지금 불순종의 자녀들 안에서 활동하는 영"이라 하신 말씀입니다. 모든 불신자들 속에는 마귀가 역사하고 있습니다.

마귀의 역사는 실제적인 것입니다. 오늘 본문에 나오는 골리앗과 같이 마귀가 우리의 적입니다. 우리가 싸우는 대상입니다. 그들은 강력하고 거대하며 초자연적인 힘을 가지고 있습니다. 그들에게는 계략들이 있습니다. 그렇다면, 우리가 어떻게 그와 상대해야 하겠습니까?

본문으로 돌아가서 사무엘기상 17장 32절 말씀을 보시면 "다윗이 사울에게 이르되, 그로 인해 아무도 낙담하지 말게 하소서. 당신의 종이 가서 이 블레셋 사람과 싸우리이다, 하매" 여기서 우리는 다윗을 볼 수 있습니다.

다윗은 믿음의 사람이었습니다. 그는 하나님과 함께 걷고 있었던 사람이었습니다.

그가 사울에게 가서 말합니다. "당신의 종이 가서 이 블레셋 사람과 싸

우리이다"

다윗이 그 골리앗과 싸우겠다고 하였습니다.

그랬을 때, 33절에서 "사울이 다윗에게 이르되, 네가 이 블레셋 사람을 대적하여 그와 싸우려고 갈 수 없나니 너는 단지 소년이나 그는 어려서부터 전사이니라, 하므로" 사울이 다윗을 보았을 때, 그는 단지 소년이었습니다.

그러나 골리앗은 어려서부터 전사였습니다. 그러나 사울이 보지 못했던 것은 다윗과 함께 하시는 하나님을 보지 못했습니다. 그는 믿음의 전사였습니다.

어려서부터 믿음의 전사였습니다.

35절과 36절 말씀을 보시면 "다윗이 사울에게 이르되, 당신의 종이 자기 아버지의 양들을 지킬 때에 사자와 곰이 와서 양 떼에서 어린양을 움켜 가면

내가 그것을 따라 나가서 그것을 치고 그것의 입에서 그 양을 구출하였으며 그것이 나를 대적하여 일어나면 내가 그것의 수염을 잡고 그것을 쳐서 죽였나이다.

당신의 종이 사자와 곰을 죽였으니 살아 계시는 하나님의 군대에 도전한 이 할례받지 않은 블레셋 사람도 그것들 중 하나와 같이 되리이다, 하고"

이 말씀에서 다윗이 어려서부터 믿음의 전사였음을 보여 줍니다. 그는 강력한 것들과 싸워 왔습니다. 사자와 곰입니다. 다윗이 양들을 지킬 때, 사자와 곰이 왔는데, 그것들이 어린양을 움켜 가면 다윗이 그것을 따라

나가서 그것을 쳤습니다.

사자를 쳤고, 곰을 쳤습니다. 그리고 그것의 입에서 그 양을 구출했습니다.

사자와 곰이 다윗을 대적하면 다윗이 그것의 수염을 잡고 그것을 쳐서 죽였습니다.

36절에서 "당신의 종이 사자와 곰을 죽였으니"라고 했습니다.

다윗은 어려서부터 믿음의 전사였습니다. 그리고 그것은 다윗이 한 것이 아니라 하나님께서 하셨다는 것을 말했습니다.

37절에서 "다윗이 또 이르되, 나를 사자의 발톱과 곰의 발톱에서 구출하신 주, 그분께서 나를 이 블레셋 사람의 손에서 구출하시리이다, 하니 사울이 다윗에게 이르되, 주께서 너와 함께 계시기를 원하노라, 하니라"

이 말씀에서 다윗은 "나를 사자의 발톱과 곰의 발톱에서 구출하신 주"라고 말했습니다. 주님이 하셨다고 말했습니다. 그는 어려서부터 믿음의 전사였습니다.

다윗이 주님을 믿었을 때, 주님이 역사하셨고, 주님이 주신 힘으로 사자를 쳐서 죽이고, 곰을 쳐서 죽였습니다. 저와 여러분은 복음의 전사들입니다.

우리는 복음을 가지고 싸웁니다. 수많은 사람들이 예수 그리스도 없이 죽어가고 있습니다. 복음을 듣지 못하고 지옥으로 가고 있습니다. 그들을 끌고 가는 마귀들을 우리는 성경에서 보았습니다. 우리는 복음으로 그들을 구원으로 인도할 수 있습니다. 저와 여러분 안에 거하시는 성령님으로 복음을 전할 때, 사자와 곰을 쳐서 죽였던 다윗과 같이 우리는 마귀들을 물리치고 그 사람을 예수님께로 인도할 수 있습니다. 그것은 우리 각자 안에 거하시는 성령님께서 강력한 분이시기 때문입니다. 그분은 전능자이십니다. 그분은 강하신 하나님이십니다.

에베소서 6장 10절 말씀에서 "끝으로 내 형제들아, 주 안에서 마음을 강하게 하고 또 그분의 강력한 권능 안에서 그리하라" 이 말씀에서 "그분의 강력한 권능"이란 바로 성령님이십니다. 저와 여러분 속에는 "그분의 강력한 권능"이 거하고 계십니다. 바로 성령님이십니다. 우리는 성령님 안에서 강한 자들입니다.

요한일서 2장 14절 말씀을 보시면 "아버지들아, 내가 너희에게 쓴 것은 너희가 처음부터 계신 그분을 알았기 때문이라. 젊은이들아, 내가 너희에게 쓴 것은 너희가 강하고 또 하나님의 말씀이 너희 안에 거하며 너희가 그 사악한 자를 이겼기 때문이라"

이 말씀에서 사도 요한이 요한일서를 기록한 목적을 말하고 있습니다. "내가 너희에게 쓴 것은 너희가 강하고 또 하나님의 말씀이 너희 안에 거하며 너희가 그 사악한 자를 이겼기 때문이라" 하셨습니다. 성경은 "너희가 강하"다고 말씀하십니다.

"하나님의 말씀이 너희 안에 거"한다 하십니다. "너희가 그 사악한 자를 이겼"다 하십니다. 우리가 보기에는 우리 자신이 그렇지 않아 보입니다.

우리는 약하기 때문이며, 우리는 사탄을 생각할 때 두렵기 때문입니다.

그러나 하나님께서 말씀하십니다. "너희가 강하고 또 하나님의 말씀이 너희 안에 거하며 너희가 그 사악한 자를 이겼기 때문이라" 우리가 하나님의 말씀을 믿기를 원합니다. 그럴 때, 성령님께서 이 말씀으로 우리 안에 역사하십니다.

성령님께서 그분의 강력한 권능이 시기 때문입니다.

그리고 우리는 이미 주께서 이기신 싸움을 하고 있다는 것을 알기를 원합니다.

우리는 어떻게 그 초자연적인 존재들을 이길까 생각합니다. 우리가 어떻게 그들과 싸울까 생각합니다. 그들을 대적하다가 우리가 당하는 것이 아닐까 생각합니다.

어떤 경우에는 사탄에 대해서 알지 못해서 사탄에 대한 아무 준비 없이 사역을 하려고 합니다.

히브리서 2장 14절 말씀에서 "그런즉 자녀들은 살과 피에 참여한 자들이므로 그분도 마찬가지로 친히 같은 것들에 참여하셨으니 이것은 그분께서 죽음을 통해 죽음의 권능을 가진 자 곧 마귀를 멸하시고"

이 말씀에서 하나님께서 오늘 우리에게 보여 주시는 진리는 "그분께서 죽음을 통해 죽음의 권능을 가진 자 곧 마귀를 멸하"셨다는 것입니다.

주 예수 그리스도께서 십자가에서 다 이루셨습니다. 우리 죄의 문제만이 아니라 사탄도 멸하셨습니다. 이것이 바로 주님의 승리입니다. 우리는 이미 주께서 이기신 싸움을 하고 있습니다. 그러므로 주께서 저와 여러분에게 하시는 진리의 말씀을 믿기를 바랍니다. "그분께서 죽음을 통해 죽음의 권능을 가진 자 곧 마귀를 멸하"셨다는 말씀을 믿기를 바랍니다. 말씀대로 경험하게 됩니다.

"너희가 강하고 하나님의 말씀이 너희 안에 거하며 너희가 그 사악한 자를 이겼"다는 말씀을 믿기를 바랍니다. 말씀대로 경험하게 됩니다.

마귀를 이기는 것이 무엇입니까? 하나님의 말씀입니다.

오늘날 전 세계적으로 주술적인 것들이 유행하고 있습니다. 마귀를 이기기 위해서 무슨 노래를 하고, 무엇을 뿌리거나 무당을 불러 굿하고, 여러 가지 주문을 외우고, 어떤 부적을 붙입니다.

장승들을 세워 두고, 부처에게 빌고, 마리에게 빕니다. 돌멩이나 석고상에 가서 빕니다. 나무로 십자가 모양을 만들어 놓고, 그것을 마귀들에게 제시합니다.

그것들은 모두 거짓입니다. 마귀를 이기는 것은 오직 하나님의 말씀입니다.

에베소서 6장 17절 말씀에서는 "구원의 투구와 성령의 검 곧 하나님의 말씀을 취하라" 이 말씀에서 "성령의 검 곧 하나님의 말씀을 취하라" 하십니다.

저와 여러분 안에 거하시는 성령님의 검이 있습니다. 그것은 하나님의 말씀입니다.

그 검이 누구에게 사용 되어지는 것입니까? 바로 마귀입니다.

11절 "너희가 마귀의 간계들을 대적하여 설 수 있도록 하나님의 전신갑주를 입으라" 하셨는데, 하나님의 전신갑주를 입는 가운데 우리가 들고 싸우는 검이 바로 성령의 검 하나님의 말씀입니다. 그리고 그 검은 "마귀의 간계 들을 대적하"는 것입니다. 하나님의 말씀이 마귀를 물리칩니다. 말씀대로 되는 것입니다.

마귀를 멸하신 말씀이 성령의 검입니다. 마귀를 이기는 것은 오직 하나님의 말씀입니다. 이 말씀을 믿고 나가서 복음을 전할 때, 우리는 항상 승리를 누립니다.

다시 본문으로 돌아가서 사무엘기상 17장 43절과 44절을 보시면 "그 블레셋 사람이 다윗에게 이르되, 내가 개냐, 그래서 네가 막대기들을 가지고 내게 오느냐? 하고는 자기 신들을 두고 다윗을 저주한 뒤

그 블레셋 사람이 다윗에게 이르되, 내게 오라. 내가 네 살을 공중의 날짐승들과 들의 짐승들에게 주리라, 하므로"

여기서 골리앗이 다윗을 볼 때, 다윗이 나오는데, 한 소년이 나오는 것입니다.

그런데, 그가 들고 있는 것은 막대기였습니다. 그래서 골리앗은 "내가 개냐"라고 말한 것입니다. 다윗은 무릿매와 돌멩이 다섯 개 그리고 지팡이를 가지고 골리앗에게 갔습니다. 그런데, 다윗은 다음과 같이 그에게 말했습니다.

45절에서 47절까지의 말씀을 보시면 "이에 다윗이 그 블레셋 사람에게 이르되, 너는 칼과 창과 방패를 가지고 내게 오지만 나는 네가 도전한 이스라엘 군대의 하나님 곧 군대들의 주의 이름으로 네게 가노라.

이날 주께서 너를 내 손에 넘겨주시리니 내가 너를 쳐서 네게서 네 머리를 취하고 또 이날 블레셋 사람들 군대의 사체를 공중의 날짐승들과 땅의 들짐승들에게 주어 이스라엘에 하나님이 계신 줄 온 땅이 알게 할 것이며

또 주께서 칼이나 창으로 구원하지 아니하심을 여기 모인 이 모든 자들이 알게 하리라. 전쟁은 주께 속한 것이므로 그분께서 너희를 우리 손에 넘겨주시리라, 하니라"

다윗이 골리앗에게 갈 때, 그는 칼과 창과 방패가 없었습니다.

그러나 그에게는 "이스라엘 군대의 하나님 곧 군대들의 주의 이름으로" 간다고 했습니다.

저와 여러분이 복음을 전하러 갈 때, 주 예수 그리스도의 이름으로 가는 것입니다.

하나님의 말씀이신 그분의 이름으로 갑니다. 그리고 다윗은 말하기를 "이날 주께서 너를 내 손에 넘겨주시리니"라 했습니다. 다윗은 승리를 확신하고 있습니다.

이와 같이 저와 여러분이 마귀를 이기신 주님의 승리를 확신 하기를 원합니다.

그는 이미 십자가에서 멸해졌습니다. 하나님의 말씀을 믿고 승리를 확신 하기를 원합니다. 또한, 다윗은 47절에서 "또 주께서 칼이나 창으로 구원하지 아니하심을."이라 했습니다. 다윗은 주님께서 직접 역사하심을 알고 있었습니다.

다윗과 함께 계신 전능하신 하나님이 하십니다.

이처럼 저와 여러분이 가지고 있는 것으로 하시지 아니하시고 저와 여러분 안에 계신 그분이 하십니다. 우리가 말씀을 전할 때, 그분이 하십니다.

이제 48절과 49절을 보시면 "그 블레셋 사람이 일어나 나오며 다윗을 맞으러 가까이 올 때에 다윗이 그 블레셋 사람을 맞으러 군대 쪽으로 재빨리 달려가면서

손을 자루에 넣어 거기서 돌을 꺼낸 뒤 무릿매로 그것을 던져 그 블레

셋 사람의 이마를 치매 그 돌이 그의 이마에 박혀 그가 얼굴을 땅에 대고 쓰러 지니라"

다윗이 던진 그 돌이 골리앗의 이마에 박혔습니다. 그리고 죽었습니다.

저와 여러분이 전하는 하나님의 말씀이 마귀를 이깁니다. 하나님의 말씀이 마귀를 멸합니다.

저와 여러분이 복음의 전사들로서 하나님의 말씀으로 마귀를 이기고 사람들을 주 예수 그리스도께로 더욱 인도하기를 원합니다. 항상 승리를 확신 하기를 원합니다.

주께서 저와 여러분 안에 계시기 때문입니다.

우리의 기도

오늘 골리앗이라는 거대한 존재에 대해서 살펴보면서 우리는 살과 피와 싸우는 것이 아니라, 마귀들과 싸우는 것이라는 성경 말씀 그대로를 우리가 살펴보았습니다.

우리는 싸우는 대상을 분명히 해야 합니다. 그리고 어떻게 싸워야 될 것인가, 우리는 같이 살펴보았습니다. 말씀으로 싸우는 것입니다. 하나님의 말씀이 성령의 검이기 때문입니다.

오늘날 전 세계적으로 주술적인 것들이 유행하고 있습니다. 다 거짓말입니다. 오직 하나님의 말씀이 사탄을 이기는 것입니다.

성경 말씀에 굳게 서서 마귀를 대적하시기를 바라고, 우리가 복음의 전사들로서 하나님의 말씀을 믿는 가운데 예수님의 복음을 사람들에게 선포할 때, 우리 안에 계시는 그리스도께서 그들을 구원하시는 놀라운 역사를 이루실 것입니다.

이 시간 하나님께 각자 받으신 말씀에 따라 기도하고, 고백하는 시간이 되길 원합니다. 아멘.

27. 사무엘의 말

사무엘의 말이 온 이스라엘에게 도달하였는데 그때에 이스라엘은 블레셋 사람들과 싸우려고 나가 에벤에셀 옆에 진을 쳤고 블레셋 사람들은 아벡에 진을 쳤더라.

블레셋 사람들이 이스라엘을 대적하려고 전열을 갖추었는데 그들이 함께 싸우다가 이스라엘이 블레셋 사람들 앞에서 패하매 그들이 들에 있는 군대 중에서 사천 명가량을 죽이니라.

백성이 진영으로 오매 이스라엘 장로들이 이르되, 주께서 어찌하여 우리를 오늘 블레셋 사람들 앞에서 치셨느냐? 우리가 실로에서 주의 언약궤를 우리에게 가져오고 그것이 우리 가운데로 올 때에 우리 원수들 손에서 우리를 구원하게 하자, 하니 - 사무엘기상 4:1~3 -

본문의 말씀에서 우리는 이스라엘 사람들을 볼 수 있습니다. 그들은 지금 블레셋 사람들과 전쟁을 하고 있었습니다. 2절을 보시면 "블레셋 사람들이 이스라엘을 대적하려고 전열을 갖추었는데 그들이 함께 싸우다가 이스라엘이 블레셋 사람들 앞에서 패하매 그들이 들에 있는 군대 중에서 사천 명가량을 죽이니라"고 기록되어 있습니다. 블레셋 사람들이 이스라엘을 대적했고, 전쟁이 일어났습니다.

그런데, 말씀을 보시면 "이스라엘이 블레셋 사람들 앞에서 패"했다고 기록되어 있습니다.

이스라엘이 이방 민족인 블레셋 사람들에 의해서 패배를 당하게 된 것입니다.

그래서 이스라엘 사람들의 생각은 어떠했습니까? 3절을 보시면 "백성이 진영으로 오매 이스라엘 장로들이 이르되, 주께서 어찌하여 우리를 오늘 블레셋 사람들 앞에서 치셨느냐? 우리가 실로에서 주의 언약궤를 우리에게 가져오고 그것이 우리 가운데로 올 때에 우리 원수들 손에서 우리를 구원하게 하자, 하니"

이 말씀에서 이스라엘 장로들이 자기들이 블레셋에 의해서 패배한 것에 대해서 말하기를 "주께서 어찌하여 우리를 오늘 블레셋 사람들 앞에서 치셨느냐?" 하였습니다. 지금의 패배는 주님께서 하신 일이라고 말하는 것입니다.

그것은 그들이 전쟁은 주께 속해 있다는 사실을 알고 있었기 때문입니다.

모든 전쟁은 주님께 속해 있습니다. 그래서 주의 뜻에 따라 승리하기도 하고 패배하기도 하는 것입니다. 주님을 따르는 자들 주님을 신뢰하는 자들에게는 주께서 승리를 주십니다.

고후 2장 14절 말씀에서 "항상 우리를 그리스도 안에서 승리하게 하시고 우리를 통해 모든 곳에서 그분을 아는 냄새를 풍기게 하시는 하나님께 이제 감사를 드리노라" 이 말씀에서 하나님께서 오늘 저와 여러분에게 말씀하시기를 "항상 우리를 그리스도 안에서 승리하게 하"신다고 말씀하십니다.

구약의 이스라엘 백성은 율법에 따라 그들이 주님께 순종하면 승리를 주셨고, 율법에 따라 순종하지 아니하면 주께서 그들에게 패배를 주셨습니다.

본문에서도 이스라엘 장로들이 "주께서 어찌하여 우리를 오늘 블레셋 사람들 앞에서 치셨느냐?"고 물었는데, 원인은 그들이 율법을 어겼기 때문입니다.

그들의 지도자들부터 부패했습니다. 그들의 제사장들이 백성들이 하나님께 드린 헌물을 취했습니다. 하나님께서 그들에 대해서 말씀하시기를 "너희가 어찌하여 내가 내 거처에서 명령한 내 희생물과 내 헌물을 발로 차고 네 아들들을 나보다 더 존중히 여겨 내 백성 이스라엘이 드리는 모든 헌물 중에서 가장 좋은 것으로 너희 자신을 살지게 하느냐?" 하셨습니다.

그들은 율법을 어긴 것입니다. 주님께 불순종하였던 것입니다.

그러나 방금 읽은 고후 2장 14절에서는 우리 모두에게 다음과 같이 말씀하십니다.

"항상 우리를 그리스도 안에서 승리하게 하시고 우리를 통해 모든 곳에서 그분을 아는 냄새를 풍기게 하시는 하나님께 이제 감사를 드리노라"

이 말씀에서 "항상 우리를 그리스도 안에서 승리하게 하"신다고 하셨습니다.

이 말씀은 하나님께서 우리와 맺은 언약은 예수님의 피로 맺은 새 언약이기 때문입니다. 예수님의 피로 하나님께서 저와 여러분의 죄들과 불법들을 다시는 기억하지 아니하신다는 언약입니다.

그리고 성령님께서 저와 여러분 안에서 역사하셔서 하나님께서 기뻐하시는 것을 원하게도 하시고 행하게도 하신다는 언약입니다. 그래서 저와 여러분이 누리는 승리는 우리가 잘해서 누리는 승리가 아니고 예수님의 승리를 누리고 있는 것입니다.

그래서 말씀하시기를 "항상 우리를 그리스도 안에서 승리하게 하"신다고 하십니다.

저와 여러분은 예수님을 믿었을 때, 우리 각자는 예수 그리스도 안에 있습니다.

예수 그리스도께서는 승리하신 분이십니다.

우리는 항상 그분 안에서 승리하는 것입니다. 주께서 저와 여러분 안에서 자신의 승리를 주시는 것입니다.

요한복음 16장 33절 말씀에서는 "너희에게 이 일들을 말한 것은 너희가 내 안에서 화평을 얻게 하려 함이니라. 세상에서는 너희가 환난을 당할 터이나 기운을 내라. 내가 세상을 이겼노라, 하시니라"

이 말씀에서 주 예수님께서 저와 여러분에게 말씀하십니다.

"내가 세상을 이겼노라" 저와 여러분은 패배할 수밖에 없습니다.

우리는 본문에 나오는 이스라엘 백성처럼 연약한 자들이기 때문에 늘 말씀을 어기고 불순종하는 삶을 살 수밖에 없는 자들입니다. 우리의 육신 안에는 선한 것이 거하지 아니하고 죄의 법이 역사하기 때문입니다. 그래서 우리는 죄를 지을 수밖에 없습니다. 우리는 패배할 수밖에 없습니다. 그러나 주 예수 그리스도께서 저와 여러분에게 말씀하십니다. "내가 세상을 이겼노라"

예수님은 지금 저와 여러분 각자 안에 거하고 계십니다. 예수님이 마음속에 계신 사람이 구원을 받은 사람입니다. 그분께서 우리에게 말씀하시기를 "내가 세상을 이겼노라" 하십니다.

우리는 승리하신 예수 그리스도, 바로 내 안에 계시는 그분을 의지하기를 원합니다. 우리가 그분 안에 있음을 아시기 바랍니다.

그래서 우리가 항상 주님의 승리를 누릴 수 있습니다. 우리가 패배하는 이유는 나를 의지하기 때문입니다. 나를 신뢰하기 때문입니다. 나의 생각을 신뢰하고, 나의 힘을 신뢰하기 때문입니다.

그러나 저와 여러분이 예수님을 의지하면 승리합니다. 예수님을 신뢰하면 승리합니다. 바로 내 안에 계시는 예수님을 따르면 승리합니다. 그분이 저와 여러분 안에서 승리자가 되시기 때문입니다.

저와 여러분이 사람들과의 관계 속에서 어려움을 겪습니다. 그러나 예수님을 의지하면 승리합니다. 저와 여러분이 복음을 전하는 것에 대해서 어려움을 겪습니다.

그러나 예수님을 의지하면 승리합니다. 우리가 진로에 대해서 어려움을 겪습니다.

그러나 예수님을 의지하면, 그분께 내 길을 맡기면 승리합니다. 예수님께서 저와 여러분 각자 안에서 승리자가 되시기 때문입니다.

주께서 말씀하십니다. 요한복음 16장 33절에서 "너희에게 이 일들을 말한 것은 너희가 내 안에서 화평을 얻게 하려 함이니라.

세상에서는 너희가 환난을 당할 터이나 기운을 내라. 내가 세상을 이겼노라, 하시니라" 이 말씀을 기억하시길 바랍니다.

그리고 갈라디아서 2장 20절을 보시면 "내가 그리스도와 함께 십자가에 못 박혀 있으나 그럼에도 불구하고 사노라. 그러나 내가 아니요 그리스도께서 내 안에 사시느니라. 나는 지금 내가 육체 안에서 사는 삶을, 나를 사랑하사 나를 위해 자신을 주신 하나님의 아들의 믿음으로 사노라" 이 말씀은 저와 여러분을 자유롭게 해 주시는 말씀입니다.

저와 여러분이 사는 것 자체가 고통입니다. 염려가 생깁니다. 그것이 직장의 일이든, 사업의 일이든, 학업의 일이든, 사역이든 우리가 사는 것 자체가 고통이며 염려로 가득하게 됩니다. 그러나 주께서 우리 모두에게 말씀하십니다.

"내가 그리스도와 함께 십자가에 못 박혀 있"다 하십니다. 이 말씀을 믿으면 이 말씀대로 됩니다.

그리고 "내가 아니요 그리스도께서 내 안에 사시느니라" 하십니다.

저와 여러분이 사는 것이 아니라 그리스도께서 내 안에 사신다고 말씀하십니다.

이 말씀이 저와 여러분을 자유롭게 해 주시는 말씀입니다.

그러므로 이 말씀대로 하나님께 고백하기를 원합니다. 그럴 때, 내가 아니라 그리스도께서 내 안에 사시는 삶을 살게 됩니다. 그래서 항상 승리를 누립니다.

이것이 은혜입니다. 주께서 내 안에서 사시는 것이 은혜입니다. 그래서 우리가 항상 그리스도 안에서 승리를 누리기를 원합니다. 본문의 말씀으로 돌아가서 사무엘기상 4장 3절을 보시겠습니다. "백성이 진영으로 오매 이스라엘 장로들이 이르되, 주께서 어찌하여 우리를 오늘 블레셋 사람들 앞에서 치셨느냐? 우리가 실로에서 주의 언약궤를 우리에게 가져오고 그것이 우리 가운데로 올 때에 우리 원수들 손에서 우리를 구원하게 하자, 하니"

이 말씀에서 이스라엘 장로들의 해결책을 다음과 같이 생각하고 있습니다. 그들은 어떻게 하면 블레셋과의 전쟁에서 승리할까 고민하다가 그들이 생각해 낸 해결책은 주의 언약궤였습니다.

주의 언약궤는 성막에 있는 것입니다. 주의 언약궤 안에는 모세의 율법과 아론의 싹난 지팡이가 있었고 만나가 들어 있는 항아리가 있었습니다.

주의 언약궤 안에 율법 즉 십계명이 기록된 돌판이 들어 있어서 주의 언약궤를 들여다 보는 사람은 다 죽습니다. 그래서 그 언약궤 위에 긍휼의 자리가 놓여 있었습니다. 그 긍휼의 자리에는 짐승의 피가 뿌려져 있었습니다. 그리고 그 긍휼의 자리 위에 하나님께서 임하셨습니다.

이스라엘 장로들은 바로 그 주의 언약궤를 가져오면 승리할 것이라 생각했습니다.

그들은 생각하기를 "그것이 우리 가운데로 올 때에 우리 원수들 손에서 우리를 구원하게 하자" 했습니다.

즉 하나님이 아니고 그 주의 언약궤가 그들을 구원하게 하자는 것입니다.

4절과 5절 말씀을 보시면 " 이에 백성이 사람들을 실로로 보내어 그들이 그룹들 사이에 거하시는 군대들의 주의 언약궤를 거기서 가져오게 하였는데 그때에 엘리의 두 아들 홉니와 비느하스가 하나님의 언약궤와 함께 거기 있었더라.

주의 언약궤가 진영에 들어올 때에 온 이스라엘이 큰 소리로 외치매 땅이 다시 울리므로" 이 말씀에서 주의 언약궤를 가지고 이스라엘 군대 진영에 들어왔습니다.

그때, "온 이스라엘이 큰 소리로 외"쳤습니다. 그것은 이제 우리가 승리할 것이라는 기대감이 있었기 때문입니다. 주의 언약궤를 가져 왔으니 그것이 우리를 구원할 것이라는 것입니다. 그런데, 그것은 그들이 모순적으로 생각하는 것입니다.

주께서 자기들을 치셨다고 생각했으면 자기들이 주께 불순종한 것을 생각했어야 했는데, 주의 언약궤를 가져오면 그것이 우리를 구원할 것이라고 생각하는 것입니다.

이것은 주님과 상관없이 주의 언약궤를 신뢰하는 것입니다. 주님이 아니라 그 언약궤를 신뢰하는 것입니다.

그런데, 결과는 무엇입니까? 아무것도 달라지지 않았습니다. 또다시 패배했습니다.

10절과 11절을 보시면 "블레셋 사람들이 싸우매 이스라엘이 패하여 그들이 각각 자기 장막으로 도망하였고 심히 큰 살육이 있었으니 이는 이스라엘의 보병 삼만 명이 쓰러졌기 때문이더라.

또 하나님의 궤는 빼앗겼고 엘리의 두 아들 홉니와 비느하스는 죽임을 당하였더라"

이스라엘 백성은 자기들 진영 안에 주의 언약궤가 들어왔다고 생각하였기 때문에 대거 블레셋을 공격했습니다. 이제는 승리하게 될 것이라는 기대감, 주의 언약궤가 자기들을 구원하리라는 기대감으로 가득 차서 대거 공격했습니다.

그런데, 결과는 더 많은 사람들이 죽었습니다. 10절에서 "큰 살육"이라고 기록되어 있습니다. 블레셋 군대가 이스라엘 군대를 무참히 죽였던 것입니다.

10절 끝에 "이스라엘의 보병 삼만 명이 쓰러졌"다고 기록되어 있습니다. 그리고 이스라엘 백성이 신뢰했던 그 주의 언약궤도 빼앗겼습니다.

11절 "또 하나님의 궤는 빼앗겼고 엘리의 두 아들 홉니와 비느하스는 죽임을 당하였더라" 주의 언약궤가 그들을 구원하지 않았습니다.

그들에게 주의 언약궤가 들어왔다고 해서 달라진 것은 전혀 없었고 오히려 더 큰 살육이 있었으며 주의 언약궤도 빼앗겼습니다. 그것은 그들의 구원자는 주의 언약궤가 아니라 주님이시기 때문입니다. 오늘날 저와 여러분이 신뢰할 대상은 누구이십니까? 어떤 사물이 아닙니다. 어떤 물건도 아닙니다. 어떤 장식도 아닙니다.

로마 카톨릭은 형상물들을 만들어 놓고, 그것들에 기도하거나 경배합니다. 그것들을 신뢰합니다. 그러니 그것들은 주님이 아닙니다. 주 예수 그리스도께서는 살아계십니다. 그분은 바로 저와 여러분 각자 안에 계십니다.

고후 4장 7절을 보시면 "그러나 우리가 이 보배를 질그릇 안에 가지고 있나니 이것은 뛰어난 권능이 하나님에게서 나고 우리에게서 나지 않게 하려 함이라"

이 말씀에서 하나님께서 우리 모두에게 말씀하십니다. "우리가 이 보배를 질그릇 안에 가지고 있"다 하십니다. 여기서 "이 보배"는 하나님이십니다. 예수 그리스도이십니다. 질그릇은 우리의 몸을 의미합니다.

저와 여러분의 몸 속에 하나님이 계십니다. 우리 각자 속에 예수 그리스도께서 계십니다. 그분에게서 뛰어난 권능이 납니다. 우리는 밖에서 우리의 힘을 찾을 것이 아닙니다. 밖에서 우리의 도움을 찾을 것이 아닙니다. 우리의 도움과 힘은 우리 속에 계십니다.

우리 각자 속에 계시는 예수 그리스도께서 저와 여러분의 도움이시며 힘이십니다.

그분은 우리 속에 있는 보배이십니다. 우리는 그분을 신뢰합니다.

고후 3장 5절 말씀에서는 "우리는 어떤 일이 우리 자신에게서 난 것으로 생각할 만큼 스스로 능력이 있지 아니하며 우리의 능력은 하나님에게서 나느니라"

저와 여러분은 능력이 없습니다. 능력은 지금 저와 여러분 각자 속에 계시는 하나님이십니다. 우리는 그분께 기도하며 그분을 신뢰합니다. 그분을 찬양합니다.

그분께 경배합니다. 지금 저와 여러분 안에 계시는 주님의 역사로 모든 일들이 이루어지는 것입니다.

우리가 할 일은 외적인 것에 대해서 염려하거나 방법을 찾을 것이 아니라 우리 각자 속에 계시는 예수 그리스도를 의지하는 것입니다. 그분이 역사하십니다.

우리의 문제는 나를 신뢰하거나 밖에 있는 것을 신뢰하는 것입니다.

그러나 그것은 오늘 본문에 나오는 이스라엘 백성이 주의 언약궤를 신뢰하는 것과 같습니다. 그것은 아무것도 달라지게 할 수 없습니다. 그것이 우리를 위험으로부터 구출할 수 없습니다. 마귀는 그런 우리에 대해서 전혀 위협을 느끼지 않습니다.

그러나 저와 여러분이 내 안에 계시는 예수 그리스도께 눈을 돌릴 때, 그분을 의지할 때, 마귀는 도망칩니다.

그러므로 나 자신을 주 예수님과 함께 십자가에 못 박혀 죽은 것으로 여기고 내 안에 계시는 예수 그리스도를 의지하기를 원합니다.

사무엘기상 4장 1절 말씀을 보시면 "사무엘의 말이 온 이스라엘에게 도달하였는데 그때에 이스라엘은 블레셋 사람들과 싸우려고 나가 에벤에셀 옆에 진을 쳤고 블레셋 사람들은 아벡에 진을 쳤더라" 이 말씀에서 "사무엘의 말"이 있습니다. 이것은 하나님께서 사무엘을 통해서 말씀하셨음을 보여 주십니다. 그런데, 이스라엘 백성은 사무엘을 통해서 하시는 하나님의 말씀에 귀를 기울이지 않고, 그들 자신들의 생각과 계획대로 나갔습니다.

그들의 생각과 계획 대로 주의 언약궤를 들여와서 싸우면 이길 것이라고 생각했습니다. 그러나 결과는 패배였습니다. 그들의 삶은 하나님과 무관한 삶이었습니다.

그 이유는 하나님께서는 본문에서 사무엘을 통해서 말씀하셨기 때문입니다.

사무엘기상 3장 19절에서 21절까지의 말씀을 보시면 "사무엘이 자라매 주께서 그와 함께하셔서 그의 말들 중 하나도 땅바닥에 떨어지지 아니하

게 하시니

단에서부터 브엘세바까지 온 이스라엘이 사무엘이 주의 대언자로 세워진 줄을 알았더라.

주께서 다시 실로에서 나타나셨으며 이는 주께서 실로에서 주의 말씀으로 사무엘에게 자신을 계시하셨기 때문이더라" 이 말씀에서 "주께서 그와 함께하"셨다는 말씀을 보고 있습니다. 또한, "주께서 실로에서 주의 말씀으로 사무엘에게 자신을 계시하셨"다고 말씀하셨습니다.

이 말씀들은 지금 본문에 나오는 이스라엘 백성은 사무엘의 말을 통해서 주의 말씀을 들을 수 있었음을 알려 주시는 것입니다. 그들에게 분명히 하나님께서 주의 말씀으로 자신을 계시하시는 사람이 있었습니다. 바로 사무엘이었습니다.

그들에게 분명히 주의 말씀이 있었습니다. 사무엘의 말이었습니다.

그것은 사무엘이 주의 대언자였기 때문입니다. 그러나 그들은 사무엘에게 가서 묻는 것 대신 그들의 생각대로 움직였습니다. 사무엘은 그들이 물었다면 주의 말씀으로 말해 주었을 것입니다. 그 결과로 그들은 블레셋에 의해 패배당했고, 주의 언약궤도 빼앗겼습니다.

사무엘기상 4장 22절 말씀에서는 "그녀가 말하기를, 그들이 하나님의 궤를 빼앗겼으므로 영광이 이스라엘에서 떠났다, 하였더라"

그들은 하나님의 궤를 블레셋에 의해서 빼앗겼기 때문에 영광이 이스라엘에서 떠났다고 생각했습니다. 그러나 사무엘이 있었습니다. 주께서 주의 말씀으로 사무엘에게 자신을 계시하셨습니다. 주의 영광을 주의 말씀으로 사무엘에게 계시하셨습니다. 오늘날 본문에 나오는 사무엘의 말은 무엇입니까? 바로 성경입니다.

저와 여러분에게 성경이 주의 대언의 말씀들입니다. 하나님께서 성경을 통해서 저와 여러분에게 자신을 계시하셨습니다.

베드로후서 1장 20절과 21절을 보시면 "먼저 이것을 알라. 즉 성경기록의 대언은 결코 어떤 사적인 해석에서 나지 아니하였나니 대언은 옛적에 사람의 뜻에 의해 나오지 아니하였고 오히려 하나님의 거룩한 사람들은 성령님께서 자기들을 움직이시는 대로 말하였느니라"

여기서 "성경기록의 대언"이라 하셨습니다. 지금 저와 여러분이 가지고 있는 이 성경입니다. 이것이 주의 대언의 말씀들입니다. 주께서 자신을 이 성경을 통해서 계시하셨습니다. 주께서 자신의 영광을 이 성경을 통해서 계시하셨습니다.

저와 여러분이 귀를 기울이고, 신뢰할 유일한 것이 바로 이 성경입니다.

날마다 아침마다 성경 앞에 무릎 꿇고 하나님의 말씀을 읽기를 바랍니다.

설교를 통해서 전해지는 주의 말씀을 들으시기를 바랍니다. 그럴 때, 우리는 주의 말씀을 통해서 빛을 볼 것입니다. 지혜가 생길 것입니다. 우리의 영이 힘을 얻을 것입니다. 우리가 지금 우리 각자 속에 계시는 성령님을 의지하여 성경을 볼 때, 하나님과 교제하게 될 것입니다. 본문에 나오는 이스라엘에게 사무엘의 말이 있었던 것처럼, 오늘날 저와 여러분에게는 성경이 있습니다. 이 말씀에 귀를 기울이시기 바랍니다.

우리의 기도

우리는 항상 그리스도 안에서 승리하게 하신다라는 진리의 말씀을 보았습니다.

우리가 패배 될 것에 대해서 염려할 것이 아니라, 내 안에 계시는 승리자가 되신 예수님을 바라보고, 그분을 의지하면 항상 승리한다라는 진리의 말씀을 우리가 들었습니다.

우리 자신을 보지 말고, 우리 밖에 것을 의지하지 말며, 내 안에 계시는 예수 그리스도 만을 의지할 때 항상 승리하게 하신다라는 주의 말씀을 기억하면서 기도하시기를 원하며 또한, 이스라엘 백성은 주님을 믿는 것이 아니고, 주의 언약궤를 믿었습니다. 오늘날도 사람들이 어떠한 사물, 장식, 형상물들을 믿는 것을 많이 볼 수가 있는데 그것은 주님이 아닙니다. 주님은 살아 계십니다.

우리 안에 살아 계시는 예수 그리스도 그분을 신뢰하시고 모든 염려를 그분께 맡길 때, 하나님이 역사를 하실 것입니다.

또한, 우리에게는 사무엘의 말처럼 성경이 있습니다. 성경을 신뢰하시고, 성경을 믿으시며 하나님 말씀 앞에 언제나 엎드려서 주님이 나에게 무엇이라고 말씀하시는지 들으십시오. 빛을 주시고, 지혜를 주시고 또한, 하나님께서 우리에게 주시고자 하시는 모든 은혜를 누릴 수가 있습니다.

이 시간 하나님께서 우리에게 주신 대로 하나님께 나아가 기도하는 시간을 갖길 원합니다. 아멘.

성령 안에서
걸으라

ⓒ 구정민, 2025

초판 1쇄 발행 2025년 12월 31일

지은이   구정민
펴낸이   이기봉
편집   좋은땅 편집팀
펴낸곳   도서출판 좋은땅
주소   서울특별시 마포구 양화로12길 26 지월드빌딩 (서교동 395-7)
전화   02)374-8616~7
팩스   02)374-8614
이메일   gworldbook@naver.com
홈페이지   www.g-world.co.kr

ISBN   979-11-388-5221-0 (03230)